知识产权行政执法实务系列丛书

知识产权
行政执法实务

（专利篇）

张秀玲◎编写

中国人事出版社

图书在版编目(CIP)数据

知识产权行政执法实务．专利篇/张秀玲编写．-- 北京：中国人事出版社，2021
(知识产权行政执法实务系列丛书)
ISBN 978-7-5129-1159-8

Ⅰ.①知… Ⅱ.①张… Ⅲ.①知识产权法-行政执法-中国②专利权法-中国 Ⅳ.①D923.4

中国版本图书馆 CIP 数据核字(2021)第 136972 号

中国人事出版社出版发行
(北京市惠新东街 1 号　邮政编码：100029)
*
北京市艺辉印刷有限公司印刷装订　新华书店经销
787 毫米×1092 毫米　16 开本　17.5 印张　291 千字
2021 年 8 月第 1 版　2021 年 8 月第 1 次印刷
定价：68.00 元

读者服务部电话：(010) 64929211/84209101/64921644
营销中心电话：(010) 64962347
出版社网址：http://www.class.com.cn

编委会

前　言

创新是引领发展的第一动力，保护知识产权就是保护创新。党的十八大以来，我国知识产权事业不断发展，走出了一条中国特色知识产权发展之路。习近平总书记指出："知识产权保护工作关系国家治理体系和治理能力现代化，关系高质量发展，关系人民生活幸福，关系国家对外开放大局，关系国家安全。"他更强调，要重视知识产权人才队伍建设，各级领导干部要加强学习，熟悉业务，增强工作本领，推动我国知识产权保护工作不断迈上新的台阶。

知识产权行政执法是知识产权保护工作的一个重要环节。怎样才能让创新者得到更好的知识产权制度保障，使创新者在知识产权保护中勇于创新，在创新中获得知识产权保护，已成为当前知识产权行政执法人员的重要课题。

为尽快使知识产权行政执法人员掌握业务处理能力，从知识产权行政执法实战角度出发，我们组织了一线知识产权行政执法人员和知识产权法学专家、教授，全面梳理了知识产权行政执法的法律依据、执法流程及经典案例等执法实务，认真总结了多年的基层知识产权行政执法工作经验，编撰完成了这套实操性强、能让执法人员快速入门的《知识产权行政执法实务》。

这是一套根据当前知识产权行政执法机制改革实际情况，结合机构改革后知识产权行政执法队伍整合、业务的重新调整以及业务技能的掌握情况，而推出的一套翻开就明白、翻开就能用的指南类图书。希望本套书的出版，能帮助在一线工作的知识产权行政执法人员，在短时间内掌握知识产权行政执法业务知识，提高业务能力，缩短知识产权行政案件处理时间，丰富知识产权行政执法经验，提高知识产权行政执法能力和水平；能助力于打造一支政治过硬、熟知法律、执法守法、敢于担当、业务精湛的知识产权行政执法队伍，促进知识产权行政执法标准和司法裁判标准统一，促进我国经济建设创新与发展。

本套书在编写过程中参考已有的执法指南，博采众长，合理安排结构篇章，将执法程序和实体法介绍分开设置。同时，把执法文书标准样式穿插在程序介绍中，并将所有文书样式和部分现行行政执法中所需的最新法律规定与标准集中放在一个二维码里，便于知识产权行政执法人员直接下载收藏。在实体法介绍章节，不仅叙述了法条是如何规定的，还辅以形象的图表、生动的案例进行通俗易懂的解释，将对立法目的的阐释体现其中，使执法人员能够正确执行其中的一些规则制度。例如，专利法规定涉及新产品制造方法专利采用举证责任倒置规则，为什么这样设置？该规则的适用前提是什么？请求人需要完成哪些前置举证责任？如何合理控制被请求方的举证程度？通过事例讲解，让执法人员做到既要保证请求人利益，又要防止专利权人将该规则作为不正当竞争的一种手段恶意利用，堂而皇之地获取被请求人的商业秘密。

本套书的主编为河南省新乡市市场监督管理局党组书记、局长牛长友，副主编为河南师范大学教授王鹏祥和河南省新乡市市场监督管理局党组成员、知识产权保护中心主任罗占新。其中专利篇有 29 万余字，由河南师范大学副教授张秀玲编写；商标与地理标志篇有 34 万余字，由河南师范大学副教授胡光编写。本套书在编写过程中得到了郭民生、李林启、陈大更、张宏亮等同志的大力支持，在此一并表示衷心感谢！本套书力求准确、详尽、通俗地对法律、法规条文和执法程序进行解读和说明，但因时间和水平有限，书中如有不妥和疏漏之处，敬请读者不吝赐教，以便再版时修正。

2021 年 5 月

目　录

第一章
专利行政执法总则

第一节　基本原则

《专利行政执法办法》第三条规定，管理专利工作的部门处理专利侵权纠纷应当以事实为依据、以法律为准绳，遵循公正、及时的原则。具体包括以下几项原则。

一、依法行政原则

管理专利工作的部门处理专利侵权纠纷，应当严格依照行政法定程序行使法律赋予的权力。对专利侵权行为的认定和处理，应以事实为依据、以专利法规定的侵权判定标准为准绳，准确认定事实，正确适用法律。

二、公开、公正原则

管理专利工作的部门应当根据政务公开的要求，通过公示栏、网站等方式公开专利行政执法的依据、立案条件、收费标准、处理流程、处理期限以及每个程序当事人需要提交的材料和示范文本等。对涉嫌侵权的行为公正地作出认定、处罚。

三、及时、高效原则

为充分发挥专利侵权纠纷行政处理手段便民、快捷的优势，管理专利工作的部门应在依法行政、保证相对人合法权利的前提下，提高工作效率，缩短办案时间。

四、专利侵权纠纷司法管辖优先原则

管理专利工作的部门在受理案件时，应询问当事人是否已经向法院提起诉讼，或

者向仲裁机构提请仲裁。如果专利侵权纠纷案件已经由司法机关受理或者当事人有仲裁约定，管理专利工作的部门应当遵循司法优先和仲裁优先原则，作出不予受理决定。

第二节　管辖

一、事项管辖

根据《中华人民共和国专利法》（以下简称《专利法》）第六十五条的规定，未经专利权人许可，实施其专利，即侵犯其专利权，引起纠纷的，由当事人协商解决；不愿协商或者协商不成的，专利权人或者利害关系人可以向人民法院起诉，也可以请求管理专利工作的部门处理。

管理专利工作的部门处理纠纷时，认定侵权行为成立的，可以责令侵权人立即停止侵权行为，当事人不服的，可以自收到处理通知之日起 15 日内依照《中华人民共和国行政诉讼法》（以下简称《行政诉讼法》）向人民法院起诉；侵权人期满不起诉又不停止侵权行为的，管理专利工作的部门可以申请人民法院强制执行。

进行处理的管理专利工作的部门应当事人的请求，可以就侵犯专利权的赔偿数额进行调解；调解不成的，当事人可以依照《中华人民共和国民事诉讼法》（以下简称《民事诉讼法》）向人民法院起诉。

二、级别管辖

根据《专利行政执法办法》第五条的规定，对有重大影响的专利侵权纠纷案件、假冒专利案件，国家知识产权局在必要时可以组织有关管理专利工作的部门处理、查处。

对于专利侵权行为发生地涉及两个以上省、自治区、直辖市的重大案件，有关省、自治区、直辖市管理专利工作的部门可以报请国家知识产权局协调处理或者查处。

省、自治区、直辖市管理专利工作的部门，管辖本行政区域内发生的重大、复杂、跨地区的专利侵权纠纷案件。

设区的市管理专利工作的部门，管辖本行政区域内发生的专利侵权纠纷案件。

根据《专利法》第七十条的规定，国务院专利行政部门可以应专利权人或者利害关系人的请求处理在全国有重大影响的专利侵权纠纷。地方人民政府管理专利工作的部门应专利权人或者利害关系人请求处理专利侵权纠纷，对在本行政区域内侵犯其同一专利权的案件可以合并处理；对跨区域侵犯其同一专利权的案件可以请求上级地方人民政府管理专利工作的部门处理。

三、地域管辖

当事人请求处理专利侵权纠纷，由被请求人所在地或者专利侵权行为地的管理专利工作的部门管辖。

侵权行为地包括侵权行为实施地和侵权结果发生地。请求人仅对被控侵权产品制造者提出处理请求，未对销售者提出处理请求，且被控侵权产品制造地与销售地不一致的，制造地管理专利工作的部门有管辖权。

两个以上管理专利工作的部门都有管辖权的专利侵权纠纷，当事人可以向其中一个管理专利工作的部门提出请求；当事人向两个以上有管辖权的管理专利工作的部门提出请求的，由最先受理的管理专利工作的部门管辖。

通过电子商务平台等网络销售方式实施的专利侵权行为，由被请求人所在地或者侵权行为地管理专利工作的部门管辖，侵权行为地包括实施被诉侵权行为的网络服务器、计算机终端等设备所在地。对难以确定侵权行为地和被请求人住所地的，请求人发现侵权内容的计算机终端等设备所在地可以视为侵权行为地。

四、移送管辖

管理专利工作的部门受理案件后，发现不属于其管辖范围的，应当移送有管辖权的上一级管理专利工作的部门处理，受移送的管理专利工作的部门应当受理。受移送的管理专利工作的部门认为受移送的案件依照规定不属于其管辖的，应当报请省管理专利工作的部门指定管辖，不得再自行移送。

五、指定管辖

管理专利工作的部门对管辖权发生争议的，由其共同的上级人民政府管理专利工作的部门指定管辖；无共同上级人民政府管理专利工作的部门的，由国务院专利行政部门指定管辖。

六、管辖权异议

被请求人对受理或者立案的管理专利工作的部门的管辖权有异议的，受案部门应当在收到管辖权异议之日起5日内作出决定。

异议成立的，受案部门作出将案件移送有管辖权的管理专利工作的部门办理的决定；异议不成立的，受案部门作出驳回管辖权异议的决定，并在管辖权异议决定里告知当事人如对该决定不服可以申请行政复议或者提起行政诉讼。

第三节　回避

一、需要回避的情形

根据《民事诉讼法》的相关规定，专利侵权纠纷案件承办人员（以下简称执法人员）有下列情形之一的，应当回避：（1）是本案当事人或者当事人的近亲属的；（2）本人或者其近亲属与本案有利害关系的；（3）与本案当事人有其他关系，可能影响对案件公正审理的。

二、回避的方式

（一）自行回避

执法人员有上述情形之一的，应当自行回避。根据《专利行政执法办法》第七条第一款的规定，管理专利工作的部门指派的执法人员与当事人有直接利害关系的，应当回避。

（二）申请回避

执法人员没有自行回避的，当事人有权以口头或书面形式申请其回避，并说明理由。当事人以口头形式提出回避申请的，应当制作笔录，并由申请人签名。管理专利工作的部门应当自收到申请回避之日起3日内，决定是否回避，并以口头或者书面形式通知当事人。

三、回避的审批

执法人员的回避，由管理专利工作部门的负责人决定。

分管局领导的回避由局长决定，局长的回避由管理专利工作部门的办公会议决定，局长不参加会议。

是否回避的决定作出前，被申请回避的人员应暂停参与本案的工作，但假冒专利案件的查处或案件需要采取紧急措施的除外。

《回避申请决定》样式如下：

回避申请决定

案号：________________

案由			
回避申请人			
法定代表人（负责人）			
住所			
邮政编码		电话	

________________：

你（单位）于_______年____月____日向本局提出的申请相关人员_______回避的请求，经调查核实，我局认为：

□申请回避理由成立，批准你（单位）的回避请求申请，并决定由_______担任本案的承办人员。

□申请回避理由不成立，不批准你（单位）的回避请求申请。

________________知识产权局（盖章）

_______年____月____日

说明：本决定一式两份，一份送达当事人，一份由知识产权局存档。

四、回避决定的复议

当事人对回避决定不服的，可以申请复议一次，复议决定应当在 3 日内作出，并通知当事人。复议期间被申请回避的执法人员不停止参与案件的办理工作。

第四节　法律文书的送达

法律文书的送达，即管理专利工作的部门将法律文书依法定方式送交给受送达人。

一、受送达人

受送达人是专利侵权纠纷案件中的当事人、专利纠纷调解中的当事人、假冒专利案件中的当事人、专利标识标注不规范案件中的当事人等。

二、送达回证

送达回证是用以证明法律文书已送达、受送达人接收到法律文书的证明。送达任何法律文书必须有送达回证，由受送达人在送达回证上签名或者盖章，并记明收到日期。送达回证上受送达人签收的日期为送达日期。

三、送达的方式

法律文书送达的方式有直接送达、留置送达、转交送达、邮寄送达和公告送达。

（一）直接送达

送达法律文书以直接送达为原则。能够直接送达的，应尽可能采用直接送达的方式。直接送达行不通的，才能采取其他送达方式。

直接送达，是指执法人员将法律文书直接送交给当事人。

受送达人是自然人的，将法律文书直接送交给受送达人本人，或者送交给受送达公民的同住成年家属签收，或者送交给受送达人委托的代理人或其指定的代收人签收，都属于直接送达。

受送达人是单位的，将法律文书送交给法定代表人或主要负责人或办公室、收发室、值班室等负责接收信件的人签收，都属于直接送达。

法律文书的送达回证上上述签收人签收的日期为送达日期。

（二）留置送达

留置送达，是指执法人员采用直接送达方式时，如果受送达人拒绝签收，执法人员邀请有关基层组织或者受送达人所在单位的代表到场见证，说明情况，并在送达回证上注明拒收事由和日期，由执法人员、见证人签名或者盖章后，把法律文书留在受送达人的住所，即视为完成送达的送达方式。

如有关基层组织或者所在单位的代表及其他见证人不愿在送达回证上签字或盖章的，由执法人员在送达回证上记明情况，把法律文书留在受送达人住所，即视为送达。

法人的法定代表人、该组织的主要负责人或者办公室、收发室、值班室等负责收件的人拒绝签收的，被受送达人指定代收文书的委托代理人或其他代收人拒收时，也可适用留置送达方式。

（三）转交送达

转交送达，是指执法人员将法律文书送交给受送达人所在单位，由单位代收后转交给受送达人的送达方式。

代为转交的单位在收到法律文书后，应立即转交给受送达人。受送达人在送达回证上注明的签收日期为送达日期。

（四）邮寄送达

在直接送达有困难时，执法人员就会采用挂号信或者专递方式将法律文书邮寄给受送达人。邮寄送达的，以受送达人在信件回执上注明的收件日期为送达日期。

邮寄送达法律文书的，应当附有送达回证。挂号信回执或专递回执上注明的收件日期与送达回证上注明的收件日期不一致的，或者送达回证没有寄回的，以挂号信回执或专递回执上注明的收件日期为送达日期。

（五）公告送达

在受送达人下落不明、无法以其他方式送达的情况下，执法人员将法律文书在法定媒介上进行公告，公告发出后经过一定的时间即视为送达。

公告可以张贴在管理专利工作的部门的公告栏、官方网站和受送达人原住所地，也可以在报纸上刊登，经过 60 日，有关法律文书即视为送达。

公告送达法律文书的，应当在公告中说明送达法律文书的内容，并在案卷内载明公告的原因和经过。

公告送达时，应将公告文书和相关公告载体，如报纸原件、带日期和网址的公告网页截图打印件，粘贴在送达回证上，并在备注栏写明情况，由承办案件的执法人员在上面签名并注明日期。

第五节　证据

一、证据的学理分类

（一）直接证据与间接证据

根据能否直接独立证明案件主要事实，可将证据分为直接证据和间接证据。例如，为了证明使用的是现有设计，找到申请日前出版的登载有该外观设计的杂志，即为直接证据。

需要与其他证据结合使用才能证明案件事实的证据为间接证据。例如，被控侵权人为了证明自己在先使用、享有先用权，提供了申请日前与客户签订的涉案产品的购销合同。虽然能证明申请日以前已经销售了某款产品，但是该产品使用的技术方案是否落入了权利人专利权保护的范围，还需要进一步证实。

（二）原始证据与传来证据

根据来源的不同，可以将证据分为原始证据和传来证据。

原始证据，即直接来源于案件事实的证据，也称第一手证据、原生证据。例如，专利证书原件、侵权产品实物。

传来证据，也称派生证据，它并非直接来源于案件的事实，是经过转述或者转抄、复制的证据，是来源于第二手或多手以上的证据。例如，员工转述。

（三）实物证据与言词证据

根据表现形式的不同，可将证据分为实物证据和言词证据。能够证明案件事实的物品或者通过记载的内容表现出来的证据，称为实物证据。例如，被控侵权人生产的产品实物能够证明所使用的技术方案是否落入了权利人专利权保护的范围。通过自然人的陈述表现案件事实的证据，称为言词证据。例如，销售人员出具的在某时某地销售某产品的证言。

（四）本证与反证

根据与当事人所主张的事实的关系，可将证据分为本证和反证。本证是指主张某种事实的当事人一方，提出证明该事实存在的证据。反证是指对方当事人为否定或推翻该事实所提出的以证明该事实不存在的证据。

二、证据的表现形式

根据《民事诉讼法》的规定，证据的表现形式主要有当事人陈述、书证、物证、视听资料、电子信息、证人证言、鉴定意见和勘验笔录。

（一）当事人陈述

当事人陈述，是当事人就案件事实向合议组所作的陈述。作为证据形式的当事人陈述是通过询问当事人本人获得的关于案件事实的证据。经特别授权的代理人对案件事实的承认，视为当事人的承认。一般授权的代理人的承认，当事人在场未作否认表示的，亦视为当事人的承认。运用这一证据时应注意，对当事人的陈述应结合案件其他证据进行审查核实，以决定是否作为认定案件事实的根据。

（二）书证

书证，是以其记载的内容来证明待证事实的材料。该材料记载的内容与案件事实有关，记载方式可以是文字、符号或图示，载体并不限于纸张或书籍，也可能是竹木、布料以及石块等。之所以称之为书证，是因为它所采用的形式是书面形式，而不是口头表达形式。

专利纠纷中常见的书证有专利证书、权利要求书、说明书、产品设计图、公证书、报纸、杂志、发票、单据、合同等。

（三）物证

物证，即自身可以证明案件事实的物品。例如，被控侵权产品、实施专利技术所需的专用模具等。

（四）视听资料

视听资料，是指以声音或图像等方式记录案件事实的载体。视听资料一般可分为三种类型：①视觉资料，也称无声录像资料；②听觉资料，也称录音资料；③声像资料，也称音像资料、音形资料。例如，拍摄的涉嫌侵权的产品照片，录制的展会视频、通话录音、为证明现有设计的电视广告片等。

视听资料作为证据形式时，应注意以下事项：①当事人应当提供有关资料的原始载体。提供原始载体确有困难的，可以提供复制件。提供复制件的，应当说明其来源和制作经过。②注明制作方法、制作时间、制作人和证明对象等。③声音资料应当附有该声音内容的文字记录。

（五）电子信息

电子信息，是指基于电子技术生成、以数字化形式存储在电子介质中的信息。存储在电子介质中的录音资料和影像资料，适用电子信息的规定。

电子信息包括但不限于：①通过网页、微博、朋友圈、贴吧、网盘等发布的信息；②手机短信、电子邮件、即时通信、通讯群组等网络应用的通信信息；③用户注册信息、身份认证信息、电子交易记录、通信记录、登录日志等信息；④文档、图片、音频、视频、数字证书、电子计算机程序等电子文件信息。

（六）证人证言

证人证言，是知晓案件有关事实的人所作的陈述。对案件事实作出陈述的人，称为证人。证人证言可采取口头形式、书面形式或其他形式，无论以何种形式记录的证人证言，都应归为证人证言，而不应按照表现形式来划分。

（七）鉴定意见

鉴定意见，是有鉴定资质的机构受当事人的委托，指派专业人员运用其专门知识、技能，利用相关工艺以及各种科学仪器、设备等，就专门性问题进行分析鉴别后作出的专门性意见。

（八）勘验笔录

勘验笔录，是管理专利工作的部门指派的勘验人员对案件涉及的实物产品、生产工艺流程经过现场勘验所做的记录。管理专利工作的部门可以依当事人申请对现场进行勘验，也可以依职权主动进行勘验。

勘验笔录可以用文字记载，也可以附以照片、音频、视频、制作模型等。勘验人员应当将勘验情况和结果记录下来，由勘验人员、当事人和被邀请参加人签名或者盖章。

三、举证责任的分配原则

请求人和被请求人应对自己主张的事实承担举证责任。

（一）谁主张，谁举证

当事人对自己的主张，有提供证据予以证明的义务。在专利侵权纠纷处理中，该原则一般体现为请求人提供证据证明自己是权利人、被请求人存在侵权事实；被请求人提供证据证明自己使用的是现有技术而不构成侵权，或请求人的专利处于终止状态，或自己属于善意侵权等。

当事人对案件相关事实的承认构成自认，此时无须另一方当事人证明，即可将自认事实作为决定的依据；若被请求人否认侵权事实的存在，则请求人对侵权事实承担举证责任。

无论是请求人对构成侵权事实的证明责任，还是被请求人对不构成侵权的证明责任，证据不充分时，负有举证责任的当事人可能要承担举证不能的不利后果。

案例

合议组不支持无证据的善意侵权抗辩

甲公司有一项“竹块不夹发枕席”的实用新型专利，该专利在有效期内，发现乙公司所生产的竹块枕席侵犯了其专利权，于是向所在地知识产权局提出专利侵权纠纷处理请求。乙公司在口头审理过程中提出抗辩称，该技术为现有技术，早在20世纪90年代中期该实用新型专利申请日之前，浙江义乌的小商品市场上就已有这种结构的不夹发枕席销售，但乙公司未能提供有关证据。

经审理，合议组认为乙公司生产的枕席落入甲公司实用新型专利权的保护范围，虽然乙公司主张其使用的是现有技术，但未提供相关证据，因此对乙公司提出的现有技术抗辩不予支持。

分析

在本案中，被请求人乙公司主张涉嫌侵权产品在20世纪90年代中期就有销售，企图证明自己使用的是现有技术。但是，乙公司并未提交任何证据证明在甲公司提起该项专利申请之前该产品就已出现的事实，其现有技术抗辩不能成立，因此乙公司的主张未得到合议组的支持。

案例

被请求人对善意侵权抗辩承担举证责任

甲公司有一项“手持果汁机”的发明专利，该专利处于有效状态。甲公司发现乙公司销售的若干型号某品牌的手持果汁机在产品技术特征上与涉案专利完全一致，遂向所在地知识产权局提出专利侵权纠纷处理请求。

审理过程中，乙公司辩称：公司所销售的手持果汁机是从其他企业进货并进行分销的，对所购买的产品是否涉嫌侵权无法知晓。乙公司提交了营业执照、采购合同原件、付款记录、发货凭证、增值税发票原件等证据。

经审查，合议组认为：首先，被请求人乙公司持有的营业执照上所载明的经营范围限于销售小家电等产品，并不涉及生产制造行为；其次，从被请求人乙公司提交的购买果汁机的采购合同原件、发货凭证等证据来看，其销售的果汁机具有合法来源，且不知其为侵权产品，因此构成善意侵权，承担侵权责任，但不需对甲公司承担赔偿责任。

分析

在本案中，被请求人乙公司主张其并未生产涉嫌侵权产品，其销售的产品有合法来源，不应承担赔偿责任，并且提交了相关证据以证明其并没有生产行为，同时进一步提供证据证明其所销售的涉嫌侵权产品来源合法。在这些证据均被认可的情况下，被请求人乙公司完成了其应当承担的举证责任，因此，乙公司的主张得到了合议组的支持。

案例

请求人对构成侵权承担举证责任

甲公司拥有一项“音箱”的外观设计专利，该专利处于有效状态。甲公司发现乙工厂生产、销售的一款音箱与自己的外观设计非常相似，遂认为乙工厂侵犯了其外观设计专利权，于是向所在地知识产权局提出专利侵权纠纷调查处理请求；同时提交了一份公证书复印件，公证内容是：在某商场购买彩色音箱并拍照、封存所购买的音箱，公证书后附有购买音箱的发票复印件以及所拍摄的音箱照片。在口头审理过程中，甲公司出示了公证书原件，并将公证时封存的音箱当庭开封。

经审理，合议组对甲公司所提供的证据予以采信。经比对，认定乙工厂生产并销售的音箱落入了涉案专利权的保护范围，构成侵权。

分析

在本案中，请求人甲公司主张乙工厂生产、销售的音箱侵犯其外观设计专利权。为证明被请求人存在侵权事实，甲公司通过公证购买、封存所购买产品的方式固定证据，提交了相关公证文书和涉嫌侵权的产品作为证明被请求人乙工厂存在侵权事实的证据。请求人甲公司很好地完成了相应的举证责任，因此其主张得到了合议组的支持。

案例

现有技术证据充分，帮助被请求人成功抗辩

甲科技公司拥有一项“防作弊探测器”的实用新型专利，该专利处于有效状态。专利申请日为2016年2月14日。2016年11月某高校为组织大学英语四六级考试招标采购一批“防作弊探测器”，甲科技公司在参与投标竞标的过程中，发现投标人乙公司提供的“作弊克星”竞标样品涉嫌侵犯了其公司的专利权。于是向所在地知识产权局提出专利侵权纠纷调查处理请求。

经审查，被请求人乙公司生产并销售的产品“作弊克星”落入了涉案专利权的保护范围。乙公司辩称该技术产品在涉案专利申请日前就已经投放市场，为此，乙公司提交了一系列证据。

证据1：2016年1月6日《×××晨报》的原件，其上刊登了《考场“黑匣子”在××研制成功》一文，文中记载，近日，在研究生入学考试×××大学考场中，巡考教师手中的“黑匣子”吸引了众人的目光，这是由×××大学科研团队自主研制成功的“隐

形耳机作弊探测仪”（俗名作弊克星）。文章同时对该黑匣子的技术方案作了详细介绍。

证据2：×××大学研制的“作弊克星”产品实物。

经审查，合议组采纳了这些证据，认定乙公司的产品已于涉案专利申请日之前投放市场使用，乙公司的现有技术抗辩成立，确认其未侵犯甲公司的专利权。

分析

在本案中，被请求人乙公司主张涉嫌侵权的产品已于涉案专利申请日之前投放市场使用，即该涉嫌侵权的产品使用的技术属于现有技术。为证明该主张，被请求人乙公司提交了报纸原件、产品实物等证据证明涉嫌侵权的产品使用的技术属于现有技术，完成了对其主张的不构成侵权的事实所应承担的举证责任。被请求人乙公司提交的证据均可采信，并形成了完整的证据链，因此乙公司的主张得到了合议组的支持。

（二）举证责任倒置

在专利行政执法中，举证责任倒置的情形仅有一种，即对于新产品制造方法发明专利，由被请求人承担举证责任，而非由请求人承担。《专利法》第六十六条第一款规定：“专利侵权纠纷涉及新产品制造方法的发明专利的，制造同样产品的单位或者个人应当提供其产品制造方法不同于专利方法的证明。”

1. 举证责任倒置适用于新产品制造方法的发明专利

方法的发明专利有制造方法的发明专利和使用方法的发明专利两类，只有新产品制造方法的发明专利侵权纠纷才适用举证责任倒置。现有产品制造方法的发明专利及使用方法的发明专利侵权纠纷中依然采用“谁主张，谁举证”规则。所谓现有产品制造方法的发明专利，如“一种新型的造纸方法专利”，造出来的纸和现有的纸没有差别，只是造纸方法不同；所谓使用方法的发明专利，如“一种食品的灭菌方法专利”，它的实施不会产生新的产品。

发明专利的举证责任如图1-1所示。

2. 请求人需先证明该制造方法的发明专利产生的产品为新产品

请求人必须举证证明依照所述制造方法权利要求获得的产品为“新产品”，即与已有产品不同。根据北京市高级人民法院《专利侵权判定指南（2017）》（以下简称《判定指南》）第一百一十二条第一款的规定：“专利法第六十一条规定的‘新产品’，是指在国内外第一次生产出的产品，该产品与专利申请日之前已有的同类产品相比，

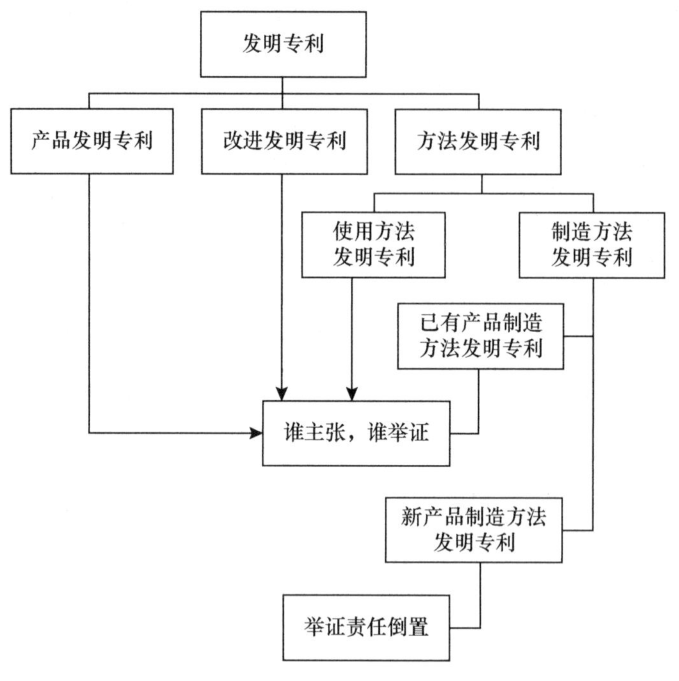

图 1-1　发明专利的举证责任

在产品的组分、结构或者其质量、性能、功能方面有明显区别。”其实该种技术方案可以选择要求保护新产品，也可以选择要求保护制造新产品的方法。若要求保护制造新产品的方法，那么他人使用不同的方法制造出来与之相同的新产品则不属于侵权。

《判定指南》第一百一十二条同时规定，是否属于新产品，应由权利人举证证明。权利人提交证据初步证明该产品属于《专利法》规定的新产品的，视其尽到举证责任。

请求人完成该举证责任的，如提供了该产品在他国被授予产品发明专利的证明或相关部门出具的检索报告或新闻报道等，被请求人可以举证证明该产品是现有产品，来否定新产品。如果被请求人能提供证据证明产品或者制造产品的技术方案在专利申请日以前为国内外公众所知，那么管理专利工作的部门应当认定该产品不属于《专利法》规定的新产品。

3. 请求人还需证明被控侵权产品与新产品相同

《判定指南》第一百一十三条规定，被控侵权产品与新产品是否属于同样产品，应由权利人举证证明。权利人可以采用多种形式证明被控侵权产品与依照该专利制造方法直接获得的产品相同。例如，提供司法鉴定中心出具的鉴定报告、被控侵权产品的产品说明书等。

如果请求人未完成对以上两项内容的证明责任，则举证责任不发生转移，被请求人无须举证证明“其产品制造方法不同于专利方法”。如果请求人完成了对以上两项内容的证明责任，则被请求人可以证明该方法专利方案是现有技术，或者自己使用的制造方法不同于专利方法。

4. 适用举证责任倒置时，应注意保护被请求人的商业秘密

管理专利工作的部门在执法过程中适用举证责任倒置时，要妥善处理充分质证与依法保护被告商业秘密的关系。

特别注意以下几点：

（1）要在原告完成了应负的举证责任之后，才能适用举证责任倒置。防止请求人恶意利用诉讼获取被请求人的商业秘密。

涉及新产品制造方法的发明专利的侵权纠纷实行举证责任倒置，并不意味着请求人可以不负任何举证责任。请求人除了证明涉案专利权归属于自己且权利处于有效状态外，还要证明依照涉案专利方法直接获得的产品是一项新产品，且被请求人生产的产品与该产品属同样产品。如果请求人不能证明这两点，或者初步举证之后被被请求人举证推翻，均不发生举证责任倒置，即可以直接认定被请求人不构成侵权。

（2）应当将倒置给被请求人的举证责任限定在必要的范围内。

被请求人只要证明其产品制造方法与请求人的专利方法不同即可，无须将其产品制造的全部工艺、组分、流程展现出来。例如，被请求人只要证明其产品制造方法的个别工艺步骤、化合物的个别组分等与专利方法的某一必要技术特征不同，即为完成了举证责任；不需要被请求人证明自己使用不同于专利方法的另外一种方法也可以制造出相同产品，以防泄露被请求人的商业秘密。如此才能最大限度保护被请求人的商业秘密。

（3）实行不公开审理，限制出庭人数，并签署商业秘密承诺书。

案件有可能会涉及被请求人的商业秘密，对被请求人提出的不公开审理请求，合议组应当予以接受。合议组也可以询问被请求人是否要求不公开审理。

（4）应当依法对被请求人所提供的证明其产品制造方法不同于涉案专利方法的证据进行质证。

案件审理过程中，要保护被请求人的商业秘密，但也不能以保护商业秘密为由，剥夺请求人质证的权利。既然是质证，就要让对方看到证据，实践中，确实存在不让

请求人接触被请求人涉及商业秘密的证据的情况，如此一来，举证责任倒置的规定也就落空了。

案例

原告未证明被告制造了原始产品，倒置举证责任不被支持

甲公司拥有抗癌药品“吉西他滨”及“吉西他滨盐酸盐”的三项中国发明专利权。

甲公司在我国获得三项专利，分别是于1998年6月20日被授权的“立体选择性糖基化方法”的方法发明专利（以下简称专利一），于1999年3月25日被授权的“提纯和分离2′-脱氧-2，2′二氟核苷的方法”的方法发明专利（以下简称专利二），于1999年9月4日被授权的“1-（2′-脱氧-2′，2′-二氟-D-呋喃核糖基）-4-氨基嘧啶-2-酮盐酸盐的制备方法”的方法发明专利（以下简称专利三），上述三项专利构成生产制备吉西他滨和吉西他滨盐酸盐的完整技术方案。

专利一是取得中间体β异头物富集的核苷的方法，专利二是提纯和分离富含β异头物核苷的混合物的方法，专利三是制备吉西他滨盐酸盐的方法。

甲公司起诉称乙公司未经许可，自2000年起使用涉案专利方法制备了吉西他滨和吉西他滨盐酸盐并对该产品进行了促销，构成专利侵权，应承担相应的法律责任。

甲公司提交了乙公司制备的注射用吉西他滨盐酸盐样品的照片及宣传资料，用以证明侵权行为的存在。

乙公司辩称：被诉侵权的药品制造方法与甲公司的专利方法不同，请求驳回甲公司的诉讼请求。

最高人民法院二审认为：根据《专利法》的规定，被诉侵权方对新产品的制造方法承担倒置举证责任是有条件的，即专利权人首先应当证明被诉侵权方法所生产的产品与涉案专利方法所生产的产品属于相同的产品；同时，还应当证明依据专利方法直接获得的产品是新产品。本案专利一的关键是合成反应物，β异头物富集的核苷是专利一直接获得的产品。专利二是对专利一得到的反应物进行纯化反应。专利三是对专利二得到的纯化物进行脱保护的方法。甲公司起诉时提交了乙公司生产的吉西他滨盐酸盐，但并没有证明乙公司实际生产了β异头物富集的核苷；而且，双方在二审中均认为，并非只有β异头物富集的核苷可以制备得到吉西他滨盐酸盐，吉西他滨盐酸盐

可以用β异头物富集的核苷以外的其他物质制备。因此，即使根据《专利法（1992修正）》第六十条第二款的规定，对合成步骤的举证责任也应当由甲公司承担，而不应当倒置由乙公司承担。甲公司上诉主张乙公司应当举证证明甲磺酸酯10α/10β的比例的理由，不予支持。

分析

在本案二审中，当事人争议的核心问题是能否适用举证责任倒置以及被诉侵权方法中有关技术特征的查明。

根据《专利法》的规定，方法专利权的保护范围只能延及依照该专利方法直接获得的产品，在认定一项方法专利是否属于新产品制造方法专利时，应当以依照该专利方法直接获得的原始产品为依据，而不包括对该原始产品做进一步处理后获得的最终产品，更与该产品能否直接供消费者使用无关。

具体到本案中，专利一是一种可以直接得到"β异头物富集的核苷"的方法专利，意味着甲公司需要证明被告合成了"β异头物富集的核苷"这一物质。甲公司只提供了最终产品吉西他滨盐酸盐的侵权证据；而庭审中，双方当事人确认，吉西他滨盐酸盐的制备方法不是只有本案专利方法这一种，还可以用β异头物富集的核苷以外的其他物质制备吉西他滨盐酸盐，因此举证责任倒置适用不成立。

案例

请求人完成两个前置证明责任，则举证责任倒置

甲制药公司有一项"以亮菌为原料制备液体口服药物的方法"的发明专利权。甲制药公司曾与乙制药公司合作生产"亮菌口服液"，但在合作合同解除后，乙制药公司仍在生产。甲制药公司因此向所在地知识产权局提出专利侵权纠纷处理请求。

甲制药公司提交了如下证据：公证书，证明从某药店购买涉案侵权产品的过程；公证处封存的实物，证明涉案侵权产品是由乙制药公司生产的；专利检索报告，证明涉案专利产品为新产品；司法鉴定报告，证明被控侵权产品与专利新产品相同。

被请求人乙制药公司辩称：涉案专利是产品制造方法的发明专利，非产品专利，虽然其生产销售的亮菌口服液产品与甲制药公司专利方法直接获得的产品相同，但其生产方法与涉案专利生产方法相比，在工艺、原料配比上存在重大不同，因此不构成侵权。

为此，乙制药公司提交了经批准的“亮菌口服液生产工艺规程”。同时，乙制药公司申请当地知识产权局执法人员前往口服液生产车间了解口服液生产过程。当地知识产权局执法人员赴其生产车间对口服液生产过程进行了现场勘验，并详细记录了生产的流程、处方等内容。最终知识产权局判定被控侵权的技术方案没有落入涉案专利权的保护范围，乙制药公司不构成侵权。

分析

本案请求人请求保护的专利是产品制造方法的发明专利，要适用举证责任倒置，前提条件是请求人要举证证明专利方法被用来生产的亮菌口服液是新产品，同时被请求人生产的亮菌口服液与专利方法生产的亮菌口服液相同。

请求人提交的三份证据证明了以上内容，因此，提供其产品制造方法不同于专利方法的证明责任转移给了被请求人。

被请求人提交的证据包括“亮菌口服液生产工艺规程”，其中记载了被请求人生产亮菌口服液的流程、处方、培养基配方、工艺标准等内容。该规程记载的内容及当地知识产权局现场勘验结果显示，被请求人的生产方法与请求人的专利方法不同。

在本案中，在请求人完成了其产品为新产品、被控侵权产品与涉案专利方法所得到的产品相同的举证义务情况下，举证责任倒置。

案例

请求人与被请求人的产品不同，不发生举证责任倒置

甲砖厂有一项“一种制造空心砖的方法”发明专利权，该专利处于有效状态。甲砖厂发现其邻居乙空心砖厂生产的空心砖与自己的产品相同，遂向当地知识产权局提出专利侵权纠纷调查处理请求。

甲砖厂提供了购买被请求人乙空心砖厂生产的空心砖的购买凭证以及样品作为证据。

被请求人（乙空心砖厂）辩称：其空心砖的制造方法与涉案专利方法并不相同，不构成侵权。

将甲砖厂提交的证据空心砖样品与涉案专利权利要求进行比对，大部分特征均吻合，但涉案专利权利要求中还涉及空心率的具体数值，合议组要求请求人（甲砖厂）证明被请求人生产的空心砖的空心率落入权利要求所述的25%～35%的范围。对此，

甲砖厂提交了上述所购买的空心砖的随附说明书，但其中未涉及乙空心砖厂生产的空心砖的空心率的具体数值。

分析

本案涉及产品制造方法的发明专利，请求人除需要对依照专利方法制造的产品属于新产品初步举证外，还需要证明被控侵权产品与依照涉案专利方法直接获得的产品相同。在本案中，请求人所提交的证据无法证明被控侵权产品与涉案专利方法制造的空心砖的空心率相同，从而无法证明两个产品相同，因此请求人未完成“相同产品”的证明责任，举证责任不能转移，被请求人无须举证证明其产品制造方法不同于涉案专利方法。

5. 无须举证证明的事实

无须举证证明的事实包括：①自然规律以及定理、定律；②众所周知的事实；③根据法律规定推定的事实；④根据已知的事实和日常生活经验法则推定出的另一事实；⑤已被仲裁机构的生效裁决所确认的事实；⑥已被人民法院发生法律效力的裁判所确认的基本事实；⑦已被有效公证文书所证明的事实。

前述第②~⑤项事实，当事人有相反证据足以反驳的除外；第⑥项、第⑦项事实，当事人有相反证据足以推翻的除外。

第二章
专利侵权纠纷的处理程序

专利侵权纠纷的处理程序，如图 2-1 所示。

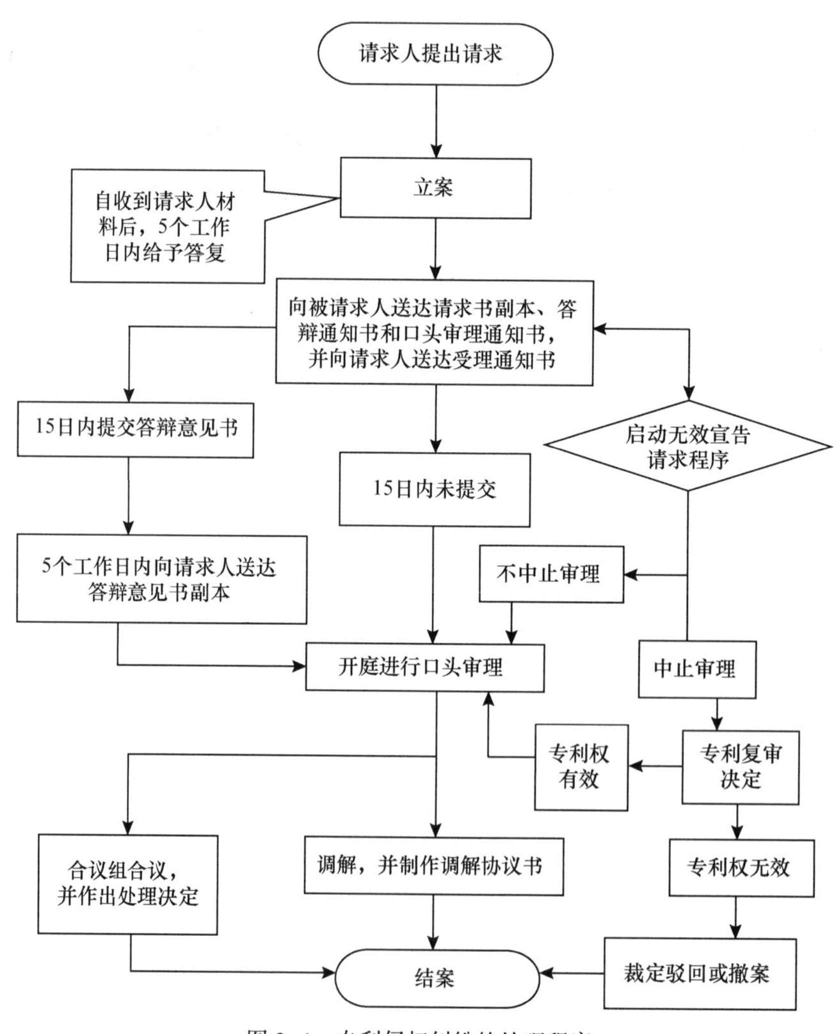

图 2-1　专利侵权纠纷的处理程序

第一节　案件受理的原则

案件受理时除应遵守本书第一章第一节中专利行政执法基本原则外，还需遵守以下原则。

一、权利人主动请求原则

专利侵权纠纷案件因专利权人或者利害关系人主动提出请求而产生。管理专利工作的部门不能主动去发现案件，也不接受公众的举报。由于专利侵权案件不涉及消费者利益、公共利益，只涉及专利权人的个人权益，属于私权范畴，因此，公权力不能主动介入，其他人也不能干预。

二、一专利一案件原则

一专利一案件，是指被请求人涉嫌侵犯请求人多项专利权的，要提交多个请求，按一专利一请求一案件来立案。一个案件只能涉及一个专利、一个被请求人，涉及同一专利权人的多个专利号或者同一专利号有多名被请求人时，应分别填写请求书并分别立案。

但根据《专利法》第七十条第二款的规定，地方人民政府管理专利工作的部门应专利权人或者利害关系人请求处理专利侵权纠纷，对在本行政区域内侵犯其同一专利权的案件可以合并处理。这一规定表明，必要时可以并案处理。

三、一次性告知原则

管理专利工作的部门工作人员应将立案条件、需要提供的证据材料及受理立案的期限一次性告知请求立案的权利人。由于专利涉及的专业术语比较多，对于口头告知不易记住的，可以事先印制告知单页，置于受理窗口，便于当事人取阅。

第二节　案件受理的条件

一、有适格的请求人

作为专利侵权纠纷案件的发起人，请求人应是专利权人或者利害关系人。其中利害关系人又包括被许可人、专利权的合法继承人、权利义务继受人。

（一）专利权人

专利权人，是指该专利证书上记载的权利人。侵权行为发生时，该专利权必须有效存在。

（二）被许可人

在许可合同有效期内发生的侵权行为，对被许可人的利益也会造成损害，因此专利被许可人也可以对专利侵权行为向管理专利工作的部门提出处理请求。

专利实施许可合同分为三类：独占实施许可合同、排他实施许可合同、普通实施许可合同。每一类合同中的被许可人所拥有的权利是不同的，因此，在请求权的行使上会存在差别。

1. 独占实施许可合同的被许可人可以单独提出请求

在独占实施许可合同中，专利权人不得在合同约定的期间内对第三人发放实施许可，自己也不得实施该专利。在此期间有专利侵权行为发生时，受损害的自然是独占实施许可合同的被许可人，因为专利权人得到的许可费往往是合同约定的固定数额，许可费收入不会因侵权行为的发生而减少。专利侵权产品的存在，实际上侵犯了被许可人的产品市场，因此被许可人可以单独提出请求。

2. 排他实施许可合同的专利权人与被许可人可共同提出请求

在排他实施许可合同中，专利权人在合同约定的期间内不得对第三人发放实施许可，但专利权人自己可以实施该专利。在此期间有专利侵权行为发生时，专利权人和被许可人的利益都会受到侵害，专利侵权产品的存在侵犯了他们的产品市场，所以被许可人可以与专利权人共同提出请求。

另外，排他实施许可合同中，在专利权人不请求的情况下，被许可人也可以单独提出请求。

3. 普通实施许可合同的被许可人获得专利权人授权，可单独提出请求

在普通实施许可合同中，专利权人在合同约定的期间内可以对多个第三人发放实施许可，专利权人自己也可以实施。在此期间有专利侵权行为发生时，专利权人和众多被许可人的利益也都会受到侵害，理论上他们有权共同提出请求。但由于被许可人可能比较多，如果全部参与进来会不方便，因此只允许专利权人单独提出请求，其他被许可人无权与专利权人共同提出请求，但获得专利权授权的被许可人可以单独提出请求。

（三）专利权人的合法继承人

专利权人是自然人的，该自然人死亡后，专利权是可以作为遗产被继承的，若专利权人去世，其合法继承人可以对专利侵权行为向管理专利工作的部门提出处理请求。

（四）权利义务继受人

专利权人是单位的，单位合并或分立后，由新的主体继受该专利权。该专利权被强制拍卖的，竞拍人在收到法院的拍卖成交裁定之日即享有专利权。这些继受人可以对之前已开始、目前仍在进行中的侵权行为向管理专利工作的部门提出处理请求。

二、有明确具体的被请求人

被请求人应是实施侵犯请求人专利权的人，被请求人可能是自然人、个体工商户、个人独资企业、合伙企业、公司、其他生产经营实体等。

明确的被请求人，一般指被请求人的姓名或者名称、联系方式、地址明确。被请求人名称无法确定的，有明确的侵权行为地址也可。

三、有明确的请求事项和事实、理由

（一）请求书的份数

请求人提交请求书的份数应为被请求人的数量加一份。有关查封、扣押的请求，请求人应单独提交请求书。

（二）请求书应当记载的内容

1. 请求人的信息

请求人的信息包括请求人的姓名或者名称、地址，法定代表人或主要负责人的姓名、职务；如果委托有代理人的，还包括代理人的姓名和代理机构的名称、地址。

2. 被请求人的信息

被请求人的信息包括被请求人的姓名或者名称、地址，法定代表人或主要负责人

的姓名、职务，如果委托有代理人的，还包括代理人的姓名和代理机构的名称、地址。

3. 请求内容

比如请求管理专利工作的部门责令被请求人停止制造、使用、销售、许诺销售、进口侵权产品，对赔偿数额进行调解等。

4. 事实和理由

事实和理由包括请求人享有专利权的状况，被请求人侵权时间、地点、实施方式，取证的过程，侵权产品与专利方案的分析对比情况等。

5. 请求人签章

《专利侵权纠纷处理请求书》样式如下：

专利侵权纠纷处理请求书

专利号				
专利名称				
专利权人				
请求人	姓名或名称		法定代表人（主要负责人）	
	住所			
	邮政编码		电话	
	代理人姓名		机构名称	
	住所			
	邮政编码		电话	
被请求人	姓名或名称			
	住所			
	邮政编码		电话	
	代理人姓名		机构名称	
	住所			
	邮政编码		电话	

请求内容

1. 请求责令被请求人立即停止制造、使用、销售、许诺销售、进口侵犯请求人专利权的行为；
2. 请求对被请求人应付请求人的赔偿金额进行调解。

事实和理由

请求人于________年____月____日发现被请求人未经请求人许可，以（制造、使用、销售、许诺销售、进口）的方式实施了请求人的专利，专利名称为：________，专利号为：__________________。经请求人提出侵权警告后，被请求人依然不停止侵权行为，为维护请求人的合法权益，特向贵局提出纠纷处理请求。

请求人（签章）：________

________年____月____日

四、有必要的证据材料

（一）请求人权利证明材料

1. 专利证书、专利实施许可合同

专利证书、专利公告文本（公告页、附图、权利要求书、说明书等）复印件；专利实施许可合同原件；专利权转让、继承发生事实的证据。普通实施许可合同的被许可人提出处理请求时，要提交专利权人的授权书；排他实施许可合同的被许可人提出处理请求时，要提交专利权人放弃维权的证明。

2. 专利权评价报告

我国实用新型专利或者外观设计专利申请采用形式审查制，因此权利的稳定性不高。为了提高案件处理效率，阻止恶意维权行为，专利侵权行为涉及实用新型专利或者外观设计专利的，管理专利工作的部门可以要求请求人出具由国家知识产权局作出的专利权评价报告，并以此作为处理专利侵权纠纷的证据。

3. 专利权有效证明

请求人应提交能够证明涉案专利没有被宣告无效，没有因迟缴年费终止，没有被提前放弃等权利有效存在的证据。例如，专利登记簿副本，或者专利证书和当年缴纳专利年费的收据。

（二）请求人身份证明材料

1. 本国请求人

请求人是个人的，应当提交本人身份证复印件，并与原件进行核对。请求人是法人或者其他组织的，则提交营业执照复印件、法定代表人身份证复印件及其任职证明。受托律师应当提交律师执业证复印件和律师所在律师事务所出具的公函。受托人是法定代表人以外的其他员工，需要请求人出具授权书、员工身份证复印件。

请求人可以委托 1~2 名代理人，委托他人作为代理人时，必须提交授权委托书，载明委托事项和权限，由委托人签名或者盖章。如果代理人的权限包括代为承认、放弃、变更请求、进行和解、代为签署有关法律文件等，必须有委托人的特别授权。

请求人是香港、澳门、台湾地区居民的，应当履行相关的证明手续。

2. 外国请求人

请求人是外国人的，应当经所在国公证机关予以证明，并经中国驻该国使领馆予以认证，或者履行中国与其所在国订立的有关条约中规定的证明手续。

3. 本国申请人与外国申请人共同申请

本国请求人与外国请求人共同申请专利的，各自按要求提交证明材料。

（三）委托代理人办理的要有代理手续

申请是委托代理人办理的，要有申请人签署的标明权限的授权委托书、被委托人的身份证明。被委托人是律师的，要提交律师执业证复印件、律师事务所公函。

《专利侵权纠纷案件授权委托书》样式如下：

专利侵权纠纷案件授权委托书

委托人（单位或个人）：

法定代表人（负责人）：

职务：

被委托人姓名：

工作单位：

职务：

现委托上述被委托人在________与________的专利侵权纠纷一案中，作为我方代理人。

代理人________的代理权限为：

☐代为递交、接收法律文书；

☐代为答辩、意见陈述、参加口头审理；

☐参加调解；

☐代为提出、变更、放弃处理请求等。

委托人（签章）：________

法定代表人（负责人）（签章）：________

________年____月____日

（四）侵权事实存在的初步证明材料

请求人一般应提交公证书，为取证购买的产品及相应的购买发票，所拍摄的照片、视频，被控侵权产品样品，宣传画册、网站资料等侵权证据。

1. 被控侵权产品

请求人一般应提交被控侵权产品的样品及相应的购买发票。请求人因特殊情况无法获得被控侵权产品样品的，可以提交广告宣传画册、网站资料等其他侵权证据。

2. 公证文书

请求人可以请公证处对侵权产品的购买过程进行公证。

3. 检索报告

在制造方法专利侵权案件中，请求人需要证明依照专利方法直接获得的产品是新产品。对新产品的证明可以通过国家知识产权局专利检索咨询中心出具的检索报告，证明该专利在申请日前没有与涉案新产品相同的产品，以便启动举证责任倒置。

4. 鉴定报告

鉴定报告，是指司法鉴定中心出具的涉案侵权产品与专利技术特征是否相同的鉴定意见。

5. 涉外及我国港澳台地区的证据

（1）请求人提交外文证据的，应当提交书面的中文译文。未提交书面中文译文的，该外文证据视为未提交。请求人可以仅提交外文证据的部分中文译文，没有提交中文译文的部分，不能作为证据使用。

（2）域外证据应当经所在国公证机关公证，并经我国驻该国使领馆认证，或者履行我国与该所在国订立的有关条约中规定的证明手续。

（3）香港地区形成的证据，应通过委托公证人方式进行办理。

（4）澳门地区形成的证据，需由中国法律服务（澳门）公司或者澳门司法事务室下属的民事登记局出具公证证明。

（5）台湾地区形成的证据，首先应当由台湾地区的公证机关予以公证，并由台湾财团法人海峡交流基金会根据《两岸公证书使用查证协议》提供相关证明材料。

案例

涉外证据的质证

甲公司拥有一项“咖啡机”的外观设计专利。甲公司发现乙商场销售的咖啡机涉嫌侵犯其专利权，遂向当地知识产权局提出侵权纠纷处理请求，并提交了相关证据。

被请求人乙商场辩称，自己销售的咖啡机早于涉案专利申请日进入市场，是美国原装进口的。乙商场提交了其与美国G公司在国内签订的中英文合同及其随附的产品图片、参数等，用以证明咖啡机系进口。

请求人甲公司对美国G公司的真实性存疑。乙商场随即提交如下证据：(1) 马萨诸塞州州务卿签名并加盖州印的证明以及证明的中文译文，用以证明签名人确实为马萨诸塞州州务卿及其在所附文件上的签名真实。(2) 马萨诸塞州州务卿签署的证明文件及其中文译文，证明G公司是依法成立、合法存在并且运行状况良好的公司。(3) 中国驻纽约总领事馆出具的认证，粘贴于证据 (1) 背面，证明其正面文书上美国马萨诸塞州州政府的印章和该州州务卿的签字均属实。

口头审理当庭，请求人对这三个证据中文译文的准确性无异议，对真实性有异议。

合议组认为，上述三个证据是美国G公司的注册地政府出具的证明，并经中国驻纽约总领事馆认证，能够证明美国G公司是在美国马萨诸塞州注册并存在的一家公司，是真实、有效的证明文件。

分析

在本案中，由于证据（1）和证据（2）形成于我国领土外，因此需要由我国驻该国使领馆对其予以认证。在本案中，被请求人履行了证明手续，其证据应当被采信。

（五）确定赔偿数额的参考证据

确定赔偿数额的参考证据包括请求人因侵权所受损失的证据，或者被控侵权人因侵权行为所获利益的证据。如网店销售数据、广告宣传的盈利情况、所缴纳税额的情况等。

这些证据不是必需的，如果只请求侵权认定而不要求调解赔偿数额，可以不提交此类证据。这类证据，只有在侵权行为被认定成立并要求对赔偿数额进行调解时才有意义。

（六）请求书及证据材料的份数

请求人应当按照被请求人的数量加一份提供请求书及证据材料的份数。

五、受理案件的管理专利工作的部门有管辖权

被请求人所在地或者专利侵权行为地属于受理机关管辖范围。

六、没有向法院起诉也没向仲裁机构提请仲裁

对于已经由法院立案受理或仲裁机构立案受理的专利侵权纠纷案件，管理专利工作的部门不接受专利侵权纠纷处理请求。

第三节　立案与送达

一、接收请求书及证据材料，进行审查

（一）请求书及证据材料不全、有误的，立案人员应告知当事人补全、更正

请求人提出的请求符合立案条件，但所提交的证据材料不全或有文字错误的，立

案人员应告知当事人补全或者更正。例如，涉及实用新型专利和外观设计专利侵权但请求人没有提交专利权评价报告的，管理专利工作的部门立案人员可以告知其补全。

《提交专利权评价报告通知书》样式如下：

提交专利权评价报告通知书

专利号	
专利名称	
专利申请日	
专利权人	
请求人	

案号：________________

__________________：

根据《中华人民共和国专利法》第六十六条第二款的规定，要求你（单位）在收到本通知之日起的____日内向我局提交国家知识产权局对__________________号专利作出的专利权评价报告。

特此通知。

_______知识产权局（盖章）

________年____月____日

联系人：

联系电话：

本局地址：

邮政编码：

说明：本通知书一式两份，一份送达当事人，一份由知识产权局存档。

（二）请求书及证据材料不符合立案条件的，立案人员应通知当事人补正

立案人员审查请求书及证据材料后，发现请求不符合立案条件的，可以口头告知当事人不符合条件的原因，由当事人补正。当事人执意要提出请求的，立案人员应当填写和出具《接收当事人证据材料清单》。

（三）请求书及证据材料符合立案条件的，立案人员出具材料清单

管理专利工作的部门接到请求人或其代理人提交的材料后，根据本章第二节的规定进行初步审查。符合立案条件的，由立案人员对有关复印件和原件进行核对，加盖“与原件核对无误”专用章并签名。

除授权书、任职证明、律师事务所公函外，其他材料尤其是证据材料最好只接收复印件，以免弄丢原件给当事人带来麻烦。但在召集当事人进行举证质证时，需告知

当事人携带证据材料原件参加。

立案人员应当将请求人提交的证据材料名称、份数、页数、原件或者复印件、收件时间等情况填入《接收当事人证据材料清单》，请求人或其代理人和立案人员应在材料清单上签名或者盖章。材料清单第一联附卷，第二联交请求人或其代理人。

《接收当事人证据材料清单》样式如下：

接收当事人证据材料清单

专利号：________________

序号	证据材料名称	所要说明的事实	页数	备注
1	专利证书			
2	年费缴纳凭证			
3	专利许可合同			
4	许可备案书			
5	侵权产品			
6	购买侵权产品的发票			
7	网页截图			
8	展会侵权照片			
9	……			
10	……			

递交人（签章）：____________

接收人（签章）：____________

接收日期：_____年___月___日

说明：本清单一式两份，一份递交知识产权局，一份由递交人留存。

二、报批立案

请求人补交证据材料后，立案人员审查并填写《专利侵权纠纷案件立案审批表》，提出是否立案的建议，报请办案部门负责人和分管局领导审批。

（一）批准立案

办案部门负责人经审查，认为可以立案的，应同时指定三名或三名以上单数执法人员处理该专利侵权纠纷，包括组长一名、主办人员一名和协办人员若干，报分管局领导审批。

经分管局领导批准，同意立案的案件，案件主办人员应对其进行编号，填写《专利侵权纠纷处理请求立案通知书》《答辩通知书》等文书，经办案部门负责人审查后，呈报分管局领导审批。

批准立案后，案件主办人员应及时将《专利侵权纠纷处理请求立案通知书》送达请求人。

《专利侵权纠纷案件立案审批表》样式如下：

专利侵权纠纷案件立案审批表

案号：________________

专利号	
专利名称	
专利权人	
请求人	
被请求人	
案情简介	
承办人意见	签字：_______ _______年___月___日
部门负责人意见	签字：_______ _______年___月___日
分管局领导意见	签字：_______ _______年___月___日

《专利侵权纠纷处理请求立案通知书》样式如下：

专利侵权纠纷处理请求立案通知书

案号：＿＿＿＿＿＿＿＿

专利号	
专利名称	
专利权人	
请求人	
被请求人	

＿＿＿＿＿＿＿＿＿＿：

经审查，你（单位）于＿＿＿＿年＿＿月＿＿日提交的侵犯专利权纠纷处理请求符合《专利行政执法办法》第十条规定的立案条件，本局予以立案。

特此通知。

＿＿＿＿＿＿＿＿知识产权局（盖章）

＿＿＿＿年＿＿月＿＿日

案件承办人：

联系电话：

本局地址：

邮政编码：

说明：本通知书一式两份，一份送达当事人，一份由知识产权局存档。

（二）不予立案

分管局领导作出不予立案决定的案件，立案人员应填写《专利侵权纠纷处理请求不予立案通知书》，经办案部门负责人和分管局领导审批后，将通知书送达请求人。通知书中应当说明不予立案的理由。

《专利侵权纠纷处理请求不予立案通知书》样式如下：

专利侵权纠纷处理请求不予立案通知书

专利号	
专利名称	
专利权人	
请求人	
被请求人	

________________：

经审查，你（单位）于________年____月____日提交的侵犯专利权纠纷处理请求不符合《专利行政执法办法》第十条规定的立案条件，本局不予立案，具体理由是：

□请求人不是专利权人或者利害关系人。

□没有明确的被请求人。

□没有明确的请求事项和具体事实、理由。

□不属于本局受案或管辖范围。

□当事人已经就该专利侵权纠纷向人民法院起诉。

□其他（注明原因）____

特此通知。

如对本通知书存在异议，可以在收到本通知书 15 日内向________人民法院提起行政诉讼，也可以就请求处理的事项另行直接向________人民法院提起民事诉讼。

________知识产权局（盖章）

________年____月____日

说明：本通知书一式两份，一份送达当事人，一份由知识产权局存档。

（三）相关时限

管理专利工作的部门收到请求书后，经审查符合立案要求的案件，应当自收到请求书 5 个工作日内完成相关报批程序并通知请求人予以受理。

经审查不符合立案要求的案件，也应当自收到请求书 5 个工作日内完成报批程序并通知请求人不予受理，且说明理由。

三、送达材料

（一）将请求书送达被请求人

管理专利工作的部门应当在立案之日起 5 个工作日内将专利侵权纠纷处理请求书及其附件的副本和相关证据材料送达被请求人，并告知其在收到之日起 15 日内提交《答辩意见书》。受理立案时，请求人只提交一份证据材料的，被请求人可以自行复印。

《答辩通知书》样式如下：

答辩通知书

案号：________________

专利号	
专利名称	
专利权人	
请求人	
被请求人	

________________：

本局已经对请求人________年____月____日提交的专利权纠纷处理请求进行立案。根据《专利行政执法办法》第十四条的规定，现将专利侵权纠纷处理请求书及其附件的副本发送给你（单位），并将有关事项通知如下。

你（单位）应当在收到请求书及其附件的副本之日起 15 日内向本局提交：

□《答辩意见书》及相关证据一份，并按照请求人的人数提出副本。

□主体资格证明（个人应当提交居民身份证或者其他有效身份证件，单位应当提交有效的营业执照或者其他主体资格证明文件副本及法定代表人或者主要负责人的身份证明）。

□如委托代理人的，需提交授权委托书。

逾期不提交的，不影响本局对本案进行处理。

被请求人向国家知识产权局专利复审委员会提出专利权无效宣告请求的，应当将专利复审委员会的受理通知书以及无效宣告请求书的复印件在收到专利侵权纠纷处理请求书及其附件的副本之日起 15 日内送交本局。

______________知识产权局（盖章）

________年____月____日

案件承办人：

联系电话：

本局地址：

邮政编码：

说明：本通知书一式两份，一份送达当事人，一份由知识产权局存档。

（二）将《答辩意见书》送达请求人

被请求人提交《答辩意见书》的，管理专利工作的部门应当在收到之日起 5 个工作日内将《答辩意见书》副本送达请求人。被请求人逾期不提交《答辩意见书》的，不影响管理专利工作的部门进行下一步案件处理的程序。

第四节　调查取证

管理专利工作的部门处理专利侵权纠纷，应当以事实为依据、以法律为准绳，遵循公正、及时的原则，通过各种方式，全面、客观、公正地查清案件事实。

一、调查取证的启动

当事人因客观原因无法自行收集证据的，或者仅凭自行收集的证据不足以查清事实时，可以请求管理专利工作的部门调查取证，管理专利工作的部门也可以根据需要依职权调查收集有关证据。调查取证的方式包括现场勘验、委托鉴定等。管理专利工作的部门在调查取证时，应当遵守有关法律的规定。

（一）依当事人请求启动调查取证的条件

下列情形，当事人或代理人可以请求管理专利工作的部门调查取证：

（1）申请调取的证据属于国家有关部门保存且必须由管理专利工作的部门依职权调取的档案材料；

（2）当事人及其代理人确因客观原因不能自行收集的其他材料；

（3）涉及国家秘密、商业秘密、个人隐私的材料。

请求管理专利工作的部门调查取证，当事人应当提交书面的调查取证申请书。管理专利工作的部门认为与案件有关且符合调查取证条件的，应当启动调查取证程序，不符合的可以不进行调查取证。

《专利侵权纠纷案件调查取证请求书》样式如下：

专利侵权纠纷案件调查取证请求书

案号：＿＿＿＿＿＿＿＿

被调查人姓名（名称）	
被调查人住所地	
请求调查的证据 内容及证明事实	
证据存放地点	
请求理由	

请求人（签章）：＿＿＿＿

＿＿＿＿年＿＿月＿＿日

案例

依当事人请求启动的调查取证

甲工业陶瓷厂申请并获得了“新型耐火隔热空心球成型机”的发明专利权，后将专利权转让给乙工贸公司。甲工业陶瓷厂的员工韩某向丙科技发展公司提供了空心球成型机设备草图等技术材料、操作设备，为其培养了操作人员，并收取报酬。乙工贸公司随即以韩某涉嫌假冒专利为由向当地公安分局报案，当地公安分局开展调查，查明韩某在丙科技发展公司帮助生产空心球成型机等基本属实。但是，公安机关认为侵犯专利权的行为属于民事行为，未予立案。乙工贸公司遂以丙科技发展公司侵犯其专利权为由，向当地知识产权局提出专利侵权纠纷处理请求，并提交了相关证据。

当地知识产权局成立合议组，对该案件进行口头审理。请求人乙工贸公司请求合议组调取此前韩某涉嫌假冒专利案的相关资料。合议组认为，乙工贸公司申请调查取证的请求符合相关条件，于是从当地公安机关调取韩某涉嫌假冒专利案卷宗。

分析

请求人乙工贸公司曾以涉及假冒专利为由向公安机关报案，公安机关开展调查取证。公安机关调查认为韩某的行为属于民事行为未予立案，但调取的相关证据已按规定存档。在本案中，请求人针对同一产品向当地知识产权局提出侵权纠纷处理请求时，请求调取公安机关在涉嫌假冒专利案件中依职权调查取得涉嫌侵权产品的证据，这些证据属于国家有关部门保存且必须由管理专利工作的部门依职权调取的档案材料。因此，当地知识产权局认为乙工贸公司申请调查取证的请求符合相关条件，于是启动了调查取证程序，从当地公安机关调取了相关证据。

（二）依职权调查取证的条件

专利侵权纠纷调查处理中，管理专利工作的部门可以根据案情需要或者在证据可能灭失或以后难以取得的情况下，对侵权可能性大的案件尤其要针对那些对解决争议可能有决定作用的事实证据依职权调查取证。

《专利侵权纠纷案件调查取证审批表》样式如下：

专利侵权纠纷案件调查取证审批表

案号：________________

专利号	
专利名称	
专利权人	
请求人	
被调查取证人	
申请事项及理由	
承办人意见	签字：________ ______年___月___日
部门负责人意见	签字：________ ______年___月___日
分管局领导意见	签字：________ ______年___月___日

案例

依职权调查取证

请求人拥有一项“酒瓶包装盒”的外观设计专利。请求人发现某烟酒经销店销售的某品牌白酒使用了侵犯其专利权的包装盒，遂向当地知识产权局提出专利侵权纠纷处理请求，同时提交了涉案专利证书复印件、授权公告文本以及年费缴费收据复印件、涉嫌侵权的产品照片、被请求人店面照片等证据。当地知识产权局初步审理后认为，请求人所提交的证据表明被请求人可能存在侵权，但是尚缺乏被请求人正在销售侵权产品的直接证据，因此前往被请求人处现场勘验，进行调查取证。经取证，当地知识产权局获得被请求人货架陈列照片以及正在销售的使用涉案外观设计包装盒的产品样品。

经审理，合议组认为，被请求人销售的产品使用的包装盒侵犯了请求人的相关专利权，作出侵权纠纷行政裁决。

分析

本案中，请求人提交了涉案产品的照片以及被请求人销售涉案产品的初步证据，从这些证据来看，被请求人存在侵权行为的可能性极大，但还不足以完全证实请求人所主张的侵权事实。由于被请求人正在销售侵权产品的直接证据对解决争议起关键作用，因此当地知识产权局通过现场勘验，查证核实了相关事实。

二、调查取证的方式

（一）现场勘验

现场勘验，是指执法人员对涉嫌实施专利侵权的场所进行实地检查，通过对相关人员进行询问，采用测绘、拍照、摄像等方式对现场客观情况与环境进行固定、采集证据的工作。

1. 进场前的准备工作

现场勘验的执法人员不少于 3 人，且要有专利行政执法证件。在现场勘验前，执法人员应当完成下述准备工作：

（1）研究案情，确定勘验方向。了解案情，根据被侵权的专利类型、请求人已提交证据、被请求人答辩意见等情况，确定勘验的方向和主要事项，决定是否需要通知请求人到场参与现场勘验、是否需要专家辅助。

一般不允许请求人或者其他有关人员进入现场，但请求人没有提供侵权产品样品、被控侵权产品现场无法辨认时，可以根据案情需要，要求请求人或者其他有关人员配合现场勘验，但有可能危及其人身安全的不得进入现场。执法人员应当告知请求人或者其他有关人员进入现场后，需在指定的范围内配合现场勘验，不得擅自行动，不得拍照、录音、录像，指认完毕后应立即离开现场。

（2）拟制取证目录、询问目录。实施现场勘验的执法人员应根据案情提前拟制取证目录（见表 2-1）、询问目录，做到进场勘验时已心中有数，避免因遗漏勘验事项而反复进场勘验，最大限度提高办案效率、节约时间。现场勘验时，还需兼顾被请求人的抗辩理由而有针对性地关注一些事项（见表 2-2）。

表 2-1　　取证目录

<table>
<tr><td>专利类型</td><td>实用新型专利、产品及产品制造方法发明专利</td><td>使用方法发明专利</td><td>外观设计专利</td></tr>
<tr><td rowspan="5">取证内容</td><td colspan="3">被调查主体基本情况</td></tr>
<tr><td colspan="3">实施行为是否生产经营目的</td></tr>
<tr><td colspan="2">实施行为类型：生产、销售、使用、进口、许诺销售</td><td>生产、销售、许诺销售、进口</td></tr>
<tr><td colspan="3">生产场地、模具、仓库情况</td></tr>
<tr><td>对照专利权利要求对涉案侵权产品的构造、技术特征功能、效果进行勘验、记录</td><td>对照专利权利要求对操作的步骤、方法、工艺流程进行录像记录</td><td>对专利产品及产品外观进行拍照录像</td></tr>
</table>

表 2-2　　现场勘验时兼顾被请求人的抗辩而关注的方向

序号	抗辩理由	现场勘验时另需关注的方向
1	先用权	技术来源、先用时间、实施范围、对外转让、质押、入股情况
2	Bolar 例外	有无销售、许诺销售行为
3	临时过境	运输工具国籍、专利使用情况、停留时间
4	权利用尽	产品入市是否合法；涉案专利是否为使用方法专利；若为进口产品，权利主体是否同一
5	专为科研实施	是否专为科研目的，有无销售、许诺销售行为
6	善意侵权的	产品来源、主观状态、有无制造行为
7	善意侵权且支付合理对价	是否仅有使用行为，产品来源、主观状态、对价几何
8	涉标准专利请求人有过错	调查专利权人所做承诺、请求人与被请求人的磋商过程

（3）主办人员召开进场前的预备会，制定取证方案，明确现场勘验时负责录像、拍照、记录的人员分工，现场勘验的具体时间和内容，重点勘验的问题及可能出现的各种意外情况和处理方案。根据实际情况需要，也可分组行动，分组行动时需要明确各组的任务及负责人。

（4）执法人员应准备好《现场勘验通知书》《现场勘验登记清单》等现场勘验需要的各种文书，执法装备如照相机、摄影机、执法记录仪、录音笔，专利行政执法证件等。

（5）如果现场勘验过程需其他部门或人员协助，需提前与有关部门或人员取得联系，并明确工作内容。

2. 进场时，执法人员应表明身份、说明来意

现场勘验时，执法人员应严肃着装，并持有国家知识产权局或者省、自治区、直辖市人民政府颁发的专利行政执法证件。由案件主办人员主持，协办人员及其他有关人员协助主办人进行现场勘验。执法人员进行现场勘验时，应当主动向当事人或者有关人员表明身份、说明来意，并出示专利行政执法证件及《现场勘验通知书》。

执法人员应告知对方权利，如在实施现场勘验过程中，涉嫌专利侵权行为的主体有权在场，如主体是单位的，有权指派人员在场。执法人员还应告知当事人及有关人员应当协助、配合，如实反映情况，不得拒绝、阻挠；告知其不予配合可能要承担的法律责任。

负责摄影和拍照的执法人员，应当通过执法记录仪或其他拍摄手段，全面、客观地记录执法人员现场执法的全过程。

3. 现场勘验

执法人员应围绕案情，运用各种手段收集相关证据。对当事人的生产厂房、成品仓库、产品展厅或展示货柜等有关场所里的产品现场勘验。负责摄影和拍照的执法人员，在记录执法人员现场执法过程的同时，也要拍摄记录当事人从事专利侵权的生产经营情况、有关涉案产品的情况。

管理专利工作的部门调查收集证据时可以查阅、复制与案件有关的合同、账册、宣传材料、说明书等有关文件，询问有关当事人和证人，调查与案件有关的情况，采用测量、拍照、摄像等方式收集证据，涉及方法专利的可以要求被调查人进行现场演示。

4. 填写《现场勘验登记清单》

执法人员在现场勘验过程中，应当对与案件相关的物品及图纸、资料、合同、账册等予以清点，可以查阅、复制与案件有关的合同、账册。填写《现场勘验登记清单》，清单应当载明产品名称、型号、特征、数量、来源等内容，并交由当事人及有关人员核对，确认无误后签名或者盖章。当事人及有关人员拒绝确认、签名或者盖章的，执法人员应当在《现场勘验登记清单》上注明原因，并可以要求其他在场人员签名或者盖章予以证明。

《现场勘验登记清单》要和笔录的内容一致，一式两联，第一联为附卷，第二联

交当事人或者有关人员。

5. 制作现场询问笔录

主办人员负责现场询问，协办人员负责记录，也可以同步使用录音、录像设备进行记录。针对一个被询问对象制作一份询问笔录。用语要规范，版面要整洁，名称要准确；全面、客观，不要有评论；突出重点，详略得当。

笔录中如有错误需要更正的，应在涂改处由被询问对象签名、按手印或者盖章确认。

《涉嫌专利侵权纠纷案件调查笔录》样式如下：

××知识产权局

涉嫌专利侵权纠纷案件调查笔录

案号：××知法裁字〔20××〕×号

案由：A公司与B公司间的实用新型专利侵权纠纷

调查人：

姓名：执法人员甲　**单位：**××知识产权局　**职务：**××

姓名：执法人员乙　**单位：**××知识产权局　**职务：**××

被调查人：

姓名：C某　**单位：**B公司　**身份证号：**××××××××××××××××××

职务：主任　**住所：**××省××市××　**电话：**136××××××××

调查时间：20××年×月×日×时×分至×时×分

调查地点：B公司生产车间

调查笔录：（以下笔录中调查人员简称“调”，被调查人员简称“被”）

调：（固定格式与实际情况记录相结合文本）你好，我们是××知识产权局专利行政执法人员甲、执法人员乙（出示专利行政执法证件）。根据《专利行政执法办法》第三十七条、三十八条之规定，今天我们就你公司与A公司间涉嫌专利侵权纠纷一案，对你进行调查，请你予以配合，如实回答相关问题。

被：（实际情况记录文本）好的，我会主动配合你的工作。

调：（固定格式文本）首先要确认一下你的身份及你与当事人的关系。

被：（实际情况记录文本）我是B公司的生产车间主任，叫C某。

调：（固定格式文本）你（公司）的邮寄地址是哪里？

被：（实际情况记录文本）××省××市×××××××××。

调：（固定格式文本）这款产品是你们生产（销售）的吗？其产品型号是××吗？

被：（实际情况记录文本）（内容略）

调：（固定格式文本）什么时候开始生产（销售）的？

被：（实际情况记录文本）（内容略）

调：（固定格式文本）至今生产（销售）了多少？生产（销售）的价格是多少？

被：（实际情况记录文本）（内容略）

调：（固定格式文本）你们生产（销售）的这种产品主要是销往哪里？

被：（实际情况记录文本）（内容略）

调：（固定格式文本）生产该产品的模具有多少？该模具是什么时候制作的？

被：（实际情况记录文本）（内容略）

调：（固定格式文本）你们知道这种产品属于专利产品吗？

被：（实际情况记录文本）（内容略）

调：（固定格式文本）我们对涉案产品拍摄照片×张，请你确认。

被：（实际情况记录文本）你们拍摄了照片×张，我已看过。

调：（固定格式文本）这次我们过来除了调查该专利侵权纠纷案件外，还要向你们送达《答辩通知书》《专利侵权纠纷请求书》和请求人提供的侵权专利证书和相关侵权证据，需要你们做好答辩准备。请在送达回证上签字。

被：（实际情况记录文本）（内容略）

（被调查人看过无异议，请抄写：以上内容已阅，与我所述一致。）

（抄写处）以上内容已阅，与我所述一致。

被调查人（签字）：C某　20××年×月×日

调查人（签字）：甲　20××年×月×日

乙　20××年×月×日

6. 抽样取证

执法人员对涉嫌侵犯专利权的产品予以清点，抽取样品，被抽取样品的数量应当以能够证明事实为限，执法人员应当填写抽样取证物品清单，载明抽取样品的数量、规格、型号等，由被调查人和执法人员签字或盖章，一式两联，第一联为附卷，第二联交被调查人或者有关人员。被调查人拒绝签字或盖章的，应当记载在现场勘验笔录中，并由其他在场人员签名证明；被调查人和其他在场人员拒绝签字或盖章的，由执法人员在抽样取证物品清单上注明情况，所抽样品应当装入封存袋，由执法人员、被调查的单位或者个人在封存袋上骑缝签字或盖章。对于大件产品无法进行抽样取证的证据，应当采用拍照、录像或者参照下文有关证据现场登记的方式进行保存。

《专利侵权纠纷案件抽样取证决定书》样式如下：

专利侵权纠纷案件抽样取证决定书

案号：________________

__________________：

为处理专利侵权纠纷案件的需要，根据《专利行政执法办法》第三十九条的规定，本局决定对有关物品（详见《专利侵权纠纷案件抽样取证清单》）进行抽样取证。

附件：《专利侵权纠纷案件抽样取证清单》

______________知识产权局（盖章）

_______年___月___日

说明：本决定书一式两份，一份送达被取证人，一份由知识产权局存档。

《专利侵权纠纷案件抽样取证清单》样式如下：

专利侵权纠纷案件抽样取证清单

案号：________________

<table>
<tr><td>案由</td><td colspan="5"></td></tr>
<tr><td rowspan="2">被取证人</td><td>姓名或名称</td><td colspan="3"></td><td>法定代表人
（负责人）</td><td></td></tr>
<tr><td>住所</td><td colspan="3"></td><td>电话</td><td></td></tr>
<tr><td>序号</td><td>被抽样取证物品名称</td><td>规格型号</td><td>数量</td><td>单价</td><td colspan="2">保存地点</td></tr>
<tr><td>1</td><td></td><td></td><td></td><td></td><td colspan="2"></td></tr>
<tr><td>2</td><td></td><td></td><td></td><td></td><td colspan="2"></td></tr>
<tr><td>3</td><td></td><td></td><td></td><td></td><td colspan="2"></td></tr>
<tr><td>4</td><td></td><td></td><td></td><td></td><td colspan="2"></td></tr>
<tr><td>5</td><td></td><td></td><td></td><td></td><td colspan="2"></td></tr>
<tr><td>6</td><td></td><td></td><td></td><td></td><td colspan="2"></td></tr>
<tr><td>7</td><td></td><td></td><td></td><td></td><td colspan="2"></td></tr>
<tr><td>8</td><td></td><td></td><td></td><td></td><td colspan="2"></td></tr>
<tr><td colspan="7">被取证人（签章）：_______　　案件承办人（签章）：_______
_______年___月___日　　_______年___月___日</td></tr>
<tr><td colspan="7">备注：</td></tr>
</table>

说明：本抽样取证清单一式两份，一份交被取证人，一份由知识产权局保存。

7. 证据的现场登记保存

现场勘验中，在证据可能灭失或者以后难以取得，又无法进行抽样取证的情况下，管理专利工作的部门可以进行登记保存。

登记保存时，应根据不同种类证据的特点采取不同的方法，以客观地反映案件的真实情况。

（1）对于物证，如涉嫌专利侵权的机器、设备及其他物品，执法人员可以采取登记保存、拍照、摄像的方法，同时应清点涉嫌专利侵权物品的数量并制作笔录。

（2）对于书证，如财务账册等，可以采取登记保存或就地封存的方式并辅之以复制、拍照等方法。

（3）对于计算机软件等证据材料，可以采取下载、拆下硬盘、由双方当事人指派的专家当场对内存上的软件进行比对并制作笔录等方法。

执法人员应当对登记物品加贴封条、进行现场拍照，并在《专利侵权纠纷案件证据登记保存决定书》《专利侵权纠纷案件证据登记保存清单》写明被登记保存证据的名称、特征、数量以及保存地点，由执法人员、被调查的单位或者个人签名或者盖章。被调查的单位或者个人拒绝签名或者盖章的，由执法人员在笔录上注明。清单应当交被调查人一份。执法人员应在通知书上告知当事人或者有关人员不得擅自撕毁封条、不得销毁或转移保存的物品。管理专利工作的部门应在 7 日内对登记的物品作出处理决定。

《专利侵权纠纷案件证据登记保存决定书》样式如下：

专利侵权纠纷案件证据登记保存决定书

案号：________________

________________：

为处理专利纠纷案件的需要，根据《专利行政执法办法》第四十条的规定，本局决定对有关物品（详见《专利侵权纠纷案件证据登记保存清单》）从________年____月____日____时起予以登记保存。

本局将在自上述日期起 7 日内作出处理决定。

在登记保存期间，任何人不得销毁、转移被登记保存的物品。

附件：《专利侵权纠纷案件证据登记保存清单》

_______知识产权局（盖章）

________年____月____日

说明：本决定书一式两份，一份送达被登记保存人，一份由知识产权局存档。

《专利侵权纠纷案件证据登记保存清单》样式如下：

专利侵权纠纷案件证据登记保存清单

案号：________________

<table>
<tr><td>案由</td><td colspan="6"></td></tr>
<tr><td rowspan="2">被登记保存人</td><td>姓名或名称</td><td colspan="3"></td><td>法定代表人
（负责人）</td><td></td></tr>
<tr><td>住所</td><td colspan="3"></td><td>电话</td><td></td></tr>
<tr><td>序号</td><td>被登记保存物品名称</td><td>规格型号</td><td>数量</td><td>单价</td><td colspan="2">保存地点</td></tr>
<tr><td></td><td></td><td></td><td></td><td></td><td colspan="2"></td></tr>
<tr><td></td><td></td><td></td><td></td><td></td><td colspan="2"></td></tr>
<tr><td></td><td></td><td></td><td></td><td></td><td colspan="2"></td></tr>
<tr><td></td><td></td><td></td><td></td><td></td><td colspan="2"></td></tr>
<tr><td></td><td></td><td></td><td></td><td></td><td colspan="2"></td></tr>
<tr><td colspan="7">被登记保存人（签章）：________　　　　案件承办人（签章）：________
________年___月___日　　　　________年___月___日</td></tr>
<tr><td colspan="7">备注：</td></tr>
</table>

说明：本证据登记保存清单一式两份，一份交被登记保存人，一份由知识产权局保存。

案例

登记保存证据

请求人发现被请求人在未经许可的情况下使用请求人印刷机专利技术，生产并在网上销售印刷机。请求人向当地知识产权局提出侵权纠纷处理请求，并提交了涉案专利证书原件，提供了被请求人的网店产品图片及网页截图。同时提出因被请求人生产经营活动私密，难以取得证据，请求当地知识产权局依职权调取相关证据。

当地知识产权局执法人员赴被请求人生产场所勘验取证，但该厂工作人员称不能私自打开厂房，因此执法人员未能完成取证。次日，执法人员再次前往勘验，在仓库中发现已经组装完成的印刷机，执法人员对印刷机采取了拍照、封存等登记保存措施。经审理，被请求人生产的印刷机构成侵权。

分析

本案中，由于请求人无法进入被请求人的生产经营场所，难以取得证据，因此向当地知识产权局提交书面取证请求。执法人员第一次前往勘验时，被请求人不配合打开厂房，此时证据被转移的可能性较大，因此在再次勘验时，发现涉嫌侵权产品即对其进行了登记保存，及时保全了证据。

8. 制作现场勘验笔录

执法人员在现场勘验的同时，应当制作现场勘验笔录。现场勘验笔录的制作须有两名以上执法人员在场。现场勘验笔录应当交由当事人及有关人员查阅核对、确认，并签名或者盖章。拒绝签名或者盖章的，执法人员应在现场勘验笔录上注明原因，并可以要求其他在场人员签名或者盖章予以证明。

勘验笔录需记载的重要事项包括以下七个方面：

（1）案号、执法人员姓名、制作时间、制作地点。

（2）被调查人的基本情况，包括姓名、身份证号、职务和所在单位等。

（3）被请求人的基本情况，包括姓名或单位的名称、法定代表人或者经营者的姓名、地址等。

（4）生产经营的基本情况，包括涉案产品的名称、型号，生产、销售涉案产品的时间、数量、价格，涉案产品的库存情况等。

（5）被控生产侵权产品的初始时间，以确定是否有先用权。若专利确实存在但已过期、被放弃或被无效，需要确认涉案产品的制造时间是在专利权利终止之前还是之后。

（6）被控销售侵权产品的来源，以确定被请求人是否属于善意侵权。

（7）涉及方法专利的，还应勘验其具体的生产工艺、步骤和方法等。

《专利侵权纠纷案件现场检查笔录》样式如下：

××知识产权局

专利侵权纠纷案件现场检查笔录

案号：××知法裁字〔20××〕×号

时间：20××年×月×日×时×分至×时×分

地点：A公司生产车间

调查人：

姓名：执法人员甲　**单位：**××知识产权局　**职务：**××

姓名：执法人员乙　**单位：**××知识产权局　**职务：**××

当事人：

姓名：C某　**单位：**B公司　**身份证号：**××××××××××××××××××

职务：主任　**住所：**××省××市××　**电话：**136××××××××

见证人：

姓名：D某　**单位：**××经侦支队　**身份证号：**××××××××××××××××××

职务：科员　**住所：**××省××市××　**电话：**136××××××××

记录：

执法人员甲：（固定格式与实际情况记录相结合文本）你好，我们是××知识产权局的，这是我们的专利行政执法证件，这位是××经侦支队D某来做个见证，上次过来时已经向你们提出来做现场检查，希望你们能配合我们做现场检查。

C某：（实际情况记录文本）好的，我尽量配合。请大家随我来，涉案产品在仓库。

执法人员甲：（实际情况记录文本）这是涉案产品吗？目前库存共有多少？

C某：（实际情况记录文本）目前库存共有×台。

执法人员甲：（固定格式文本）我们需要对涉案产品的技术特征进行现场检查，并且相关记录需要你签字。

C某：（实际情况记录文本）可以，不过检查情况需要给我们留一份。

执法人员甲：（实际情况记录文本）可以。

执法人员甲：（实际情况记录文本）这是涉案产品，有以下技术特征：（具体内容略）。执法人员乙对此涉案产品特征是否有要补充的？

执法人员乙：（实际情况记录文本）此涉案产品特征与侵权专利需要对比的特征已经描述得很清楚了，我没有要补充的。

执法人员甲：（固定格式文本）C某对以上涉案产品的特征有什么异议没有？

C某：（实际情况记录文本）没有。

执法人员甲：（固定格式文本）D某对以上涉案产品的特征有什么异议吗？

D某：（实际情况记录文本）没有。

（当事人看过无异议，请抄写：以上内容已阅，情况属实。）

（抄写处）以上内容已阅，情况属实。

当事人（签字）：C某　20××年×月×日
见证人（签字）：D某　20××年×月×日
执法人员（签字）：甲　20××年×月×日
乙　20××年×月×日

9. 现场勘验检查的后续工作

现场勘验工作结束后，执法人员应当及时完成以下工作：冲洗案件的照片，整理现场勘验笔录、勘验登记清单以及各种录像等案卷资料。对现场取样的物证进行标识、登记造册并妥善保管。对取得的被控侵权产品与涉案专利产品进行分析对比，以确定审理重点。

（二）委托鉴定

对比较复杂的专业技术问题，管理专利工作的部门可以就专业性问题委托专门机构进行鉴定。合议组可以根据当事人的申请，也可以根据案情需要，自行决定委托专门机构进行鉴定或提供咨询。

1. 鉴定机构的确定

鉴定机构由双方当事人协商确定，协商不成的，可以由合议组指定具有鉴定资质的鉴定机构或者鉴定人。如果没有相关领域的鉴定机构或者鉴定人，可以由相应技术水平的专业机构或专业人员进行鉴定。上述专业机构或专业人员，一般是相关技术领域的权威机构或专家，并且具备必要的鉴定设备和条件。

2. 鉴定事项的确定

委托鉴定的事项只能是专业技术问题，而不能是法律问题。

在实践中，不同的人对专业技术问题和法律问题的理解并不一致，以致造成委托鉴定的事项差别很大。区分委托鉴定事项是专业技术问题还是法律问题，关键是看这个问题是否需要利用专业技术人员的专业知识和经验来解决。例如，委托鉴定事项是否落入专利权的保护范围、是否构成侵权等问题，就不是鉴定人员能够回答的专业技术问题，这属于执法人员的法律适用问题。

但是，如专利侵权案件中所涉及的技术特征之间的技术手段及其功能、效果是否基本相同，本领域的普通技术人员是否不需要创造性的劳动就能够联想到等问题，属于专业技术问题，可以委托技术鉴定。

《技术鉴定委托书》样式如下：

技术鉴定委托书

案号：________________

____________________：

我局需对____________________进行技术鉴定，现委托贵单位对下列事项进行鉴定：

1. ……

2. ……

…………

请贵单位于________年____月____日前完成鉴定工作，并将鉴定结论一式________份送交我局。

特此委托。

________知识产权局（盖章）

________年____月____日

联系人：

联系电话：

本局地址：

邮政编码：

3. 重新鉴定

当事人对鉴定意见不服，申请重新鉴定的，由当事人协商一致决定是否重新鉴定；当事人不能协商达成一致意见的，由管理专利工作的部门决定是否重新鉴定。对于当事人提出的重新鉴定的理由，管理专利工作的部门应当予以严格审核。

4. 鉴定意见的作出

经管理专利工作的部门允许，鉴定人可以向当事人收集其认为必要的技术资料，对当事人的技术人员进行询问，查看技术实施现场，进行必要的测试检验等工作。

鉴定意见应当包括下列内容：委托人姓名或者单位的名称；委托鉴定的内容；委托鉴定的材料；鉴定的依据及使用的科学技术手段；对鉴定过程的说明；明确的鉴定结论；鉴定人的鉴定资格说明；鉴定人员及鉴定机构签名、盖章。

案例

现场勘验和样品鉴定环节的疏漏

请求人申请并获得了“一种能使金刚石刀头冷却的药剂”发明专利。请求人认为被请求人王某生产销售的某型号冷却液侵犯其专利权，向当地知识产权局提出专利侵权纠纷处理请求，并提交如下相关证据（见表 2-3）。

表 2-3　某型号冷却液侵权相关证据

证据编号	证据名称	证明目的
1	专利证书复印件	权利证明
2	授权公告说明书复印件	
3	销货收据复印件	有侵权实施行为
4	有关宣传的网页	
5	产品照片	与被控侵权产品相同
6	使用配方复印件	

执法人员进行现场勘验，取得如下证据：

证据 1：执法人员现场勘验时对有关人员的调查笔录；

证据 2：执法人员在被请求人销售场所拍摄的销售场所照片、所销售冷却液实物照片；

证据 3：从被请求人处提取的 3 份“冷却液”实物样本。

当地知识产权局委托某市化学工业研究所对现场勘验抽样取证的冷却液样本中的一份进行鉴定。

该研究所出具的《化学品鉴定报告》认为：所委托鉴定的样品含有与涉案专利权利要求中相同的化学成分。当地知识产权局根据该鉴定意见作出行政裁决，认定被请求人生产的产品落入涉案专利权的保护范围，构成侵权。

被请求人对行政裁决不服，到人民法院起诉，理由如下：

（1）抽取样品的场所的营业执照上登记的经营者并不是被请求人，因此，现场抽样的被抽样人非被请求人，且当地知识产权局也无有效证据来证明被请求人当时在抽样现场；

（2）案件审理过程中，被请求人不认可送鉴样本为其销售的产品，当地知识产权局也不能提供证据证明送鉴样本为被请求人所生产销售，因此，抽样取证程序不合法；

（3）该鉴定单位所作的《化学品鉴定报告》鉴定意见落款处只有鉴定单位公章，无鉴定人签名和鉴定人鉴定资格的说明，因此该报告不能作为专利纠纷处理依据。

经审理，法院判决撤销了上述行政裁决。

分析

在本案中，现场勘验和样品鉴定环节均存在一定的问题，最终行政裁决被法院撤销。

本案的启示在于，现场勘验时需要注意以下几点：①应确认现场勘验取证与当事人的关联性；②《现场勘验登记清单》应有当事人签字，当事人拒不签字的，应当有其他证明材料（录像、照片、案外人签字等）佐证；③取证过程应当采用拍照、摄像、录音等方法进行记录，必要时可以采用隐蔽拍摄方式；④鉴定意见应当由出具该意见的单位加盖公章，同时由鉴定人员签字并附鉴定人的鉴定资格说明。

三、调查取证应注意的事项

管理专利工作的部门依职权调查收集证据需要注意以下事项。

（一）依当事人请求启动调查取证时要审查当事人的理由是否正当

管理专利工作的部门在确有必要时可以依职权调取证据；对当事人申请取证的请求，要审查当事人的理由是否正当，避免成为请求人取证的机器，实践中有些请求人在管理专利工作的部门取证后，撤回请求，转而寻求司法救济。

（二）取证方式以不影响被请求人的正常生产经营为原则

管理专利工作的部门调查收集证据时，应注意调查取证的方式方法，避免对被请求人正常生产、经营造成不必要的影响。例如，对于需要保全的产品采用抽样取证，对设计、生产图纸可采用复印并由当事人签字、盖章的方式来代替直接取走原件，以笔录、拍照、摄像等方式详尽记载勘验或检查的产品等。

案件处理终结后及时解除封存的证据。

《解除专利侵权纠纷案件证据登记保存决定书》样式如下：

解除专利侵权纠纷案件证据登记保存决定书

案号：________________

________________：

本局于________年____月____日以《专利侵权纠纷案件证据登记保存决定书》（案号：________）对你（单位）有关物品依法采取了登记保存措施。

现本案已处理终结，本局决定自________年____月____日____时起解除对有关证据的登记保存措施，你（单位）应于3个月内领回被登记保存的物品。

附件：《解除专利侵权纠纷案件证据登记保存清单》

________知识产权局（盖章）

________年____月____日

说明：本决定书一式两份，一份送达被登记保存人，一份由知识产权局存档。

《解除专利侵权纠纷案件证据登记保存清单》样式如下：

解除专利侵权纠纷案件证据登记保存清单

案号：________________

<table>
<tr><td>案由</td><td colspan="6"></td></tr>
<tr><td rowspan="2">被登记保存人</td><td>姓名或名称</td><td colspan="3"></td><td>法定代表人
（负责人）</td><td></td></tr>
<tr><td>住所</td><td colspan="3"></td><td>电话</td><td></td></tr>
<tr><td>序号</td><td>被登记保存物品名称</td><td>规格型号</td><td>数量</td><td>单价</td><td>保存地点</td><td>是否解除</td></tr>
<tr><td>1</td><td></td><td></td><td></td><td></td><td></td><td></td></tr>
<tr><td>2</td><td></td><td></td><td></td><td></td><td></td><td></td></tr>
<tr><td>3</td><td></td><td></td><td></td><td></td><td></td><td></td></tr>
<tr><td>4</td><td></td><td></td><td></td><td></td><td></td><td></td></tr>
<tr><td colspan="7">被登记保存人（签章）：________　　案件承办人（签章）：________
________年___月___日　　________年___月___日</td></tr>
<tr><td colspan="7">备注：</td></tr>
</table>

说明：本解除登记保存清单一式两份，一份交被登记保存人，一份由知识产权局保存。

（三）必要时可以请求其他部门协助

管理专利工作的部门需要委托其他管理专利工作的部门协助调查收集证据的，应当提出明确的要求。接受委托的部门应当及时、认真地协助调查收集证据，并尽快回复。

第五节　案件审理

一、口头审理程序

管理专利工作的部门调查取证之后可以根据案情需要，决定是否进行口头审理，并确定合议组组长、成员。

（一）口头审理前的准备

1. 确定口头审理通知送达的时间

（1）管理专利工作的部门在处理专利侵权纠纷时，确定进行口头审理的，应当向当事人发出《口头审理通知书》及《口头审理回执》，通知进行口头审理的时间、地点等事项，并要求其在规定的时间内向管理专利工作的部门提交《口头审理回执》。《口头审理通知书》及《口头审理回执》应当确保当事人在口头审理前3个工作日接收到。《口头审理通知书》的送达应当按照本书第一章第四节的规定执行。

（2）口头审理的时间、地点，一经确定一般不再改动，遇特殊情况需要改动时，应当提前通知双方当事人。

《口头审理通知书》样式如下：

口头审理通知书

专利号	
专利名称	
专利权人	
请求人	
被请求人	

案号：________________

________________：

依据《专利行政执法办法》第十六条的规定，本局决定于_______年___月___日_______时在________________对请求人提出的侵犯专利权纠纷处理请求进行口头审理。

双方当事人应当在收到本通知书之日起3日内将参加口头审理的回执送交本局。无正当理由拒不参加或者中途退出的，对请求人按撤回请求处理，对被请求人按缺席处理。

当事人因正当理由不能参加的，应提前3日向本局提出，并申请改期。

参加口头审理的人员，应当携带以下材料：

1. 当事人的主体资格证明（个人应当提交居民身份证或者其他有效身份证件，单位应当提交有效的营业执照或者其他主体资格证明文件副本及法定代表人或者主要负责人的身份证明）。

2. 委托代理人（1~2人）出席的，应当提交授权委托书及委托代理人的身份证明（身份证正反面复印件）。

3. 有关证据材料原件。

附件：《口头审理回执》

_______知识产权局（盖章）

_______年___月___日

联系人：

联系电话：

本局地址：

邮政编码：

说明：本通知书一式三份，两份送达当事人，一份由知识产权局存档。

《口头审理回执》样式如下：

口头审理回执

案号：________________

________________知识产权局：

□我方参加________年____月____日____时举行的口头审理。

□我方不参加________年____月____日____时举行的口头审理，其原因是：________________________

____

____。

□我方是本案的请求人，参加口头审理的人员如下：

姓名	单位	职务	移动电话	固定电话

□我方是本案的被请求人，参加口头审理的人员如下：

姓名	单位	职务	移动电话	固定电话

________（盖章）

________年____月____日

附件：

□参加人员的身份证件复印件____份____页，共____页；

□授权委托书____份____页，共____页；

□法定代表人（负责人）证明____份____页，共____页。

2. 确定口头审理重点

（1）合议组成员阅读和研究案卷，了解案情，掌握争议的焦点和需要调查、辩论的主要问题。特别需要注意的是，口头审理前，应当查询涉案专利是否经过无效宣告程序、权利要求是否做过修改、修改后的权利要求的具体内容等。

（2）召开口头审理前的合议组会议，研究确定合议组成员在口头审理中的分工、调查的顺序和内容、应当重点查清的问题，以及口头审理中可能出现的各种情况。

（3）请求人与被请求人相同、被控侵权物相同、涉及多项专利权的，合议组可以决定合并审理。案件合并审理时，各案件的案号、专利号、具体事实、理由、证据、当事人的陈述等应当分开记录写明。

（4）对于案情比较复杂、证据材料较多的案件，可以在口头审理前组织当事人交换证据并先行质证。

3. 公告口头审理的信息

口头审理应当公开进行，但根据国家法律、法规等规定需要保密的除外。公开进行的口头审理应当在3个工作日前公告该口头审理的有关信息，包括请求人姓名或者名称、被请求人姓名或者名称、审理时间、审理地点、涉及的专利号、专利名称等。

（二）口头审理的召开

1. 书记员宣读口头审理纪律

口头审理正式开始前，由书记员查明当事人和其他参加人是否到会，并宣布口头审理纪律：①旁听人员要保持肃静，不得议论、喧哗、哄闹或者进行其他妨碍口头审理秩序的活动。②未经合议组组长许可，不得录音、录像、摄影。③服从合议组组长的指挥，未经合议组组长允许，不得发言、提问。④参加人未经合议组组长允许不得中途退场。⑤请求人及其代理人无正当理由未到庭或擅自中途退庭的，视为撤回请求；被请求人无正当理由不参加口头审理或中途退庭的，可以缺席审理。

2. 合议组组长核对当事人身份并告知权利义务

步骤如下：①宣布口头审理开始。②宣布合议组组成人员、书记员名单，告知当事人有申请回避的权利，询问双方当事人是否申请回避（回避适用第一章第三节的规定）。③核对口头审理参加人的身份信息，确认其是否具有参加口头审理的资格，委托代理人的要确认代理人身份信息以及代理权限是否与授权委托书相符。有双方当事人出庭的，还应当询问双方当事人对于对方出庭人员资格有无异议。④告知当事人有权申请证人出庭作证，询问是否有证人出庭作证。当事人提出证人出庭作证请求的，合议组可以根据案件的具体情况决定是否准许。作证的证人不得旁听案件的审理。告知证人，经合议组组长许可，当事人可以互相发问，当事人可以向证人或鉴定人员发问。

3. 请求人陈述

合议组组长核对完当事人的身份信息，告知庭审权利义务之后，若当事人不提出回避申请，则进入案件事实的调查阶段。首先由请求人宣读专利侵权纠纷请求书，如被请求人已经收到请求书，可以不予全文宣读，简要陈述有关请求和事实理由即可。

4. 被请求人答辩

被请求人对请求人的请求提出答辩意见，讲明具体事实和理由。前期没有提交答辩意见书的，可以在庭审时口头答辩。

5. 归纳争议焦点，举证质证

合议组组长根据请求人和被请求人的请求与答辩意见和抗辩主张，归纳争议焦点，如请求人是否拥有有效的专利权，被请求人的抗辩理由是否成立，被控侵权产品、方法、外观设计是否落入专利权的保护范围等，要求当事人围绕争议焦点进行举证、质证。

由于专利侵权纠纷既涉及法律问题，又涉及比较专业的技术问题，缺少律师的辅助，当事人可能不能很好地全面主张法律赋予的抗辩权利，如果当事人没有主张，口头审理时合议组成员可以就有关事实和证据向当事人或者证人提问，也可以要求当事人或者证人作出解释。

合议组成员提问应当公正、客观、具体、明确。可以对如下事实进行提问：专利权何时申请、何时授权、目前法律状态等专利基本情况；被控侵权产品样品（请求人提供或管理专利工作的部门提取）是否由被请求人制造（销售、使用、许诺销售、进口）的；被控侵权产品的来源；被控侵权产品开始生产的时间、生产的数量，进货情况、库存数量，销售的情况、产品的成本或进货价格、销售的价格；制造被控侵权产品模具的数量、存放地点、制作情况；被控侵权产品或方法是否落入涉案专利权的保护范围，并要求说明理由；被请求人认为不侵权的抗辩理由及事实；其他需要了解、核对的事项。

6. 确定专利权的保护范围进行侵权比对

口头审理时，请求人应当明确以哪项具体权利要求作为该案的保护范围，请求人对主张的权利要求的全部技术特征与涉案产品、方法或者外观设计逐项进行比对。被请求人对涉案产品、方法或者外观设计是否落入涉案专利权的保护范围提出抗辩，发表意见。

7. 再次归纳案件争议焦点进行辩论

合议组组长根据举证、质证情况再次归纳案件争议焦点。例如，在某个技术特征上是否存在等同、举证责任倒置的前提条件是否满足等。在辩论阶段，合议组组长应当注意引导当事人紧紧围绕案件争议焦点进行辩论，提高庭审效率，防止双方纠缠于语言文字等导致庭审时间过长。

8. 当事人进行最后的意见陈述

在双方当事人的辩论意见表达完毕后，合议组组长宣布辩论终结，由双方当事人作最后的意见陈述。

9. 询问当事人是否同意调解

最后的意见陈述后，合议组应当询问双方是否同意调解。双方同意调解的，可以在口头审理结束后立即进行调解，也可以另行约定时间进行调解。代理人表示需要当事人授权后才能发表是否同意调解的意见的，应当如实记入口头审理笔录，合议组应要求代理人及时征求当事人的意见，并另行向合议组说明。

10. 制作口头审理笔录

在口头审理中，书记员进行口头审理笔录。担任记录的人员应当完整地记录庭审内容。在条件允许的情况下，可以采用录音、摄像方式进行记录。口头审理结束后，合议组应当将笔录交当事人阅读。对笔录的差错，当事人有权请求更正。当事人对笔录核实无误后，应当由当事人、合议组成员、书记员签字后将笔录存入案卷。当事人拒绝签字的，应当在口头审理笔录中注明。当事人有权对口头审理笔录进行阅读、复制、摘抄。

《专利侵权纠纷案件审理笔录》样式如下：

××知识产权局

专利侵权纠纷案件审理笔录

案号：××知法裁字〔20××〕×号

案由：A公司与B公司间的实用新型专利侵权纠纷

请求人：A公司

请求人代理人：C某

被请求人：B公司

被请求人代理人：D某

审理时间：20××年×月×日×时×分至×时×分

审理地点：××知识产权局审理庭

主持人：执法人员甲

审理人员：执法人员甲　执法人员乙　执法人员丙

书记员：执法人员丁

审理记录：（以下笔录中合议组组长简称“审”，请求人简称“请”，被请求人简称“被”）

审：（固定格式与实际情况记录相结合文本）根据《专利行政执法办法》第十四条的规定，××知识产权局决定今天在这里就A公司与B公司之间的专利名称为“××××××（专利号：ZL20142×××××××.×）”专利侵权纠纷案进行审理，现在开庭。

首先，核实参加审理的当事人的身份。请求人是否到场？请向合议组报告你的姓名，并出示有效的身份证件。

请：（实际情况记录文本）A公司。（请求人为个人的，应记录姓名、身份证号等）

审：（固定格式文本）请求人是否委托代理人？代理人是否到庭？请依次向合议组报告各自的姓名、工作单位、职务、代理权限，并出示有效身份证件及授权委托书。

请：（实际情况记录文本）请求人的委托代理人C某，身份证号：××××××××××××××××××，在A公司任技术经理，现住××省××市×××××××，代理权限见委托书。

审：（固定格式文本）被请求人是否到场？请向合议组报告你的姓名、职务，并出示有效身份证件。

被：（实际情况记录文本）B公司。（被请求人为个人的，应记录姓名、身份证号等）

审：（固定格式文本）被请求人是否委托代理人？委托代理人是否到庭？请报告你的姓名、工作单位、职务、代理权限，并出示有效身份证件及授权委托书。

被：（实际情况记录文本）被请求人的委托代理人D某，身份证号：××××××××××××××××××，在B公司任技术经理，现住××省××市×××××××，代理权限见委托书。

审：（固定格式文本）请求人对参加审理的被请求人及其代理人的身份有无异议？

请：（实际情况记录文本）没有异议。

审：（固定格式文本）被请求人对参加审理的请求人及其代理人的身份有无异议？

被：（实际情况记录文本）没有异议。

审：（固定格式文本）双方当事人及其代理人符合法律规定，可以参加审理。

现在宣读审理纪律：所有参加人员关闭通信设备；未经允许不得拍照、录音、录像；不得随意走动，当事人发言应当征得合议组组长同意；旁听者无发言权，不得向参加审理的当事人传递有关信息。

审：以上庭审纪律请求人是否清楚？

请：（实际情况记录文本）清楚。

审：以上庭审纪律被请求人是否清楚？

被：（实际情况记录文本）清楚。

审：（固定格式文本）现在宣布当事人的权利：①当事人有权请求合议组成员及其书记员回避；②双方当事人有权进行和解；③当事人有权请求出具过证言的证人就其证言出庭作证，并请求实物演示；④当事人有权进行辩论；⑤请求人有权撤回请求。

现在宣布当事人的义务：①应当遵守审理纪律，维护审理的秩序；②发言应当征得合议组组长同意，任何一方当事人不得打断另一方当事人的发言；③辩论中应当摆事实、讲道理；④发言和辩论仅限于合议组指定的与审理案件有关的范围；⑤当事人对自己提出的主张有举证责任，反驳对方主张的，应当说明理由；⑥审理期间，未经合议组许可不得中途退庭，请求人中途退庭的，按撤回请求处理；被请求人中途退庭的，合议组可以缺席审理。

审：请求人是否清楚？

请：（实际情况记录文本）清楚。

审：（固定格式文本）被请求人是否清楚？

被：（实际情况记录文本）清楚。

审：（固定格式与实际情况记录相结合文本）本案由我局的执法人员甲、执法人员乙、执法人员丙三人组成合议组，执法人员丁负责记录。根据《专利行政执法办法》第七条规定，双方当事人对合议组组成人员是否提出申请回避？若申请，请说明理由。请求人是否申请回避？若申请，请说明理由。

请：（实际情况记录文本）不申请。

审：（固定格式文本）被请求人申请回避吗？

被：（实际情况记录文本）不申请。

审：（固定格式文本）现在由请求人简要陈述其请求事项、事实理由和法律依据。

请：（实际情况记录文本）（详细内容见请求书）

（**说明**：一般情况下，主持人要引导请求人以递交的请求书为内容进行陈述，以便于书记员记录。）

审：（固定格式文本）被请求人答辩，对请求人的请求是否提出异议，讲明具体事实和理由，并简要陈述证据。

被：（实际情况记录文本）（详细内容见答辩意见书）

（**说明**：一般情况下，主持人要引导被请求人以递交的答辩意见书为内容进行陈述，以便于书记员记录。）

审：（固定格式文本）现在由请求人陈述你的专利是何时申请、何时授权、目前法律状态、专利权的保护范围等专利基本情况。

请：（实际情况记录文本）我们的专利是201×年×月×日申请，202×年×月×日授权，目前的法律状态为有效专利，专利权的保护范围（略）。

审：（固定格式文本）现在由请求人陈述你是在何时何地发现被请求人实施涉嫌专利侵权行为的。

请：（实际情况记录文本）202×年×月×日在××市×企业的车间里发现的。

审：（固定格式文本）现在由请求人就其专利权的保护范围，进行简要阐述；并对被控产品是否落入涉案专利权的保护范围，进行对比分析。

请：（实际情况记录文本）（内容略）

审：现在由被请求人陈述你的姓名或公司名称、成立时间、电话、住址、经营范围等基本情况。

被：（实际情况记录文本）公司名称为B公司，成立于201×年×月×日，联系电话××××××××，位于××省××市×××××××，主要经营×××××。

审：（固定格式文本）请问被请求人，我们的调查笔录上签字的人员与你（公司）是何种关系？

被：（实际情况记录文本）是我公司的生产车间主任。

审：（固定格式文本）请问被请求人，请求人刚才提供的被控产品（样品、照片等）是否由你（公司）生产（使用、销售）的？

被：（实际情况记录文本）是。

审：（固定格式文本）请问被请求人是何时开始制造（使用、销售）的？以及生产数量、库存数量、研发（生产）成本、进货价格及销售的情况？

被：（实际情况记录文本）（内容略）

审：（固定格式文本）请问被请求人制造该产品模具的数量、时间，货物首次上市时间、存放地点？

被：（实际情况记录文本）（内容略）

审：（固定格式文本）请被请求人对其产品是否落入涉案专利权的保护范围，进行对比分析，并说明理由。

被：（实际情况记录文本）（内容略）

审：（固定格式文本）被请求人是否有其他证据证明不侵权，说明理由。

被：（实际情况记录文本）（内容略）

审：（固定格式文本）请请求人提交证据，并说明证据来源，要证明的事实与理由。

请：（实际情况记录文本）（内容略）

审：（固定格式文本）被请求人对请求人提交的证据是否有异议？并说明理由。

被：（实际情况记录文本）（内容略）

审：（固定格式文本）请被请求人提交证据，并说明证据来源，要证明的事实与理由。

被：（实际情况记录文本）（内容略）

审：（固定格式文本）请求人对被请求人提交的证据是否有异议？并说明理由。

请：（实际情况记录文本）（内容略）

审：（固定格式文本）请问请求人对我们执法人员调查笔录的内容及取得的证据有无异议？

请：（实际情况记录文本）（内容略）

审：（固定格式文本）请问被请求人对我们执法人员调查笔录的内容及取得的证据有无异议？

被：（实际情况记录文本）（内容略）

审：（固定格式与实际情况记录相结合文本）根据案件的情况，我们将请求人保护的权利要求 1 分成 8 个技术特征与被请求人的涉案产品进行对比，现在由请求人说明自己的观点。

请：（实际情况记录文本）（内容略）

审：（固定格式文本）现在由被请求人说明自己的观点。

被：（实际情况记录文本）（内容略）

审：（固定格式文本）休庭 10 分钟。

（**说明**：休庭的主要目的是合议组研究确认本案焦点，也可以不休庭直接确认本案焦点）。

审：（固定格式与实际情况记录相结合文本）围绕刚才请求人与被请求人分别进行的对比分析和提供的证据及其质证，其中双方当事人都认同其中的 6 个技术特征是相同的，本合议组认为：本案争论的焦点为技术特征 3 和技术特征 6，请求人是否有异议？有异议请说明理由。

请：（实际情况记录文本）没有异议。

审：（固定格式文本）被请求人是否有异议？有异议请说明理由。

被：（实际情况记录文本）没有异议。

审：（固定格式与实际情况记录相结合文本）现在，由双方当事人围绕本案争论焦点×××进行辩论，现在由请求人发言。

请：（实际情况记录文本）（内容略）

审：（固定格式文本）现在由被请求人发言。

被：（实际情况记录文本）（内容略）

审：（固定格式文本）刚才请求人和被请求人就自己的论点，进行了举证阐述，双方当事人还有其他要补充的证据或意见吗？（就请求人或被请求人的举证观点再次进行确认）

请：（实际情况记录文本）（内容略）

被：（实际情况记录文本）（内容略）

审：（固定格式文本）先由请求人进行最后意见陈述。

请：（实际情况记录文本）（内容略）

审：（固定格式文本）由被请求人进行最后意见陈述。

被：（实际情况记录文本）（内容略）

审：（固定格式文本）请问双方当事人是否同意调解？

请：（实际情况记录文本）（内容略）

被：（实际情况记录文本）（内容略）

审：（固定格式文本）下面休庭，休庭后请双方当事人在认真阅读审理笔录无误后签字确认。

（双方当事人看后无异议，请抄写：上述内容已阅，与我所述内容一致。）

（抄写处）上述内容已阅，与我所述内容一致。

请求人（签字）：A 公司　20××年×月×日

请求人代理人（签字）：C 某　20××年×月×日

被请求人（签字）：B 公司　20××年×月×日

被请求人代理人（签字）：D 某　20××年×月×日

合议组成员（签字）：甲　20××年×月×日

乙　20××年×月×日

丙　20××年×月×日

书证员（签字）：丁　20××年×月×日

11. 宣布口头审理结束

合议组组长宣布口头审理结束，双方当事人在核对完口头审理笔录后逐页签字并注明日期。

（三）口头审理的暂停

有下列情形之一的，合议组组长可以宣布暂停口头审理，并在必要时确定继续进行口头审理的时间：①当事人当庭提出审理人员回避请求的；②因和解需要协商的；③需要对发明创造进一步演示的；④合议组发现案件事实尚未查清，需要当事人补充证据或者由管理专利工作的部门自行调查收集证据的；⑤合议组认为有其他必要的情形的。

（四）口头审理注意事项

口头审理需要注意的事项如下：①合议组组长负责主持口头审理的各项程序。②合议组要维持庭审秩序，及时制止当事人过激的情绪或与案件无关的议论。旁听者违反口头审理纪律的，合议组组长应当及时予以制止，不听劝告的，合议组组长应当责令其退场。③合议组要认真、仔细听取各方的意见，不得对案件性质及证据效力发表意见，不得与当事人辩论。④注意委托代理人的权限，特别是对于承认、放弃等事项的权限。⑤口头审理笔录力求全面、准确，书记员来不及记录的，合议组组长应当示意当事人暂停或放慢陈述，以便于记录。重要的数字，如数量、价格、时间等，尽量不用大约、估计等模糊的表述。

（五）案件的中止及恢复处理

1. 案件中止处理的情形

有以下情形之一的，当事人可以申请中止案件的处理，管理专利工作的部门也可以自行决定是否中止处理案件：①被请求人向国家知识产权局提出宣告涉案专利无效的申请，已被受理的；②一方当事人死亡，需要等待继承人表明是否参加处理的；③一方当事人丧失诉讼行为能力，尚未确定法定代理人的；④作为一方当事人的法人或者其他组织终止，尚未确定权利义务承受人的；⑤一方当事人因不可抗拒的事由，不能参加审理的；⑥该案必须以另一案的审理结果为依据，而另一案尚未审结的；⑦有其他应当中止处理的情形。

《专利侵权纠纷案件中止处理通知书》样式如下：

专利侵权纠纷案件中止处理通知书

案号：__________

专利号	
专利名称	
专利权人	
请求人	
被请求人	

__________：

鉴于被请求人针对该专利已向国家知识产权局提出宣告该专利权无效的请求并被受理，根据《中华人民共和国专利法实施细则》第八十二条的规定，本局决定自______年____月____日起中止对本案的处理。恢复处理的时间将另行通知。

特此通知。

______知识产权局（盖章）

______年____月____日

说明：本通知书一式三份，当事人各一份，一份由知识产权局存档。

2. 启动无效宣告请求并可以中止处理的条件

并非只要有无效宣告请求存在就必然导致程序中止。为了防止被请求人恶意滥用无效宣告请求程序，妨碍行政处理程序的正常进行，被请求人申请宣告涉案专利无效导致处理程序中止的，应满足以下条件：①提交书面《专利侵权纠纷案件中止处理申请书》；②专利无效宣告申请是被请求人或者利害关系人提出的；③宣告专利无效申请已被受理，且需提交《无效宣告请求受理通知书》为证；④有符合《专利法》规定的无效宣告的理由和相关证据。

《专利侵权纠纷案件中止处理申请书》样式如下：

专利侵权纠纷案件中止处理申请书

案号：________________

专利号	
专利名称	
专利权人	
中止处理申请人	

________________知识产权局：

对于请求人________________提出的侵犯专利权纠纷处理请求，我（单位）已向国家知识产权局提出宣告该专利权无效的请求并被受理。根据《中华人民共和国专利法实施细则》第八十二条的规定，特请求贵局中止对本案的处理。

申请人（签章）：________

________年____月____日

3. 启动无效宣告请求却不可以中止处理的情形

启动无效宣告请求却不可以中止处理的情形包括：①当事人提出无效宣告请求，但未被国家知识产权局受理，或者未在指定的合理期限内向管理专利工作的部门提供无效宣告请求书副本及国家知识产权局出具的无效宣告请求受理通知书的；②请求人提交的《专利权评价报告》中，未发现导致实用新型或者外观设计专利丧失专利性的；③被请求人请求宣告专利权无效所依据的证据或者理由明显不符合《专利法》规定的；④当事人请求宣告无效的专利权，属于发明专利或者经国家知识产权局审查维持专利权有效或部分有效的实用新型、外观设计专利的；⑤有法律、法规规定的其他情形。

《专利侵权纠纷案件不予中止处理通知书》样式如下：

专利侵权纠纷案件不予中止处理通知书

案号：________

专利号	
专利名称	
专利权人	
请求人	
被请求人	

________：

鉴于被请求人提出的中止处理理由明显不能成立，本局决定对案件不予中止处理。

特此通知。

________知识产权局（盖章）

________年____月____日

说明：本通知书一式两份，一份送达被请求人，一份由知识产权局存档。

4. 关于中止处理的程序

合议组应当对当事人的请求是否符合上述中止处理条件进行审查，符合条件的依法作出中止的决定。决定中止的，向当事人发出《专利侵权纠纷案件中止处理通知书》。合议组认为当事人提出的中止处理理由明显不能成立，决定不予中止处理的，向当事人发出《专利侵权纠纷案件不予中止处理通知书》。

对于中止处理的专利侵权纠纷案件，国家知识产权局作出维持专利权有效或者宣告专利权部分无效的决定的，合议组应当及时恢复对案件的处理，并通知双方当事人。国家知识产权局宣告涉案专利权无效的，合议组可以告知请求人撤回处理请求，请求人不撤回的，合议组应当作出驳回处理请求的决定，并送达双方当事人。

《专利侵权纠纷案件恢复处理通知书》样式如下：

专利侵权纠纷案件恢复处理通知书

案号：________

专利号	
专利名称	
专利权人	
请求人	
被请求人	

____________________：

□鉴于国家知识产权局已经作出无效宣告请求审查决定，本局决定自________年____月____日起恢复对本案的处理。

□鉴于当事人撤回宣告专利权无效的申请，本局决定自________年____月____日起恢复对本案的处理。

特此通知。

________________知识产权局（盖章）

________年____月____日

说明：本通知书一式三份，当事人各一份，一份由知识产权局存档。

二、证据交换与质证

证据调查程序，一般包括提供证据、交换证据、当事人质证和证据审核认定等环节。提供、交换证据通常发生在案件审理前的准备阶段。案件审理时，原则上先由双方当事人对证据进行质证，发表质证意见。之后，合议组结合全部证据的调查结果和案件事实的辩论结果，最终认定案件事实。

（一）证据交换

1. 证据交换的时间

管理专利工作的部门受理案件后，在向被请求人送达请求书和向请求人送达答辩意见书时，可以将相关证据一并送达。通过上述方式未送达的证据材料，双方当事人可在口头审理前提交并相互交换。

2. 依职权调查收集证据的出示

管理专利工作的部门依职权调查收集的证据，未经质证的，不能作为定案的依据。在处理专利侵权纠纷时，执法人员依职权调查收集的证据可以在口头审理前或审理中提交给双方当事人，由双方当事人对其进行确认和质证。

（二）质证

质证，是指在口头审理过程中，案件的双方当事人就口头审理过程中出示的证据的真实性、合法性、关联性进行辨认、质疑，以确认其证明力。质证是口头审理的重点环节。

证据只有经过质证环节，才能作为定案的根据。

1. 质证顺序

质证一般按下列顺序进行：

（1）请求人出示证据，被请求人发表质证意见；

（2）被请求人出示证据，请求人发表质证意见；

（3）管理专利工作的部门出示当事人申请调查收集的证据，请求人和被请求人发表质证意见。

出示证据时，要说明各证据的名称、来源、证据内容及证明目的。质证中，双方当事人围绕证据的合法性、客观性和关联性（以下简称证据三性）进行辩论。

2. 书证、物证需出示原件、原物

证据应当提供原件或者原物，如需自己保存证据原件、原物或者提供原件、原物确有困难的，可以提供经合议组核对无异议的复制件或者复制品。原物不宜搬移或者不宜保存的，当事人可以提供复制品、影像资料或者其他替代品。

3. 证人出庭作证

（1）证人应当出庭作证，接受当事人的质询。证人出庭作证时，应当出示证明其身份的证件，并提交身份证复印件，合议组应当告知其诚实作证的法律义务和作伪证的法律责任，并让其签署保证书。

（2）证人确有困难不能出庭的，可以提交书面证言或者视听资料，或者通过双向视听传输技术手段作证。

“确有困难不能出庭”是指以下情形：年迈体弱或者行动不便无法出庭的；特殊岗位确实无法离开的；路途特别遥远的；交通不便难以出庭的；因自然灾害等不可抗力的原因无法出庭的；其他无法出庭的特殊情况。

（3）出庭作证的证人应当客观陈述其亲身感知的事实，不得使用猜测、推断或者评论性的语言。证人为聋哑人的，可以用其他表达方式作证。

（4）证人不得旁听口头审理，证人出庭作证时，其他证人不得在场，但需要证人对质的除外。

（5）合议组可以对证人进行提问。经合议组许可，双方当事人可以对证人进行交叉提问。合议组应当要求证人对合议组、双方当事人提出的问题作出明确回答。发问的内容应当与案件事实有关联，不得采用引诱、威胁、侮辱等语言或者方式；与案件无关的问题，证人可以拒绝回答。

（6）证人接受询问后，应当让其在口头审理笔录中记载其回答问题的页面上签名。

三、结案

（一）结案时限

管理专利工作的部门处理专利侵权纠纷，应当自立案之日起 3 个月内结案。案件特别复杂需要延长期限的，应当由管理专利工作部门的负责人批准。经批准延长的期限最多不超过 1 个月。

案件处理过程中的公告、鉴定、中止等时间不计入上述案件办理期限。

对因专利权无效宣告程序中止的案件，国家知识产权局作出无效宣告决定后，管理专利工作的部门应当及时恢复对案件的处理。

（二）合议组合议

专利侵权纠纷案件结案之前，合议组应当对案件认定的事实、证据、法律责任、处理结果等进行全面合议。

合议由合议组组长召集并主持，合议组成员应当提出明确意见。合议组合议案件，根据少数服从多数的原则，对案件涉及的证据是否采信、事实是否认定以及理由是否成立等进行表决，对行政裁决的内容作出结论。对于合议中的不同意见，书记员应当如实记入笔录。合议笔录由合议组全体成员签名，并注明日期。合议组成员以及合议旁听人员应当对合议内容保密。合议组意见，由合议组组长报管理专利工作部门的负责人审批。

《专利侵权纠纷案件合议笔录》样式如下：

××知识产权局

专利侵权纠纷案件合议笔录

案号：××知法裁字〔20××〕×号

案由：A 公司与 B 公司间的实用新型专利侵权纠纷

专利名称：一种×××××

专利号：ZL20142×××××××. ×

专利权人：A 公司

请求人：A 公司

被请求人：B 公司

合议组组长：执法人员甲

合议组成员：执法人员甲　执法人员乙　执法人员丙

书记员：执法人员丁（也可由本案执法人员担任）

合议时间：20××年×月×日×时×分至×时×分

合议笔录：

执法人员甲：（固定格式文本）我们前期对本案的调查与口头审理工作已经结束，按照《专利行政执法操作指南》的规定，现在我们结合案件的实际情况进行合议。现在由案件承办人执法人员乙介绍案情。

执法人员乙：（固定格式与实际情况记录相结合文本）我给大家介绍一下本案的具体情况（具体内容略）。

执法人员甲：（固定格式与实际情况记录相结合文本）首先，我们对案件中所述的证据的合法性、关联性、真实性进行合议，确定案中所述的证据是否被采信。证据一为请求人提供的专利证书复印件、国家知识产权局的年缴费收据，我们在国家知识产权局网站查实核对后，认为该专利权的法律状态在有效期内，专利权人与请求人是一致的，被请求人也对证据一给予了认可，我认为我们应当予以采信，请求人有权提出专利侵权纠纷处理请求，我们可以根据专利证书中提到的权利要求书及说明书内容进行侵权判定。

（**说明**：此处主要内容是对证据的三性进行合议。针对证据一陈述事实，并发表自己的观点。）

执法人员乙：（实际情况记录文本）对于证据一，我同意执法人员甲的观点。

执法人员丙：（实际情况记录文本）对于证据一，我同意执法人员甲的观点。

执法人员甲：（实际情况记录文本）对于证据一，大家的意见是一致的。下面我们对证据二进行合议。对于请求人提供的涉案产品照片及照片中与案件有关的技术特征，被请求人给予了认可，我认为请求人提供的涉案产品照片及照片中显示的技术特征我们应当予以采信。

（**说明**：此处主要内容是对证据一的合议结论。对证据二进行合议，并发表自己的观点。）

执法人员乙：（实际情况记录文本）对于证据二，我同意执法人员甲的观点。

执法人员丙：（实际情况记录文本）对于证据二，我同意执法人员甲的观点。

执法人员甲：（实际情况记录文本）对于证据二，大家的意见是一致的。下面我们对证据三进行合议。请求人只提供了从被请求人网站截图的涉案产品图片，没有提供相关证据证明其合法来源，被请求人也不予认可，我认为，证据三应当不予采信。

（**说明**：此处主要内容是对证据二的合议结论。对证据三进行合议，并发表自己的观点。）

执法人员乙：（实际情况记录文本）由于证据三没有经公证机关公证的书面材料来证明其合法性，有可能是经过特殊技术手段处理后的网站截图，因此，对证据三我同意执法人员甲的观点，不予采信。

执法人员丙：（实际情况记录文本）对于证据三，我同意执法人员甲、执法人员乙的观点。

执法人员甲：（实际情况记录文本）对于证据三，大家的意见是一致的，认为应不予采信。现在我们来合议一下经过我们调查取得的涉案产品实物照片及照片上所示的技术特征能否采信。在口头审理过程中，双方当事人对该证据都给予了认可，没有提出异议，而且与请求人照片中所述的涉案产品是相同的，该照片证据上所记载的技术特征与请求人提供的涉案产品照片上的技术特征是一致的，我们应当予以采信。

（**说明**：此处主要内容是对证据三的合议结论。对执法人员调查取得的证据进行合议，并发表自己的观点。）

执法人员乙：（实际情况记录文本）对于我们调查取得的证据，我同意执法人员甲的观点，应当予以采信。

执法人员丙：（实际情况记录文本）执法人员甲所述的证据，是我们到现场调查取得的证据，且双方当事人都予以认可，应当予以采信。

执法人员甲：（实际情况记录文本）在证据一、二以及我们调查取得的证据予以采信的情况下，我们将专利权利要求书所记载的技术特征与涉案产品上的技术特征进行对比分析，来确定涉案产品是否落入了专利权利要求书的保护范围。口头审理过程中，请求人主张用专利权利要求1来维护自己的合法权益，我们将专利权利要求1分成8个技术特征进行了审理，涉案产品上的6个技术特征与专利权利要求书中所记载的技术特征是相同的，双方当事人也给予了认可。不相同的技术特征3，在专利权利要求书中记载的是固定连接在一起，没有记载具体固定连接方式，说明书记载的是焊接在一起；而涉案产品是用螺栓固定连接在一起，焊接和螺栓固定连接都属于固定连接，二者没有实质性的区别，二者是相同的。不相同的技术特征6为涉案产品的主动轮和被动轮安装在同一传动轴上，且位于传动轴的一端；而专利权利要求书记载的是主动轮和被动轮分别安装在同一传动轴的两端，实际上是位置发生了偏移，没有实质性的区别，二者也是相同的。

（**说明：**此处内容为确定证据可以采信后，进行技术特征对比并说明自己的观点。）

执法人员乙：（实际情况记录文本）我不同意执法人员甲的看法，不相同的技术特征3，都是固定连接，涉案产品是焊接，专利权利要求1是用螺栓固定连接，两者的固定方式是不同的。不相同的技术特征6，在位置上也不相同，权利要求书记载的是主动轮和被动轮分别安装在同一传动轴的两端；而涉案产品的主动轮和被动轮安装在同一传动轴上，且位于传动轴的一端，涉案产品的技术方案较于专利权利要求书中记载的更为简单，且技术上更成熟，因此，我认为涉案产品与专利权利要求书的技术特征是不同的，涉案产品不存在侵权行为。

执法人员丙：（实际情况记录文本）案中所述的两个不同的技术特征，是我们在口头审理中争论的焦点，我认为二者是相同的，我同意执法人员甲的观点，实际上是惯用技术置换，适用于全面覆盖原则，根据《中华人民共和国专利法》第六十四条的规定，被请求人生产销售的涉案产品落入了请求人的专利权的保护范围；再加上被请求人在口头审理过程中陈述的制造涉案产品主要目的是通过销售取得经济效益，根据《中华人民共和国专利法》第十一条规定，未经请求人许可，被请求人以生产经营为目的制造销售了涉案产品，被请求人侵犯了请求人的专利权。

执法人员甲：（固定格式与实际情况记录相结合文本）因执法人员乙的意见不同，根据《专利行政执法操作指南》第2.5.3之规定，合议组合议案件，实行少数服从多数的原则对案件涉及的证据是否采信、事实是否认定及理由是否成立等进行表决。我们的争议在于技术特征3和技术特征6，刚才我已经讲明了我对技术特征3和6的看法，我认为二者构成等同，涉案产品侵权。根据《专利法行政执法办法》第四十三条规定，应责令被请求人立即停止制造销售涉案产品并销毁涉案产品。

执法人员乙：（实际情况记录文本）我不同意执法人员甲的看法，我坚持自己的看法，技术特征3和技术特征6不构成等同，我认为涉案产品不侵权。

执法人员丙：（实际情况记录文本）我同意执法人员甲的意见，认为技术特征3和技术特征6构成等同，涉案产品是侵权产品。

（说明：此处内容为形成的认定侵权意见，并确定根据《专利法行政执法办法》规定处理意见。）

执法人员乙：（实际情况记录文本）我坚持我的意见，不同意。

执法人员丙：（实际情况记录文本）同意。

执法人员甲：（固定格式与实际情况记录相结合文本）经过合议，我与执法人员丙认为被请求人生产销售的涉案产品侵犯了请求人的专利权，应当责令被请求人立即停止生产销售涉案产品并销毁涉案产品；而执法人员乙认为涉案产品与权利要求书中的技术特征3和技术特征6不同，涉案产品不构成侵权。根据《专利行政执法操作指南》第2.5.3之规定，合议组认为涉案产品侵权。

（说明：此处内容为形成结论性处理结果。）

合议组成员（签字）：甲　20××年×月×日

乙　20××年×月×日

丙　20××年×月×日

（三）结案方式

1. 裁决结案

除当事人达成和解协议以及有应当撤销案件的其他情形外，合议组应当及时作出行政裁决，并制作《专利侵权纠纷案件行政裁决书》。

（1）裁决书内容

《专利侵权纠纷案件行政裁决书》应当清楚地叙述事实，充分论述裁决理由，准确援引法律条款，具体、明确地表述裁决结果。《专利侵权纠纷案件行政裁决书》应当载明以下内容：当事人的基本信息；案由；口头审理及到庭情况；当事人的请求及事实理由，提交的有关证据材料；执法人员现场检查的情况；当事人对证据的质证意见，合议组对证据材料的采信情况；经查明的事实及证明事实的依据；认定侵犯专利权行为是否成立以及认定的理由和依据；裁决结果；费用的承担（如果适用）；当事人不服行政裁决提起行政诉讼的途径和期限；作出行政裁决的日期；合议组成员姓名；加盖管理专利工作的部门的公章。

《专利侵权纠纷案件行政裁决书》样式如下：

专利侵权纠纷案件行政裁决书

案号：__________

请求人：__________

法定代表人（负责人）：__________

住所：__________

委托代理人：__________

被请求人：______________________________

法定代表人（负责人）：______________________________

住所：______________________________

委托代理人：______________________________

案由："__________"（专利号：__________）专利侵权纠纷

请求人就其"__________"专利（专利号：__________）与被请求人的专利侵权纠纷，向本局提出处理请求。本局于____年__月__日受理后，依照《专利行政执法办法》第十三条组成合议组，并于____年__月__日进行了口头审理，请求人、请求人代理人和被请求人、被请求人代理人到庭参加了口头审理。现本案已审结。

请求人称：______________________________

被请求人辩称：______________________________

经审理查明：______________________________

以上事实有……等佐证。

本局认为：______________________________

综上所述，根据《中华人民共和国专利法》第__条、《中华人民共和国专利法实施细则》第__条、《专利行政执法办法》第__条之规定，本局作出行政裁决如下：

1. ______________________________

2. ______________________________

……

当事人如不服本裁决，可自收到裁决书之日起 15 日内，依照《中华人民共和国专利法》第六十五条向_____人民法院起诉。期满不起诉又不履行行政裁决的，本局将申请人民法院强制执行。

合议组组长：__________

审理员：__________

审理员：__________

书记员：__________

__________知识产权局（盖章）

____年__月__日

（2）侵权不成立的，驳回请求

认定侵犯专利权行为不成立的，应当驳回请求人的全部请求。

（3）不属于受案范围的，驳回请求

对于请求人提出的不属于管理专利工作的部门职权范围内的请求事项，应予以驳回。

（4）侵权成立的，责令停止侵权

管理专利工作的部门认定专利侵权行为成立，作出行政裁决，责令侵权人立即停止侵权行为的，应当采取下列制止侵权行为的措施：

①侵权人制造专利侵权产品的，责令其立即停止制造行为，销毁制造侵权产品的专用设备、模具并且不得销售、使用尚未售出的侵权产品或者以任何其他形式将其投放市场；侵权产品难以保存的，责令侵权人销毁该产品。

②侵权人未经专利权人许可使用专利方法的，责令侵权人立即停止使用行为，销毁实施专利方法的专用设备、模具，并且不得销售、使用尚未售出的依照专利方法所直接获得的侵权产品或者以任何其他形式将其投放市场；侵权产品难以保存的，责令侵权人销毁该产品。

③侵权人使用、销售专利侵权产品或者依照专利方法直接获得的侵权产品的，责令其立即停止使用、销售行为，并且不得使用尚未售出的侵权产品或者以任何其他形式将其投放市场；尚未售出的侵权产品难以保存的，责令侵权人销毁该产品。

④侵权人许诺销售专利侵权产品或者依照专利方法直接获得的侵权产品的，责令其立即停止许诺销售行为，消除影响，并且不得进行任何实际销售行为。

⑤侵权人进口专利侵权产品或者依照专利方法直接获得侵权产品的，责令侵权人立即停止进口行为；侵权产品已经入境的，不得销售、使用该侵权产品或者以任何其他形式将其投放市场；侵权产品难以保存的，责令侵权人销毁该产品；侵权产品尚未入境的，可以将行政裁决通知有关海关。

⑥责令侵权的参展方采取从展会上撤出侵权展品、销毁或者封存相应的宣传材料、更换或者遮盖相应的展板等撤展措施。

⑦停止侵权行为的其他必要措施。管理专利工作的部门认定电子商务平台上的专利侵权行为成立，作出行政裁决的，应当通知电子商务平台网络服务提供者及时对销售侵权产品的相关网页采取删除、屏蔽或者断开链接等措施。

（5）侵权成立但不责令停止

①属于善意侵权但使用者已支付合理费用。为生产经营目的使用侵犯专利权的产品，只要是善意侵权并已经支付合理费用的，只确认构成侵权，但不责令侵犯专利权的产品使用者停止使用。

②标准专利权人有过错，实施人没有明显过错。专利权人在许可磋商中违反承诺的公平无歧视原则，而侵权者在许可磋商中没有明显过错的，只确认构成侵权，但不责令标准专利实施人停止使用。

③基于国家利益、公共利益的考量。基于国家利益或公共利益的考量，只确认侵

犯专利权的行为成立，但不责令停止使用。

2. 调解成功的，以调解结案

管理专利工作的部门处理专利侵权纠纷案件时，应当根据当事人意愿，按照有关法律、法规、规章的规定，在查明事实、分清是非的基础上，促使双方当事人达成调解协议。调解协议内容不得违反法律强制性规定，不得损害国家和他人的利益。

管理专利工作的部门进行调解时，可以用简易方式通知当事人及其代理人。经过调解达成协议的，由管理专利工作的部门制作《专利侵权纠纷调解协议书》，双方当事人应当在上面签字或者盖章，管理专利工作的部门在上面加盖部门公章。请求人可以对调解协议进行司法确认，如果被请求人不按调解协议履行的，可以申请法院强制执行。

执法人员应当及时将《专利侵权纠纷调解协议书》送达双方当事人，管理专利工作的部门留卷一份，并以调解的形式结案；调解未达成协议或者当事人在调解协议书签收前反悔的，管理专利工作的部门应当及时作出《专利侵权纠纷案件行政裁决书》。

《专利侵权纠纷调解协议书》的内容相对简单，主要包括当事人的基本信息、请求人的请求和查明的案件事实及调解协议的主要内容。

《专利侵权纠纷调解协议书》样式如下：

专利侵权纠纷调解协议书

案号：________________

请求人：____

法定代表人（负责人）：____________________________________

住所：____

委托代理人：____

被请求人：____

法定代表人（负责人）：____________________________________

住所：____

委托代理人：____

案由：“__________________”（专利号：__________________）专利侵权纠纷。

请求人就其“__________________”专利（专利号：__________________）与被请求人的专利侵权纠纷，向本局提出处理请求。本局于________年____月____日受理后，依照《专利行政执法办法》第十三条组成合议组。在本案审理过程中，________年____月____日，请求人与被请求人在本局的主持下达成调解协议，内容如下：

1. ____

2. ____

……

本调解协议书自请求人与被请求人签章之日起生效，共一式________份，请求人与被请求人各执一份，本局留存一份。

请求人（签章）：________　　　　被请求人（签章）：________

________年___月___日　　　　________年___月___日

合议组组长：______________

审理员：______________

审理员：______________

书记员：______________

________知识产权局（盖章）

________年___月___日

3. 以撤销结案

（1）适用范围

出现下列情形之一时，管理专利工作的部门可以撤销专利侵权纠纷案件：①立案后发现不符合受理条件的；②请求人撤回行政处理请求的，或者因缺席审理、擅自退庭被视为撤回处理请求的；③当事人在案件处理过程中自行达成和解协议，并向管理专利工作的部门提出撤回处理请求的；④请求人死亡或被注销，没有继承人或者继承人放弃处理请求的；⑤被请求人死亡或被注销，没有遗产或剩余财产，或者没有应当承担义务的人的；⑥其他依法应当撤销案件的情形。

《专利侵权纠纷案件撤案请求书》样式如下：

专利侵权纠纷案件撤案请求书

______________知识产权局：

我（单位）是______________（案号________）案件的请求人，现请求撤回对此案的处理请求，请予批准。

理由是：

□已与对方当事人达成调解、和解协议。

□已就此纠纷向人民法院起诉或者请求其他专利行政管理部门处理并被受理。

□其他事由：____________________________。

附件：

□调解、和解协议

□人民法院立案通知书或者其他专利行政管理部门受理通知书

□其他证明材料

请求人（签章）：________

________年___月___日

《专利侵权纠纷和解协议书》样式如下：

专利侵权纠纷和解协议书

甲方（请求人）：________________________

法定代表人（负责人）：____________________

住所：____________________________

委托代理机构及代理人：____________________

乙方（被请求人）：______________________

法定代表人（负责人）：____________________

住所：____________________________

委托代理机构及代理人：____________________

甲方就“__________”专利（专利号：____________）与乙方的专利侵权纠纷，经协商一致，双方自愿达成如下和解协议：

1. ____

2. ____

……

本和解协议书自双方签章之日起生效，共一式_____份，双方各执一份，报送_____知识产权局留存一份。

甲方（签章）：_____　　　　乙方（签章）：_____

_____年___月___日　　　　_____年___月___日

（2）《撤销专利侵权纠纷案件决定书》内容

《撤销专利侵权纠纷案件决定书》应当载明以下内容：案件编号；双方当事人的姓名或名称；涉案专利号、专利名称；撤销案件的原因；准予或决定撤销的决定；费用的承担（如果适用）；作出撤销案件决定的日期；不服决定的救济措施；加盖管理专利工作部门的公章。

《撤销专利侵权纠纷案件决定书》样式如下：

撤销专利侵权纠纷案件决定书

案号：____________

请求人：________________________

法定代表人（负责人）：________________

住所：__________________________

委托代理人：________________

被请求人：________________

法定代表人（负责人）：________________

住所：________________

委托代理人：________________

案由：“________”（专利号：________）专利侵权纠纷。

我局于____年__月__日立案受理的专利侵权纠纷案件（案号：________），由于以下原因：

□立案后发现不符合受理条件。

□请求人撤回行政处理请求。

□当事人在案件处理过程中自行达成和解协议，并向我局提出撤回处理请求。

□请求人死亡或被注销，没有继承人或者权利义务承受人，或者继承人或者权利义务承受人放弃处理请求。

□被请求人死亡或被注销，没有遗产或剩余财产，也没有应当承担义务的人。

□其他依法应当撤销案件的情形：________________。

经研究，现决定撤销此案。

不服本决定，当事人可自收到决定书之日起15日内，依照《中华人民共和国专利法》第六十五条向____人民法院起诉。

案件合议组：________________

____知识产权局（盖章）

____年__月__日

（四）结案审批

结案时，合议组应当制作《专利侵权纠纷案件结案审批表》，经办案处（科）室负责人审核后，报部门负责人审批。

拟裁决结案的，应当将起草完成的《专利侵权纠纷案件行政裁决书》作为《专利侵权纠纷案件结案审批表》的附件一并报批。

拟撤销案件的，应当简要说明理由，将《撤销专利侵权纠纷案件决定书》草稿作为《专利侵权纠纷案件结案审批表》的附件一并报批。

《专利侵权纠纷案件结案审批表》样式如下：

专利侵权纠纷案件结案审批表

案号：________________

专利号	
专利名称	
专利权人	
请求人	
被请求人	
案情简介	
合议组意见	签字：_______ _______年___月___日
部门负责人意见	签字：_______ _______年___月___日
分管局领导意见	签字：_______ _______年___月___日

（五）结案文书送达

《专利侵权纠纷案件行政裁决书》《撤销专利侵权纠纷案件决定书》《专利侵权纠纷调解协议书》形成后，应当将其送达当事人。

（六）重复侵权行为的处理

管理专利工作的部门或者人民法院作出认定侵权行为成立并责令侵权人立即停止侵权行为的行政裁决或者人民法院判决生效后，被请求人针对同一专利权再次作出侵权行为，专利权人或者利害关系人请求处理的，管理专利工作的部门可以直接作出责令立即停止侵权行为的行政裁决。

（七）裁决的补正

《专利侵权纠纷案件行政裁决书》《专利侵权纠纷调解协议书》或者《撤销专利侵权纠纷案件决定书》送达后，一般不再改动。

如果确有个别关键字词错、漏，需要改正的，管理专利工作的部门应当要求当事人将原法律文书交回，重新制作法律文书并送达当事人。当事人拒不交回原法律文书的，应当另行制作《专利侵权纠纷行政裁决修改更正通知书》，补充更正错误之处，送达当事人。

《专利侵权纠纷行政裁决修改更正通知书》样式如下：

专利侵权纠纷行政裁决修改更正通知书

案号：________________

__________________：

对本局于_______年___月___日作出的专利侵权纠纷行政裁决，现修改其中错误：_______。

附：专利侵权纠纷行政裁决书修正版副本

_______知识产权局（盖章）

_______年___月___日

说明：本通知书一式三份，两份分别送达当事人，一份由知识产权局存档。

（八）案件材料的归档

《专利侵权纠纷案件行政裁决书》《撤销专利侵权纠纷案件决定书》或者《专利侵权纠纷调解协议书》送达当事人后，根据专利案件文书档案立卷归档制度的要求，管理专利工作的部门应当将全案材料归档整理。

当事人不服行政裁决提起行政诉讼的，有关行政诉讼的所有材料应当单独归档。

四、执行与公开

（一）行政裁决的效力

行政裁决一经送达立即生效。当事人提起行政诉讼的，不停止行政裁决的执行。但具有下列情形之一的，应当停止执行：①法律规定停止执行的；②人民法院裁定停止执行的；③作出行政裁决的管理专利工作的部门认为需要停止执行的。

（二）自觉履行与现场监督

当事人自愿履行行政裁决的，应一方当事人或者双方当事人请求，合议组可以指定 2 名成员现场监督当事人履行义务，并制作执行笔录。执行笔录应当由在场当事人和在场执法人员签名。

（三）申请强制执行

管理专利工作的部门认定侵权行为成立的，可以责令侵权人立即停止侵权行为。当事人不服的，可以自收到裁决书之日起 15 日内依照《行政诉讼法》向人民法院起诉；侵权人期满不起诉又不停止侵权行为的，管理专利工作的部门可以向人民法院申请强制执行。

1. 强制执行的管辖法院

管理专利工作的部门依法作出的行政裁决，由被执行人住所地或财产所在地的省、自治区、直辖市、设区的市有权受理专利纠纷案件的中级人民法院执行。

2. 启动强制执行的主体

侵权人期满不起诉又不停止侵权行为的，请求人可以于被执行人的法定起诉期限届满后向管理专利工作的部门提交《专利侵权纠纷行政裁决强制执行请求书》，请求管理专利工作的部门申请法院强制执行。管理专利工作的部门也可以自行申请人民法院强制执行。

《专利侵权纠纷行政裁决强制执行请求书》样式如下：

专利侵权纠纷行政裁决强制执行请求书

案号：________________

__________________知识产权局：

对贵局于_______年____月____日作出的__________________号专利侵权纠纷行政裁决，我（单位）发现侵权人__________________既未在收到行政裁决之日起的15日内向人民法院起诉，又未停止专利侵权行为。根据《中华人民共和国专利法》第六十五条的规定，特请求贵局向人民法院提出强制执行申请。

请求人（签章）：________

________年____月____日

《专利侵权纠纷行政裁决强制执行申请书》样式如下：

专利侵权纠纷行政裁决强制执行申请书

__________________人民法院：

我局于_______年____月____日针对_______号专利侵权纠纷作出行政裁决，责令被请求人停止侵权行为。处理决定书已于_______年____月____日送达被请求人。

我局发现：被请求人既未在收到行政裁决之日起的15日内向人民法院提起行政诉讼，又未依照行政裁决停止专利侵权行为。根据《中华人民共和国专利法》第六十五条的规定，特向贵单位提出强制执行申请。

附：《专利侵权纠纷行政裁决书》（案号：_______________）

联系人：____________________

联系电话：__________________

本局地址：__________________

邮政编码：__________________

_______知识产权局（盖章）

_______年____月____日

3. 强制执行的申请程序

管理专利工作的部门向人民法院申请强制执行前，应当催告当事人履行义务。催告书送达10日后当事人仍未履行义务的，管理专利工作的部门可以向有管辖权的人民法院申请强制执行。管理专利工作的部门申请强制执行，应当向人民法院提交下列材料：①强制执行申请书；②行政处理裁决书；③当事人的意见及行政机关催告情况；④法律、法规规定的其他材料。

强制执行申请书应当加盖管理专利工作部门的公章，并注明日期。

（四）案件信息公开

1. 公开的内容

认定侵权事实成立、作出行政裁决的专利侵权纠纷案件，其裁决结果应当公开。公开内容应当包括：行政裁决书文号、案件名称、违法行为人的基本信息、主要违法事实、行政裁决的依据及履行方式和期限、作出行政裁决的机关名称和日期。

2. 公开的时限

对于认定侵权事实成立、作出行政裁决的专利侵权纠纷案件，其裁决结果应在作出行政裁决之日起20个工作日内依法主动公开相关信息。因行政诉讼发生变更或撤销的，要在行政裁决变更或撤销之日起20个工作日内，公开有关变更或撤销的信息。

3. 公开的方式

管理专利工作的部门主要通过本单位官方网站公开行政裁决案件信息，也可以选择公告栏、新闻发布会以及报刊、广播、电视等便于公众知晓的方式予以公开。公开的案件信息应以适当方式便于公众查询。

第六节　专利侵权的判定

一、专利侵权的构成要件

《专利法》第十一条规定：“发明和实用新型专利权被授予后，除本法另有规定的以外，任何单位或者个人未经专利权人许可，都不得实施其专利，即不得为生产经营目的制造、使用、许诺销售、销售、进口其专利产品，或者使用其专利方法以及使用、许诺销售、销售、进口依照该专利方法直接获得的产品。外观设计专利权被授予后，任何单位或者个人未经专利权人许可，都不得实施其专利，即不得为生产经营目的制造、许诺销售、销售、进口其外观设计专利产品。”

结合《专利法》及《中华人民共和国专利法实施细则》（以下简称《专利法实施细则》）和相关司法解释的规定，我们可以给“专利侵权行为”提炼出这样一个抽象定义：专利侵权行为，是以生产经营为目的，未经权利人许可，也无法定理由实施他人有效专利的行为。

根据这个定义可以将专利侵权行为进一步细分出四个构成要件，以生产经营为目的、实施行为无合法依据、有法定的实施行为、专利权是有效存在的。可见，四个构成要件中没有主观过错，也无损害后果。

（一）以生产经营为目的

生产经营目的不等同于营利目的。在司法实践中，有不少案件争议的焦点就在于行为人是否为“生产经营目的”而实施。

1. 个人消费目的不属于生产经营目的

北京市高级人民法院《判定指南》第一百三十条规定：“为私人利用等非生产经营目的实施他人专利的，不构成侵犯专利权。”即个人消费目的的实施，包括制造并使用、购买使用、进口并使用都不属于生产经营目的。但个人销售行为不属于个人消费目的的实施，任何销售侵犯他人专利产品的行为都不属于生活消费目的，即使是低价销售行为。

案例

个人在生活中使用专利侵权产品系非生产经营目的

王某经营一家修理铺，甲公司有一项电褥子的发明专利技术，王某利用自己的专长查阅了说明书，制造了一个电褥子供自己取暖使用；或者从一家商场购买了一个侵犯该专利权的电褥子在冬季取暖使用；或从国外购买了使用了该专利技术的电褥子在自己家取暖使用。

分析

在本案中，无论王某是自己亲手制造还是从商场、国外购买，都只是为了满足冬季取暖的需求，完全属于个人的生活使用行为，不是生产经营行为，因此不构成侵犯专利权。

案例

个人营利性实施他人专利，则属于生产经营目的

甲公司有一项“甘蔗去皮机”产品的发明专利，王某系一水果商贩，经常摆摊卖甘蔗，王某购买侵犯该专利权的产品用于为客户提供甘蔗去皮服务。

分析

本案中王某对于涉案产品的使用虽是个人行为，但其是在经营活动中使用，为消费者提供更方便、快捷的服务属于生产经营目的的使用。

2. 单位实施不能以非生产经营目的抗辩

企业单位制造并销售专利侵权产品，销售、许诺销售专利侵权产品，使用专利侵权产品或专利方法制造产品并销售，这些行为都是以获得利润为目的的，显然属于生产经营目的。

营利行为属于生产经营行为，但生产经营行为不等同于营利行为。生产经营行为并不都直接以营利为目的。公益行为也可能属于生产经营行为。

生产经营与是否是营利单位没有必然关系，不能说公司、企业是以生产经营为目的，事业单位就不是以生产经营为目的。

案例

单位营利性实施属于生产经营目的

甲公司有一项“甘蔗去皮机”产品的发明专利，乙公司未经许可生产了该种产品，并对外销售，获利颇丰。

分析

乙公司的制造销售行为为公司带来营利收入，显然属于生产经营目的。

案例

企业对专利的非营利性实施也属于以生产经营为目的的实施

左某享有一项“栅栏”的实用新型专利，其发现甲公司在厂房门外使用的栅栏侵犯了自己的专利权，于是委托律师发去警告函。甲公司接到警告函后回复称：本公司

使用栅栏的行为不具有生产经营目的，因此不构成侵权。

分析

本案中的栅栏是实用新型专利，企业购买栅栏使用的目的在于满足生产经营过程中需要的围护、隔离功能。因此这种实施也属于以生产经营为目的的实施。

案例

银行使用侵犯实用新型专利权的避雷针是否属于侵权行为

雷某拥有一项“避雷针”的实用新型专利权，他认为某银行大厦使用的避雷针侵犯了他的专利权，于是向某知识产权局提出侵权处理请求。被请求人抗辩说，那个避雷针是在大厦建造时安装上的，不是银行装上的，银行经营的是货币，是提供存取款理财服务的。避雷针的使用也不会为银行带来任何收益，不具备生产经营目的要件，因此不构成侵权。

分析

在本案中，银行大厦使用了侵犯专利权的避雷针，尽管避雷针的使用行为不能为银行带来任何收益，但银行自身是从事生产经营活动的，因此银行的行为构成侵权。

案例

事业单位对专利的非营利性实施也属于以生产经营为目的的实施

甲公司享有“全玻璃窗墙”的实用新型专利权，某市移民开发局在办公场所装修时，使用了侵犯该专利权的产品，甲公司提起侵权诉讼。某市移民开发局抗辩称本单位是非营利性的事业法人，不具备生产经营目的。

分析

法院在审理本案时认为：除自然人为生活消费目的使用及《专利法》第六十九条规定的情形之外，任何主体实施他人专利均须得到权利人的许可。本案被告虽为事业法人，但其身份并不能决定实施专利的目的属性。

案例

行政机关对专利的非营利性实施也属于以生产经营为目的的实施

甲公司享有“全玻璃窗墙”的实用新型专利权，某市审计局在办公场所装修时，使用了侵犯该专利权的产品，被甲公司提起侵权诉讼。某市审计局抗辩称被告是国家机关，不具备生产经营目的的要件。

分析

审理法院认为，如果因实施主体具有公共服务、公益事业、慈善事业性质就可以随意实施他人专利的话，将严重损害专利权人的合理权益，降低专利制度的价值。本案中某市审计局的使用行为不是出于私人消费目的，因此抗辩不能成立。

（二）实施行为无合法依据

凡是经过专利权人许可的实施行为，如签订了专利实施许可合同、口头同意或者默许、追认等都不构成侵权。

没有经过许可授权，符合合理使用的规定不构成专利侵权，如科研目的的使用、权利用尽规则的使用、先用权人的使用等。如果属于强制许可、指定许可的实施，正常支付了费用，也不构成专利侵权。

没有经专利权人授权许可而实施，且无法定抗辩情形的，都构成专利侵权。例如，行为人实施的是自己研发出来的技术或者从别处购买来的技术，但未得到专利权人的授权，都构成专利侵权。

1. 专利侵权的成立无须有主观过错

被控侵权行为人主观有无过错，不是判定专利侵权行为是否成立的要件。因此在判定侵权行为成立与否时，无须考察其主观状态。

但侵权行为人的主观状态对行为人的责任承担是有法律意义的。《专利法》第七十七条规定："为生产经营目的的使用、许诺销售或者销售不知道是未经专利权人许可而制造并售出的专利侵权产品，能证明该产品合法来源的，不承担赔偿责任。"可知，销售者、许诺销售者、使用者如果确实无过错构成善意侵权的话，可以免除其赔偿责任。

案例

因不知情销售了侵犯专利权的产品，也构成侵权

某网店卖家接到权利人的侵权警告函，称网店销售的产品侵犯了其外观设计专利权，要求网店立即删除该产品的宣传网页并停止销售该产品，同时，赔偿其损失 6 万元。卖家接到侵权警告函后甚是紧张，于是找到律师咨询。

分析

在本案中，网店卖家即使确实不知道自己售卖的产品是侵犯他人专利权的产品，也构成侵权。《专利法》第十一条第二款规定："外观设计专利权被授予后，任何单位或者个人未经专利权人许可，都不得实施其专利，即不得为生产经营目的制造、许诺销售、销售、进口其外观设计专利产品。"该条款里并没有规定行为人明知产品侵权而销售才构成侵权，因此网店的行为构成侵权。

不知情销售侵权产品构成善意侵权，可不赔偿

律师经过询问，了解到网店卖家所售产品并非他自己制造的，而是购自别的商家，并把随身带来的进货单据、付款记录拿给律师查看，卖家不知晓该产品是侵权产品。

分析

网店卖家提供的证据材料显示他确实对所售产品侵权不知情，卖家能证明产品的来源合法，构成善意侵权，但依法不需承担赔偿责任，因此对权利人要求赔偿的请求可以不予理会，只要卖家停止销售就可以了。

案例

善意使用侵权产品且已支付合理对价，可不赔偿并继续使用

甲公司有一项"甘蔗去皮机"产品的发明专利，老王开了一家水果店主要卖甘蔗，平时用菜刀帮客户削甘蔗皮，看到甘蔗去皮机的广告后下单买了一台。老王购买之后用于为客户提供甘蔗去皮服务。某日老王接到甲公司的侵权警告函，称其使用的甘蔗去皮机侵犯了甲公司的专利权，要求其立即停止使用，并赔偿损失 3 万元，否则将诉至法院。老王觉得很无辜，称自己是从正规电子商务平台上购买的产品，购买时无法判断该产品是否为侵权产品，并提供了网购记录。

分析

本案中老王从网上购买了涉案侵权产品，且支付了合理的价格，并能提供网购记录。根据北京市高级人民法院《判定指南》第一百四十七条的规定："使用者实际不知道且不应知道其使用的产品是未经专利权人许可而制造并售出，能够证明其产品合法来源且能够举证证明其已支付该产品的合理对价的，对于权利人请求停止使用行为

的主张，不予支持。”老王可以继续使用且无须承担赔偿责任。

2. 专利侵权的成立无须有损害后果

被控侵权行为有无损害后果，不是判定专利侵权行为是否成立的要件。例如，许诺销售，未经专利权人的许可只是做广告、做推广、展示侵犯他人专利权的产品，依然构成侵权。

作此规定，是由于专利权的客体具有无形性、公开性，谁都有可能掌握，谁都有可能实施，权利人无法像保护物权一样可以通过私力行为保护该权利免受侵害，如果一定要等到有损害结果出现才有权采取措施，可能侵权产品早已扩散，要控制侵权产品的流通、查明侵权产品的流向将更加困难。即使是能够了解侵权产品的流向，对善意的再销售者或使用者，专利权人也无法要求其承担赔偿责任。在销售行为未来得及实施，尚在准备阶段即允许专利权人采取措施，可以降低制止侵权的成本。

没有损害后果依然构成专利侵权

周某于2008年申请“水上旋转球”产品的实用新型专利，并于2009年4月获得授权。2010年3月，周某发现，某游乐设备公司未经其同意，自2009年11月以来一直公开在互联网上许诺销售水上旋转球。于是周某向当地知识产权局提出专利侵权处理请求，要求该公司立即停止在互联网上针对该专利产品的许诺销售行为并进行赔偿。

当地知识产权局立案后调查发现，该游乐设备公司在网络上发现“水上旋转球”实用新型专利产品的信息，比较看好该专利产品的市场前景，曾与专利权人取得联系，希望受让该技术或代理这一产品，但专利权人没有同意。该公司仅是制作了产品的广告宣传页面，发布到互联网上，并没有实际掌握制作工艺流程，当然也没有生产制造该产品的能力。

分析

由于该公司只是单纯地做了广告，并没有生产出来产品，更没有实际的销售行为，更无侵占专利产品市场占有率的可能，对专利权人没有造成任何实质上的损害。但因该公司的行为属于许诺销售行为，依然构成侵权。受案知识产权局作出处理决定：要求该公司立即清除互联网上关于许诺销售“水上旋转球”的宣传，消除对专利权人的影响，并作出不再侵权的书面保证。

（三）有法定的实施行为

《专利法》第十一条规定："发明和实用新型专利权被授予后，除本法另有规定的以外，任何单位或者个人未经专利权人许可，都不得实施其专利，即不得为生产经营目的制造、使用、许诺销售、销售、进口其专利产品，或者使用其专利方法以及使用、许诺销售、销售、进口依照该专利方法直接获得的产品。外观设计专利权被授予后，任何单位或者个人未经专利权人许可，都不得实施其专利，即不得为生产经营目的制造、许诺销售、销售、进口其外观设计专利产品。"

1. 制造专利产品的行为

专利产品，是指专利权人在发明或者实用新型的权利要求书中所描述的产品，或者在外观设计专利申请文件中写明的使用该外观设计的产品。无论制造者是否知道是专利产品，也无论是用什么方法制造的，如果其生产的产品侵犯专利权，其制造行为均构成专利侵权。

定作人或委托人提供样品或图纸，委托承揽人或加工人按定作人或委托人的要求完成产品。企业接受委托加工或贴牌生产都属于加工承揽。如果委托加工或者贴牌生产的产品侵犯专利权，承揽人或加工人的加工行为、定作人或委托人的委托行为均构成专利侵权。

案例

委托生产专利侵权产品的，委托人和受托人的行为均属制造侵权行为

甲公司与乙公司签订委托加工合同，甲公司负责提供产品图纸及相关技术，乙公司按要求加工产品，所加工产品由甲公司贴牌销售，产品涉及的知识产权风险由甲公司承担。后专利权人丙公司在市场上发现，甲公司上述产品侵犯了其专利权，遂以甲公司、乙公司侵犯其专利权为由向当地知识产权局请求调查处理。

分析

产品上标识的制造者，通常被认定为法律规定的制造者或者生产者。甲公司委托加工的行为应当被认定为《专利法》第十一条规定的制造行为。乙公司是侵权产品的实际制造者，由于名义制造人甲公司的行为和实际制造人乙公司的行为密切联系，缺

一不可，属于共同侵权，故两者应承担连带责任。甲公司不能以其未直接制造侵权产品为由不承担赔偿责任，乙公司也不得以合同中约定有免责条款为由抗辩丙公司的主张。当然，乙公司可以在对丙公司承担赔偿责任后依合同约定向甲公司追偿。

案例

将出租车按照他人享有专利权的外观设计进行喷涂，是否属于侵权行为

张某拥有名称为“出租汽车”的外观设计专利，该专利系在特定品牌型号的小汽车上设计有黄黑相间的图案。李某购买了该品牌某型号小汽车，对其进行重新喷漆，使汽车外观与张某的专利外观设计相同。张某主张李某侵犯了其外观设计专利权。

分析

本案中，李某并未制造汽车，汽车只是一个中间产品，其在车身上喷涂具有外观设计专利产品的行为，类似于发明或实用新型专利侵权中购买零部件并组装成专利产品的情形，故应认定李某实施了制造专利产品的行为。

2. 销售专利产品的行为

通常意义上，销售是指有偿将产品所有权移转给第三人的行为。搭售，作为赠品、促销品与其他商品一起将所有权转移给消费者，或者积分兑换商品的行为都是销售。除此之外，将专利侵权产品作为零部件，制造另一产品并销售的，属于《专利法》规定的销售行为。产品买卖合同依法成立的，也属于《专利法》第十一条规定的销售行为。

案例

搭送专利侵权产品，也属于销售侵权行为

甲公司拥有一项“音箱”的外观设计专利权。乙商场年终促销时，策划了购买某品牌电视送音箱的促销活动。甲公司发现该商场所送音箱的外观设计与其专利的外观设计相同，遂发去侵权警告函，商场回复称，自己只是将其作为赠品送给顾客，没有单独对其进行定价销售，不构成侵权。

分析

本案中，乙商场对销售的理解显然是狭义的，与为表达亲情、友谊而将音箱赠予

他人的行为不同，乙商场随电视赠送音箱行为的目的在于增加电视销量，是有生产经营目的的，会损害专利权人的利益。因此，乙商场搭送音箱的行为应属于销售侵权行为。

3. 许诺销售专利产品的行为

许诺销售，是以广告、在商店橱窗中陈列或者在展销会上展出等方式作出的销售商品的意思表示。寄送试用品或者通过网络、口头、电话、传真等方式作出销售侵犯他人专利权产品的意思表示的，都可以认定为许诺销售。

许诺销售也包括合同订立过程中的要约及要约邀请，至于谁最先提出订立合同的意愿不重要，只要被控侵权人一方作出将会提供侵权产品的意思表示，即构成许诺销售。

在销售侵犯他人专利权的产品的行为实际发生前，被控侵权人作出销售侵犯他人专利权产品的意思表示的，构成许诺销售。即使其后实际销售的产品并未落入专利权的保护范围，也不影响对此前许诺销售行为侵权的认定。

案例

为促成交易寄送样品的行为属于许诺销售行为

穆工拥有名称为“多功能木工凿”的外观设计专利权，甲家具公司与乙公司联系，要求乙公司提供“木工凿”产品样品，以决定是否购买，乙公司向甲家具公司寄送木工凿一只。该木工凿与穆工的“多功能木工凿”是相同的产品。穆工从甲家具公司一好友处获知该消息，遂提起侵权诉讼。样品并未注明生产者的信息，乙公司也否认制造行为。

分析

涉案样品并未注明生产者的信息，乙公司也否认制造行为，穆工也无证据，因此不能认定乙公司有制造行为。

销售是将产品所有权转移给买方，卖方收取对价的行为。在本案中，甲、乙公司未订立买卖合同，乙公司寄送产品也不是为了交付转移所有权给甲家具公司，双方也未形成事实合同关系，故乙公司的行为不构成销售行为，应被认定为许诺销售行为。

案例

广东查处首起药品“许诺销售”专利侵权案

天津某制药公司拥有一项“治疗头痛的中药”发明的专利权，专利号：ZL93100050.5。2006年天津某制药公司在参加某医疗机构的药品集中招投标采购活动中，发现广州市某医药公司也在参与招投标并最终中标，所用投标药品为“养血清脑颗粒”。经过比较，天津某制药公司认为该药品与自己的专利药品相同，遂于2006年3月10日向广东省知识产权局提出处理请求。广东省知识产权局立案后，经过调查取证、委托鉴定，查明“养血清脑颗粒”药品落入天津某制药公司专利权的保护范围。

分析

本案是在招投标采购活动中发生的，虽广州市某医药公司已中标，但还没有签订中标合同，被请求人的投标行为实际上属于许诺销售专利侵权药品的行为，应当承担相应的法律责任。广东省知识产权局作出处理决定：责令广州市某医药公司立即停止许诺销售的行为。

4. 进口专利产品或者进口依照专利方法直接获得产品的行为

若某产品、方法、外观设计在外国的专利权人与我国的专利权利人不是同一人，或者在外国没有专利权人。从外国购买的落入专利权保护范围的产品，进口到中国就会抢占中国专利权人的市场份额，因此法律赋予了专利权人对此行为的控制权。

5. 使用发明或者实用新型专利产品的行为

（1）使用、销售的特殊表现

①使用发明、实用新型专利侵权产品组装别的产品的行为定性。《最高人民法院关于审理侵犯专利权纠纷案件应用法律若干问题的解释》（法释〔2009〕21号）第十二条第一款规定，将侵犯发明或者实用新型专利权的产品作为零部件，制造另一产品的，人民法院应当认定属于使用行为；销售该另一产品的，人民法院应当认定属于销售行为。

案例

销售装有专利侵权锁具的防盗门，构成使用、销售侵权

甲锁业公司拥有一项名称为“指纹防盗锁”的实用新型专利，其发现市场上乙门

业公司销售的防盗门上，安装的是侵犯其专利权的锁具，甲锁业公司认为该防盗门的制造者兼销售者乙门业公司制造并销售了该锁具，应当承担侵权责任。乙门业公司辩称，锁具是从丙锁具公司批量采购的，其并不知晓该锁具侵犯专利权，乙门业公司销售的是防盗门，其未制造也未销售该锁具，不应承担侵权责任。乙门业公司提供了从丙锁具公司采购锁具的证明。

分析

在本案中，乙门业公司提供了证明涉案锁具是从丙锁具公司批量购进的证据，可以排除其有制造侵权产品的行为。但是，乙门业公司为生产经营目的，将购进的专利侵权锁具安装在其生产制造的防盗门上，属于使用行为，构成使用侵权；其销售防盗门的行为，属于销售侵权。

如果乙门业公司确实对丙锁具公司的侵权行为不知情，可以主张善意侵权抗辩，以免除赔偿责任。

②使用外观设计专利产品组装其他产品的行为定性。将侵犯外观设计专利权的产品作为零部件，制造另一产品并销售的，人民法院应当认定属于《专利法》第十一条规定的销售行为，但侵犯外观设计专利权的产品在该另一产品中仅具有技术功能的除外。

③以专利方法获得的产品的特殊使用认定。《最高人民法院关于审理侵犯专利权纠纷案件应用法律若干问题的解释》（法释〔2009〕21号）第十三条规定：“对于使用专利方法获得的原始产品，人民法院应当认定为专利法第十一条规定的依照专利方法直接获得的产品。对于将上述原始产品进一步加工、处理而获得后续产品的行为，人民法院应当认定属于专利法第十一条规定的使用依照该专利方法直接获得的产品。”

④出租、储存或保存专利侵权产品行为的认定。出租行为不以转移所有权为目的，具有生产经营目的，应该被定性为使用，租赁者的行为也应被定性为使用。判断储存或保存侵权产品是否构成使用行为，需要考虑产品的性质以及储存或保存的目的。如果行为人购入侵权产品为了销售但还未销售，不属于销售侵权，也不应被认定为使用行为，严格意义上不构成使用侵权。对于某些属于备用性质的产品，例如灭火器、防爆装置等，只要按照使用要求在使用场所内予以配置，就构成使用行为，不是只有在救火或急救中发挥作用才构成使用。同样，如果储存或保存某种产品的目的是随时投入使用，只要备用状态存在就构成使用侵权。

⑤仓储和运输专利产品行为的认定。如果该专利产品不是由行为人制造，行为人也未销售或许诺销售该专利产品，则仓储和运输行为不构成实施专利的行为，但如果明知是侵权产品的则构成帮助侵权。

（2）有关外观设计的特殊规定

《专利法》第十一条第二款规定："外观设计专利权被授予后，任何单位或者个人未经专利权人许可，都不得实施其专利，即不得为生产经营目的制造、许诺销售、销售、进口其外观设计专利产品。"该法条中，没有"使用"行为的规定，也就是说涉及外观设计专利侵权的产品，即使行为人是出于生产经营目的的使用也不属于侵权。

①用外观设计专利侵权产品制造别的产品不侵权。无论是将外观设计专利侵权产品作为使用工具去制造别的产品，还是作为零部件去组装成另一产品，行为性质上都属于"使用"，均不构成侵权。行为人只有将组装的产品进行销售、许诺销售才构成侵权。

②使用外观设计专利侵权产品组装其他产品并销售不一定侵权。将侵犯外观设计专利权的产品作为零部件，制造另一产品并销售的，属于销售行为，但该产品在该另一产品中仅具有技术功能的除外。

③仅使用外观设计专利的侵权产品不属于侵权。对于外观设计专利而言，未经专利权人许可的使用行为是不被禁止的。之所以作此规定，是因为外观设计与发明、实用新型相比，保护客体在性质上有很大不同。发明和实用新型专利保护的客体都是技术方案，看重产品的技术性能或功能，外观设计专利保护的是具有美感的设计。因此，外观设计的使用行为多数情形下都不以生产经营为目的，这也是对外观设计的使用不被禁止的原因。

（3）产品制造方法专利的延伸保护

方法专利分为制造方法专利和使用方法专利，能够延伸到产品的专利是制造方法专利。

案例

专利权人对侵犯制造方法专利产出的产品有控制权

周某有一项"人工合成胰岛素"的方法专利，甲医药公司未经许可使用其专利方法合成大量胰岛素。周某认为，甲医药公司未经许可使用其专利方法合成胰岛素构成侵权，同时使用该胰岛素的乙医院也侵犯了其专利权。因为这些单位用户使用的胰岛素是依照其专利方法直接获得的产品。

分析

在本案中，“人工合成胰岛素”的方法专利属于制造方法专利，甲医药公司的实施行为构成侵权无疑；乙医院从甲医药公司采购了该侵权产品，并对该产品进行使用、销售、许诺销售的行为也构成侵权。

案例

专利权人对侵犯使用方法专利处理过的产品无控制权

牛某有一项“牛奶消毒”的方法专利，甲奶品公司未经许可使用该专利方法为牛奶消毒，牛某认为甲奶品公司未经许可使用其专利方法为牛奶消毒构成侵权，销售甲奶品公司牛奶的代理商、超市也构成侵权。

分析

本案中，牛某的“牛奶消毒”方法专利属于使用方法专利，甲奶品公司实施该专利方法之后并没有直接获得新产品。因此，只有甲奶品公司构成侵权，销售甲奶品公司牛奶的代理商、超市不构成侵权。

（四）专利权是有效存在的

涉嫌侵犯专利权的行为应在专利权核准后的保护期内发生或持续，若实施涉案专利的行为是在专利权核准之前就停止了，或在专利权保护期满后才开始，则不属于侵权。

1. 专利权处在保护期内

确认专利权是否有效存在，可以查看其专利证书，证书上会显示专利申请日和授权公告日，专利权期限自申请日起算。发明专利权的期限为20年，实用新型专利权和外观设计专利权的期限为10年，外观设计专利权的期限为15年。[①] 如果实施行为开始时，专利权期限已满，则实施人不构成侵权。如果实施行为在专利权被核准后才停止，则专利权期限届满前的实施行为可能会构成侵权。侵权纠纷发生时，专利权是否依然有效不影响对侵权构成的判定。

① 2021年6月1日前，外观设计专利权的期限为10年。

如图 2-2 所示，在 A 期间的实施行为是有可能构成侵权的，在 B 期间和 C 期间的实施行为一定不属于侵权。侵权纠纷可能发生在 A 期间，也可能发生在 B 期间，但绝不会发生在 C 期间。

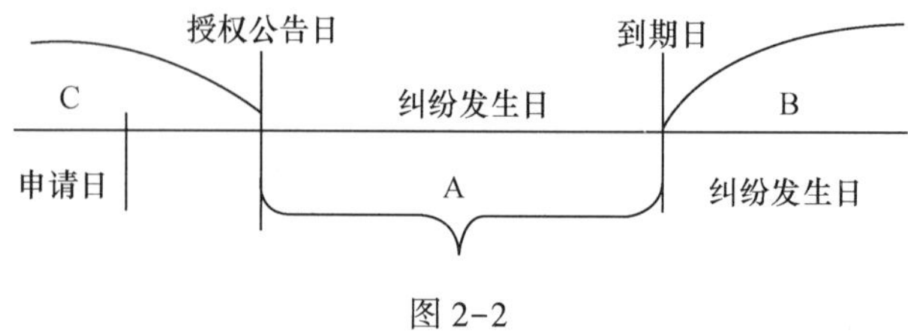

图 2-2

2. 专利权没有提前终止

即使专利证书显示还在保护期内，该专利权也未必就是有效存在的，也有可能专利权被提前终止。

《专利法》第四十四条规定："有下列情形之一的，专利权在期限届满前终止：（一）没有按照规定缴纳年费的；（二）专利权人以书面声明放弃其专利权的。专利权在期限届满前终止的，由国务院专利行政部门登记和公告。"

如图 2-3 所示，只有 B 期间实施的行为可能构成侵权，在 A 期间和 C 期间以及 D 期间实施的行为一定不构成侵权。侵权纠纷可能发生在 B 期间，也可能发生在 C 期间和 D 期间，但绝不会发生在 A 期间。

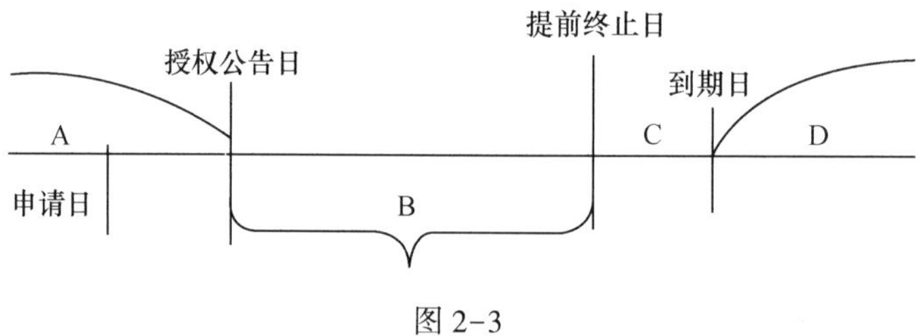

图 2-3

3. 专利权没有被宣告无效

专利权被授予后，也可能被宣告无效。例如，被授权的发明或实用新型技术方案实际属于现有技术，被授权的外观设计方案属于现有设计，或者专利申请不符合申请原则、不符合创造性要求，专利文件修改违反法律规定、说明书对技术方案的公开不够充分、非专利的技术被授予专利权等，专利权都有可能被宣告无效。在有效期内，任何人都可以向国家知识产权局提出无效宣告请求。

《专利法》第四十七条第一款规定：宣告无效的专利权视为自始即不存在。因此如果专利权已确定被宣告无效，则被请求人的行为则肯定不构成侵权。

二、专利侵权判定的步骤

判定一个产品是否侵犯了请求人的专利权，首先应审查请求人的权利是否有效，被请求人的行为是否以营利为目的、是否为法定的侵权行为、是否获得许可、是否属于侵权例外。如果构成要件齐备，进入下一步，查阅专利权利要求书确定专利权的保护范围；拆分被请求人产品，确定技术特征，将两者进行比对；若比对结果未落入专利权的保护范围，则认定不侵权；若比对结果落入专利权的保护范围，并且被请求人提出有抗辩理由的，再进一步审查抗辩理由及证据材料，看抗辩能否成立，抗辩成立则不构成侵权，抗辩不成立则构成侵权。

当然，在实践中，并非每个案件都是这个流程。要视案件具体情况采取适当的判定步骤。

第七节　专利侵权判定的具体规则

一、发明和实用新型专利侵权判定的原则

（一）全面覆盖原则

《最高人民法院关于审理侵犯专利权纠纷案件应用法律若干问题的解释》（法释〔2009〕21 号）第七条第一款规定：“人民法院判定被诉侵权技术方案是否落入专利权的保护范围，应当审查权利人主张的权利要求所记载的全部技术特征。”

全面覆盖，是指被控侵权物（产品或方法）将专利权利要求中记载的技术特征全部再现，如果被控侵权物包含了专利权利要求中记载的全部技术特征，则落入专利权的保护范围。全面覆盖包括两种情况：被控侵权物的技术特征与专利的技术特征完全一致和被控侵权物的技术特征多于专利的技术特征。全面覆盖的侵权，也称相同侵权。

1. 少了某些特征

被控侵权物如果只使用了专利权利要求书中记载的部分技术特征，不符合全面覆盖原则，因此就不构成侵权。

案例

变劣发明是否侵权

甲公司拥有一项汽车仪表盘的发明专利，其权利要求书中记载的技术特征可以分解为a、b、c、d共四项。乙公司制造了一种仪表盘，具备的技术特征是a、b、c。

分析

乙公司制造产品使用了专利权利要求书中记载的a、b、c三个技术特征，还有一个“d”特征没有覆盖，因此没有落入甲公司专利权的保护范围，也就不构成侵权。

2. 特征完全一样

如果被控侵权物的全部技术特征与专利权利要求书记载的全部技术特征完全一致，则落入了专利权的保护范围。

3. 多了某些特征

如果被控侵权物除了利用专利权利要求书中记载的全部技术特征外，还增加了新的技术特征，尽管从功能上可能比专利方案还要先进、高级，但仍落入专利权的保护范围。

案例

被控侵权物比专利权利要求多一个特征也落入专利权的保护范围

一种电褥子专利具有绝缘性能好的电阻丝。被控侵权物具有绝缘好的电阻丝和电阻丝短路保护装置。

分析

虽然被控侵权物的特征多于专利权利要求书中记载的技术特征，而且还具有一定的创造性，但由于被控侵权物的技术特征完全覆盖了专利权利要求书中记载的全部特征，所以依然落入专利权的保护范围。

4. 数量相同，但特征有差异

将被控侵权物与涉案专利权利进行比对，若仅仅是技术特征的数量一样，但特征本身不同，也不符合全面覆盖的原则。

案例

被控侵权物与专利权利要求的技术特征数量相同但内涵不同，不构成侵权

甲公司拥有一项汽车仪表盘的发明专利，其权利要求书中记载的技术特征可以分解为 a、b、c、d 共四项。丁公司制造了一种仪表盘，其技术特征是 a、b、d、e。

分析

在本案中，丁公司产品的技术特征数量与专利权利要求书中记载的特征数量都是四个，但相同的只有三个，还有一个不相同，因此不符合全面覆盖的原则，也就不构成侵权。

5. 被控侵权物的实施与专利权利要求书是上下位概念关系

专利权利要求书对某一特征的描述是上位概念，被控侵权物使用的是下位概念，也构成全面覆盖的侵权。

案例

上下位概念的全面覆盖侵权

涉案专利的权利要求书记载：一种辊式磨机，其特征是磨盘的磨面与磨辊之间用弹性部件使之构成间隙式磨合面。对于其中磨盘的磨面与磨辊之间存在可调节间隙的技术特征，其中记载了采用弹簧片来调节间隙的具体实施方式。

被控侵权物的其他技术特征与涉案权利要求都一样，不同的是磨盘的磨面与磨辊之间使用的是螺旋弹簧。

分析

涉案专利的权利要求书中，磨盘的磨面与磨辊之间用弹性部件使之构成间隙式磨合面。这一技术特征是对说明书实例中具体实施方式的上位概括，说明书使用的是“弹性部件”。螺旋弹簧、弹簧片、扭杆弹簧、橡胶弹簧等均属于弹性部件的下位概念，所以被控侵权物的实施也落入了专利权的保护范围。

6. 封闭式权利要求下全面覆盖原则的适用

《最高人民法院关于审理侵犯专利权纠纷案件应用法律若干问题的解释（二）》（法释〔2016〕1号）第七条第一款规定：“被诉侵权技术方案在包含封闭式组合物权

利要求全部技术特征的基础上增加其他技术特征的，人民法院应当认定被诉侵权技术方案未落入专利权的保护范围，但该增加的技术特征属于不可避免的常规数量杂质的除外。”

案例

如何判断权利要求书是否是封闭式权利要求

胡某有一项“注射用三磷酸腺苷二钠氯化镁冻干粉针剂及其生产方法”的发明专利，在本案中以权利要求2作为涉案专利的保护范围。权利要求2的内容为：“一种注射用三磷酸腺苷二钠氯化镁冻干粉针剂，其特征是：由三磷酸腺苷二钠与氯化镁组成，二者的重量比为100毫克比32毫克。”

在涉案专利被授权后，A公司生产、许诺销售、销售了名称为“注射用三磷酸腺苷二钠氯化镁”的药品，B分公司销售了A公司生产的上述药品。上述被诉侵权药品的主要成分为三磷酸腺苷二钠和氯化镁，规格为三磷酸腺苷二钠100毫克、氯化镁32毫克，此外还含有精氨酸。胡某主张碳酸氢钠和精氨酸仅是辅料，不影响主成分。

分析

胡某在权利要求书中使用的是“由……组成”句式，此为封闭式权利要求常用的措辞句式，表示要求保护的组合物仅包括所指明的组分，不包括其他组分。但可以带有杂质，该杂质只允许以通常的含量存在。

案例中涉案专利是封闭式权利要求表达的组合物，组分为三磷酸腺苷二钠与氯化镁，二者的重量比为100：32。被控侵权产品具有与涉案专利相同的组分之外，又增加了“精氨酸”组分，即含有了封闭式表达组合物之外的组分。

在本案中，被控侵权产品多出的精氨酸是作为稳定剂存在的，并不属于没有任何功效的杂质，所以A公司不构成侵权。

案例

使用“由……组成”句式，不一定是封闭式权利要求

付某拥有一项实用新型专利，名称为“玻镁、竹、木、植物纤维复合板”，权利要求书记载：它由镁质胶凝竹、木、植物纤维复合层和玻纤网格布层或竹编网增强层组成，镁质胶凝竹、木、植物纤维复合层至少有两层，玻纤网格布层或竹编网增强层

至少有一层，两层镁质胶凝竹、木、植物纤维层置于玻纤网格布层或竹编网增强层的下面和上面。

专利说明书中写明：镁质胶凝植物纤维层是由氯化镁、氧化镁和竹纤维或木糠或植物纤维制成的混合物。

某建材有限公司被控侵权产品使用的技术方案为：镁质胶凝材料与植物纤维复合层，不含竹、木材料。

被控侵权产品制造者某建材有限公司认为专利权利要求书中使用“由……组成”句式，表明这几种材料缺一不可，是封闭式权利要求书。镁质胶凝材料纤维层与专利权利要求书记载的特征不同，权利要求保护的镁质胶凝植物纤维层含有竹、木，而被控侵权产品的镁质胶凝植物纤维层不含竹、木材料。根据全面覆盖原则在封闭式组合物场合的适用规则，没有落入专利权的保护范围。

分析

该案的争议焦点在于，专利权利要求是否为封闭式权利要求。封闭式权利要求书的语言表述特征确实是“由……组成”句式。

双方对专利权利要求书中“由……竹、木、植物纤维……组成”的文字表述理解产生歧义，要确定专利权的保护范围，应当根据《专利法》第六十四条第一款的规定，结合说明书中记载的相关内容进行。专利说明书记载：镁质胶凝植物纤维层是由氯化镁、氧化镁和竹纤维或木糠或植物纤维制成的混合物。由此可知，竹纤维、木纤维、植物纤维三者是选择关系，并非并列关系。因此，该涉案权利要求不属于封闭式权利要求，被控侵权产品符合全面覆盖的原则，落入了专利权的保护范围。

7. 技术方案比对应限于专利权利要求与涉案产品之间

将请求人的产品与被请求人的产品进行比对的结果是不客观的，因为请求人自己实施专利时可能与权利要求书里的方案不同，比如少个技术特征或对技术特征作出改动。如果将这两者比对，本来被请求人的产品没有落入专利权的保护范围，比对结果可能显示落入了专利权的保护范围。比对应在被请求人的涉案产品与请求人涉案专利权利要求书里记载的技术方案间进行。因为专利权利要求是专利权人要求保护的方案，与之不同的其他方案，请求人无权禁止他人实施。

案例

涉案产品与请求人产品相同不一定落入专利权的保护范围

甲公司有一项“计算机装置”的发明专利，权利要求书中记载了三个技术特征：中央处理器、显示器、输入设备。甲公司自己生产的产品只有中央处理器和显示器，被请求人乙公司生产的产品也只具备这两个特征，某地知识产权局将甲公司的产品与乙公司的产品进行比对，结论为符合全面覆盖的原则，乙公司生产的产品落入专利权的保护范围。

分析

本案中技术方案比对的标的物没有限于专利权利要求与涉案产品之间，故而得出错误的结论。正确的比对，应该是将乙公司生产的产品与甲公司“计算机装置”发明专利的权利要求书中记载的全部特征相比对。这样比对的结果显然是不符合全面覆盖的原则，乙公司生产的产品没有落入专利权的保护范围，也就不可能构成直接侵权。

案例

涉案专利与被控侵权方专利比对得出错误结论

甲公司拥有一项“电褥子”的专利，专利权利要求书中记载了一个技术特征，即具有绝缘性能好的电阻丝和过热保护装置。乙公司看到之后，在甲公司技术方案的基础上增加了一个技术特征，使得新产品更安全，消费者用得更放心，并获得专利授权，专利权利要求书中记载了两个技术特征：具有绝缘性能好的电阻丝和电阻丝短路保护装置。

甲公司发现乙公司生产的产品和自己的产品完全一样，于是请求乙公司所在地知识产权局对乙公司的侵权行为进行处理。执法人员受理案件后，将两家公司的权利要求书进行比对，发现乙公司的专利只将甲公司的一个技术特征“绝缘性能好的电阻丝”覆盖了，而没有覆盖“过热保护装置”，因此认定乙公司不构成侵权。事实上乙公司生产的产品与其提交的专利申请并不相同，而是采用了甲公司的专利技术方案，绝缘性能好的电阻丝和过热保护装置，即事实上乙公司生产的产品落入了甲公司专利权的保护范围。

分析

在本案中，执法人员用于比对的客体错误，导致对案件结果的认定存在错误。技术特征的比对只能在被控侵权产品与请求人的专利权利要求之间进行，其他任何两者之间的比对结果都可能出现误差。

（二）等同认定原则

《最高人民法院〈关于审理专利纠纷案件适用法律问题的若干规定〉》（法释〔2015〕4号）第十七条第一款规定："专利法第五十九条第一款所称的'发明或者实用新型专利权的保护范围以其权利要求的内容为准，说明书及附图可以用于解释权利要求的内容'，是指专利权的保护范围应当以权利要求记载的全部技术特征所确定的范围为准，也包括与该技术特征相等同的特征所确定的范围。"

可见，等同原则将专利权的保护范围延伸到与专利权利要求中技术特征等同的部分，目的在于防止被控侵权人对专利权利要求中的某些技术特征稍做改动以规避侵权，弥补专利权利要求语言的局限性。

1. 等同特征的概念

等同特征，是指与所记载的技术特征以基本相同的手段，实现基本相同的功能，达到基本相同的效果，并且本领域普通技术人员在被诉侵权行为发生时无须经过创造性劳动就能够联想到的特征。一般将其概括为"三基本+易于联想"。

2. 易于联想的标准

（1）主体标准

判断技术手段是否基本相同，应当以本领域普通技术人员的视角，判断被控侵权技术方案中的相应技术特征是否是易于想到的。例如，在一项专利权利要求中，某一技术特征是采用"皮带传动"，如果被控侵权技术方案替换为"链条传动"就属于基本相同的手段。

（2）时间标准

判断技术特征是否构成等同的时间点为被控侵权行为发生日。目的是防止被控侵权人在专利保护期间，在不改变专利技术实质的情况下，以很容易联想到的申请日后新出现的技术来代替专利权利要求书中的某些技术特征，从而通过主张技术特征不同来逃避侵权责任。

3. 等同特征的判断标准

在等同侵权判定中，"三基本+易于联想"缺一不可，即"手段""功能""效果"和"本领域技术人员不经过创造性劳动就能够联想到"这四个要素均要被考虑到。若手段基本相同，但功能、效果大不相同，则不属于等同特征。反之，当两者的功能和效果基本相同，但采取的手段明显不同时，二者不构成等同特征。

若“三基本”齐备了，还需要进一步判断该技术特征是否为本领域普通技术人员易于联想到的。若本领域普通技术人员根据实践经验、专业背景等很容易想到这样的替代方案，则该方案与专利技术特征构成等同特征；反之，则不构成等同特征。

4. 通常表现

（1）常用技术要素的简单替换。如果被控侵权产品使用的替代技术方案是已知的常见技术，比如用U盘代替光盘存储介质，替换后其功能和效果也基本相同，则二者构成等同特征。

（2）产品部件位置的简单移动。如果将被控侵权产品的部件移动一下位置或将不同部件调换一下位置，且这种改变没有导致产品功能、效果上的明显差异，同时是不需要付出创造性劳动就可以联想到的，则二者构成等同特征。

（3）技术特征的分解或者合并。被控侵权产品用两个或多个技术特征代替专利权利要求书中记载的一个技术特征，或者用一个技术特征代替专利权利要求书中记载的两个或多个技术特征。如果这种分解或合并没有改变专利方案的功能和效果，且属于本领域普通技术人员易于想到的，则二者构成等同替换。

（4）方法步骤顺序的简单变化。如果被控侵权产品的技术方案是通过对方法专利中的步骤组合稍加变更得来的，改变后功能、效果基本相同，本领域的普通技术人员也容易想到，则二者构成等同特征。如果方法步骤的略微改变导致功能、效果明显不同，则二者不构成等同特征。

案例

孔与缝形状的简单替换导致的等同侵权

甲消防器材公司拥有一项“轻型干粉灭火棒”的实用新型专利，该公司发现乙消防器材公司生产的一款产品侵犯了自己的专利权，于是请求当地知识产权局调查处理。

调查查明，甲消防器材公司的专利权利要求书中载明的技术特征为：由筒身、喷套、阀体、钢瓶、顶针、后盖塞组成，其特征在于筒身内有一个带圆孔的活塞。

乙消防器材公司生产的被控侵权产品的技术特征为：由筒身、喷套、阀体、钢瓶、顶针、后盖塞、活塞组成，其特征是筒身内的活塞上有一条缝隙。

区别点在于：被控侵权产品筒身内的活塞上有一条缝隙，专利权利要求书中记载的筒身内的活塞上有一个圆孔。争议焦点在于，这两者是否构成等同特征。

分析

被控侵权产品与涉案专利权利要求书中载明的产品结构，唯一不同之处在于：后者活塞上带有一个圆孔，前者活塞上有一条缝隙。

通过阅读专利说明书和演示被控侵权产品可知，这样设置的目的都是使高压气体通过孔、缝喷出进而冲击干粉。无论活塞中间钻个圆孔还是划开一条缝隙，其功能和产生的效果都是大致相同的，因此两种产品在原理、功能上都相同。同时，活塞上有一条缝隙的特征与活塞上带有孔的技术特征，属于以基本相同的手段，实现基本相同的功能，达到基本相同的效果，且对于本领域的普通技术人员来说，是无须经过创造性劳动就能够联想到的，因此二者构成等同特征。

部件位置移动的等同侵权

甲消防器材公司拥有一项"防火隔热卷帘耐火纤维复合帘面"的实用新型专利，该公司发现乙消防器材公司生产的一款产品侵犯了自己的专利权。于是请求当地知识产权局调查处理。

调查查明，甲消防器材公司的专利权利要求书中记载："防火隔热卷帘耐火纤维复合帘面"中所述的帘面由多层耐火纤维制品复合缝制而成，其特征在于：所述的帘面包括中间植有增强用耐高温的不锈钢钢丝或不锈钢钢丝绳的耐火纤维毯夹芯，由耐火纤维纱线织成的用于两面固定该夹芯的耐火纤维布，以及位于其中的金属铝箔层。

乙消防器材公司生产的被控侵权产品与专利方案特征比对，相同点包括：

1. 防火隔热卷帘多层耐火纤维复合帘面；
2. 帘面系由多层耐火纤维制品复合缝制而成；
3. 位于耐火纤维布中的金属铝箔层；
4. 耐火纤维纱线织成的用于两面固定该夹芯的耐火纤维布。

特征比对不同点为：

专利方案中，耐火纤维毯夹芯不锈钢钢丝绳位于耐火纤维毯中间。

被控侵权产品，耐火纤维毯夹芯不锈钢钢丝绳位于耐火纤维毯的一侧。

分析

被控侵权防火卷帘产品帘面的技术特征与专利权利要求书中记载帘面的技术特征的区别在于：被控侵权产品是将不锈钢钢丝绳放在耐火纤维毯的一侧，而专利权利要求书中记载的是将不锈钢钢丝绳放在纤维毯的夹芯中间。

纤维毯中加入不锈钢钢丝绳是为了起增强作用，其位置的改变不影响该技术效果的实现。因此，上述特征构成等同特征，被控侵权防火卷帘产品构成等同侵权。

案例

侵权产品将专利方案中两个技术特征合二为一依然构成侵权

某鞋业公司拥有一项“除臭吸汗鞋垫”的实用新型专利，其发现一个小作坊制作的鞋垫和自己的产品相同，于是提起侵权诉讼。

经法院审理查明，某鞋业公司的专利权利要求书中记载的除臭吸汗鞋垫的特征是：它是由两层防滑层于相对的内面各附设一单向渗透层组成，其间再叠置黏结吸汗层和除臭层，吸汗层与除臭层相邻。

根据说明书的记载，涉案专利是针对现有技术中的鞋垫在除臭时容易变潮湿导致除臭效果减弱等不足进行的改进设计，其吸汗层采用吸水树脂制成，除臭层采用活性炭铺设而成。

被控侵权产品鞋垫的结构为：表面是防滑层，防滑层下为干爽表面（单向渗透层），干爽表面下为吸汗除臭层，吸汗除臭层的材质为吸水树脂和活性炭。

经比对，二者的区别在于：被控侵权产品将吸汗层、除臭层合为吸汗除臭层，将活性炭与吸水树脂混合设置；而专利权利要求书中记载的是“吸汗层”与“除臭层”分别设置。

本案的争议点在于：被控侵权产品中的“吸汗除臭层”与专利权利要求书中的“吸汗层”和“除臭层”是否构成等同特征。

分析

判断二者是否构成等同特征，需要看两者的功能和效果是否基本相同，以及这种合并对本领域普通技术人员来说是否易于联想到。

首先，吸水树脂与活性炭混合后不会发生化学反应，没有增加新的功能效果，都是吸收汗液及除去臭味。不管是分别设置还是混合设置，其吸汗和除臭效果基本相同。

其次，这种改变是本领域普通技术人员可以轻易想到的，因此吸汗除臭层与专利权利要求书中记载的除臭层和吸汗层构成等同特征。

数值变化产生更好技术效果不属于等同特征

甲公司拥有一项“玻璃钢夹砂顶管”的专利，发现乙公司生产的产品与自己的专利产品相同，遂提起侵权诉讼。

经法院审理查明，专利权利要求书中记载：它由……组成，管头和管尾管径一致。乙公司生产的被控侵权产品的技术特征为：管内径一致，管外径不一致，插口的管外径小于承口的管外径，有锥度。

本案的争议点在于：上述技术特征是否构成等同特征。

分析

被控侵权产品插口、承口的管内径虽然一致，但是二者的管外径不一致。被控侵权产品插口管外径呈不规则台阶状，能够在管外径与钢套环之间形成供减阻砂浆通过的环形空间，使得从注浆孔中注入的减阻砂浆可以经由该环形空间均匀分布在管道周围，形成润滑套，实现减少管道外壁与土壤间的摩擦阻力、提高管道顶进效率的效果。因此最高人民法院认为：技术手段虽然容易想到，但二者实现的功能和效果不同，不构成等同。

由此可见，在判断技术特征是否构成等同时，不仅要考虑被控侵权技术方案的技术特征是否为本领域技术人员易于联想到的，还要考虑是否符合“三基本”的要求。只有同时具备以上两个条件，才能够认定二者构成等同特征。

5. 等同认定原则的限制

等同认定原则实质上将专利权的保护范围扩大到了权利要求字面限定的范围之外，对专利权人而言比较有利，但却在一定程度上减弱了权利要求的公示作用，对公众不利。为了平衡专利权人和社会公众的利益，体现等同原则的制度价值，必须对等同认定原则的适用加以适当的限制。

（1）等同认定原则限制之一：禁止反悔原则

禁止反悔原则是诚实信用原则在专利侵权认定程序中的具体体现。该原则要求在专利申请审批程序、专利权无效宣告程序以及侵权判断程序中，权利人对权利要求书中记载的技术特征的解释应当前后一致。不能在专利授权或确权程序中，为了成功获得授权或维持专利有效，对权利要求进行较窄的解释，而在专利侵权认定程序中又对权利要求进行较宽的解释。如果允许专利权人反悔，将会使其两头获利，损害社会公众的利益。

《最高人民法院关于审理侵犯专利权纠纷案件应用法律若干问题的解释》（法释〔2009〕21 号）第六条规定："专利申请人、专利权人在专利授权或者无效宣告程序中，通过对权利要求、说明书的修改或者意见陈述而放弃的技术方案，权利人在侵犯专利权纠纷案件中又将其纳入专利权保护范围的，人民法院不予支持。"

①放弃体现为修改或意见陈述。我国发明和实用新型专利授权要求技术方案具备"三性"，即新颖性、创造性和实用性。还要求申请文件符合要求：如专利说明书应当对技术方案作出清楚、充分、完整的说明，使本领域普通技术人员阅读说明书后通过借助现有工具、技术能够再现出专利产品或成功实施专利的方法；权利要求书应当以说明书为依据，清楚、简明地限定权利要求保护的发明创造；说明书中没有的技术方案，权利要求书里不可以出现。在专利授权、确权程序中，如果不符合上述要求，专利申请人或专利权人为了满足授权条件可以进行修改或意见陈述。

②技术方案的放弃应是明示的。修改、意见陈述可以是为了使发明更具新颖性、创造性，也可以是为了使说明书表述更加充分、清楚。无论修改是专利申请人自行提交的主动修改，还是应审查员要求而被动修改，只要对权利要求的范围作出限缩，且被审查员接纳并记录在专利审查文档中，即产生放弃的法律效果，均可以适用禁止反悔原则。

③管理专利工作的部门可主动适用禁止反悔原则。禁止反悔原则不是专为被控侵权人的抗辩而设置的，它是对等同原则的限制，目的在于平衡专利权人与社会公众之间的利益。管理专利工作的部门在认定是否构成等同侵权时，根据业已查明的事实，可以通过适用禁止反悔原则对权利人主张的专利权范围予以限制，以合理确定涉案专利权的保护范围，即使被控侵权人没有主张适用禁止反悔原则。

案例

通过修改权利要求书放弃的实施例不再受保护

A 医药公司享有一项"防治钙质缺损的药物"的发明专利。2018 年 A 医药公司发现同行B医药公司生产销售的“葡萄糖酸钙锌口服溶液”涉嫌侵犯自己的专利权，于是提请当地知识产权局调查处理。

经组织双方举证质证，查明如下事实：

专利权利要求书中记载：其特征在于它是由下述重量配比的原料制成的药剂，活性钙4~8份、葡萄糖酸锌0.1~0.4份、谷氨酰胺或谷氨酸0.8~1.2份。涉案专利原始申请文件中，其独立权利要求中与“活性钙”相对应的技术特征为“可溶性钙剂”。

说明书中记载，可溶性钙剂包括葡萄糖酸钙、氯化钙、乳酸钙、碳酸钙或活性钙。国家知识产权局在审查意见通知书中指出，该权利要求书中使用的上位概念“可溶性钙剂”包括各种可溶性的含钙物质，概括了一个较宽的保护范围；而A医药公司仅对其中的“葡萄糖酸钙”和“活性钙”提供了配制药物的实施例，对于其他的可溶性钙剂没有提供配方和效果实施例，本领域技术人员难以预见其他的可溶性钙剂按发明进行配方也能在人体中发挥相同的作用，因此，权利要求得不到说明书实质的支持，不符合《专利法》第二十六条第四款的规定。申请人根据上述审查意见，对权利要求书进行了修改，将“可溶性钙剂”修改为“活性钙”。

被控侵权产品为一种葡萄糖酸钙锌口服溶液，其含有葡萄糖酸钙。

本案争议焦点在于：被控侵权产品的“葡萄糖酸钙”与权利要求书中记载的“活性钙”是否构成等同特征。

分析

在本案中，虽然A医药公司在授权程序中提供了“葡萄糖酸钙”和“活性钙”配制药物的实施例，但其应审查人员要求对权利要求书作出修改时，将“可溶性钙”修改为“活性钙”，把“葡萄糖酸钙”的方案也放弃了。虽然“葡萄糖酸钙”与“活性钙”同属于可溶性钙剂，属于等同特征，但根据禁止反悔原则，A医药公司已经明确放弃“葡萄糖酸钙”技术特征的技术方案。无论是出于失误放弃还是有意放弃，都不可以再要求保护，因此二者不构成等同特征。

案例

意见陈述中限缩权利要求保护范围的不得在侵权认定中将其恢复

2015年甲公司获得一项“汽车地桩锁”的实用新型专利。专利权利要求书中记载：其特征在于它由底座、芯轴、活动桩和锁具构成，所述底座固定在地面上，所述活动桩通过芯轴与底座相连，活动桩设有供锁具插入的孔。

2016年，该专利曾被以不具有创造性为由提起过无效宣告请求，在该专利的确权程序中，针对无效宣告请求人提出的有关创造性的无效理由，专利权人在其答辩意见中称：活动桩设有供锁具插入的孔。该描述的含义是，锁具不是永久固定在孔中，而是根据使用状态呈现两种连接关系，即锁定时位于活动桩的孔中，打开时从孔中取出，与活动桩的孔分离。

根据专利权人的陈述，原专利复审委员会于2017年年底作出了维持专利权有效的决定。在无效宣告请求审查决定中，原专利复审委员会认定：在锁闭地桩锁时，权利要求书中记载的活动桩上所设的孔可供锁具整体地插入以达到锁闭地桩锁的目的；开启地桩锁时，可将锁具全部取出，活动桩上也无须设附加的固定装置来固定锁具，因而该专利相对于现有技术而言具有实质性特点和进步，具有创造性。

2018年，甲公司发现同行乙公司制造售出的汽车地桩锁和自己的专利产品相同，遂提请当地知识产权局进行调查处理。

经比对，除有一个技术特征不同外，被控侵权产品的其他技术特征与专利权利要求相同。该不同的技术特征为：被控侵权产品的锁具永久固定在底座上，专利方案是打开锁时锁具与底座分离。

分析

本案中，专利权人在专利确权程序中，为应对无效请求人提出的涉案专利不具创造性主张，在意见陈述中明确解释了其专利中“活动桩设有供锁具插入的孔”这一技术特征的含义，对权利要求的保护范围进行了实质性的限缩，原专利复审委员会认可了这一解释，并最终作出维持专利权有效的决定。根据禁止反悔原则，所述技术特征与被控侵权产品“锁具固定在底座上”的技术特征不构成等同特征。

（2）等同认定原则限制之二：捐献原则的适用

在专利侵权判定中，如果被控侵权产品的技术方案在涉案专利的说明书中公开了，但没有载入权利要求书里，则认为专利权人已将该技术方案捐献给了社会公众，不应再通过主张构成等同原则来获得保护。

《最高人民法院关于审理侵犯专利权纠纷案件应用法律若干问题的解释》（法释〔2009〕12号）第五条规定：“对于仅在说明书或者附图中描述而在权利要求中未记载的技术方案，权利人在侵犯专利权纠纷案件中将其纳入专利权保护范围的，人民法院不予支持。”

当权利要求中使用的是下位概念，即权利要求中对某个技术特征的描述使用的是下位概念，与之并存的有多个类似技术方案，但权利要求中没有一一列出，仅在说明书里披露了。此时是否适用捐献原则，有以下两种情形：

一是说明书中对某个技术特征有具体明确的描述，并且与权利要求中的技术方案形成明显的替代方案，才可适用捐献原则。二是不能以说明书中披露了上位概念为由，推定对所有的包括权利要求中的下位概念也要适用捐献原则。

描述是否具体明确由本领域普通技术人员作出判断。相关主题是否在说明书中有清楚、具体的描述，需要由本领域普通技术人员在阅读整个说明书后作出判断。应当注意，在专利侵权判定中，常常要参考说明书记载的内容解释权利要求的保护范围。如果权利要求书中记载的特征 A 只能解释成说明书中记载的特征 B，而被控侵权产品使用的恰好是特征 B 时，不能适用捐献原则以特征 B 在权利要求书中没有文字记载为由，认定不构成侵权。

仅在说明书中出现的替代方案，不予保护

甲公司享有一项“离心式开沟机”的实用新型专利。专利权利要求书中记载：其特征在于机体的中心部位有一开沟机轴，机轴上带有一切土刀架，刀架的断面呈“十”字形，即圆周四等分设计。说明书中记载：刀架的断面呈“十”字形，即圆周四等分设计，也可以是六等分、八等分设计。

乙公司生产的被控侵权产品的技术特征为：一种农用葡萄培土机，除刀架为六等分外，其他技术特征与专利权利要求书中记载的相同。

本案的争议焦点在于：被控侵权产品采用六等分设计的刀架是否构成等同侵权。

分析

在本案中，权利要求书中记载的刀架的断面使用的是“四等分设计”的技术方案，涉案专利说明书中出现了四等分方案的替代方案，且描述具体明确：刀架的断面可以是圆周四等分设计，也可以是六等分或八等分设计。这意味着专利权人将六等分、八等分的技术方案捐献给了社会公众。因此被控侵权产品不能被认定构成等同侵权。

案例

说明书使用的是上位概念，是否意味着全部贡献给公众

若上述甲公司的“离心式开沟机”的实用新型专利要求书中记载：其特征在于机体的中心部位有一开沟机轴，机轴上带有一切土刀架，刀架的断面呈“十”字形，即圆周四等分设计。说明书中记载：刀架的圆周是等分设计。

丙公司生产的被控侵权产品的技术特征为：一种农用葡萄培土机，除刀架为四等分外，其他技术特征与专利权利要求书中记载的相同。

本案的争议焦点在于：被公开贡献的技术方案是否包括“四等分方案”？

分析

本案的说明书使用的“等分设计”是“四等分设计”的上位概念，但不能对所有的下位概念都适用捐献原则。四等分依然是受保护的技术方案。因此，本案构成全面覆盖的侵权。

案例

说明书里的实施方案未必都给予保护

甲公司享有一项“制造印刷电路板”的方法专利，发现同行乙公司的产品涉嫌侵权，取证之后提请当地知识产权局调查处理。

执法人员阅读权利要求书、说明书后确定保护范围，并对被控侵权产品划定技术特征进行比对，结果如下：

专利权利要求书中记载：……将铜箔黏附在铝质硬基片上。说明书中记载：在现有技术中，在制造印刷电路板的成层工艺中，铜箔是手工处理的，容易遭到损坏。涉案专利将铜箔黏附在硬基片上，能够避免手工处理过程中可能出现的损坏……虽然铝是硬基片的优选材料，但也可以使用诸如不锈钢、镍合金等其他材料，有时也可以使用聚丙烯。

被控侵权产品的技术特征为：硬基片使用的是不锈钢。

本案争议的焦点在于：不锈钢硬基片与铝质硬基片是否构成等同特征?

分析

本案中，专利权利要求书中的硬基片是铝材质的，但说明书里显示别的材料如不锈钢、镍合金、聚丙烯也可以做硬基片。但由于在权利要求书里没有记载，在确定保

护范围时不能从说明书里将其补充进来，应视为专利权人自愿将该技术方案捐献给了社会公众。这种情况下，专利权人依等同侵权要求将其纳入专利权保护范围的主张不能成立。

二、外观设计专利侵权判定的原则

《最高人民法院关于审理侵犯专利权纠纷案件应用法律若干问题的解释》（法释〔2009〕21号）第八条规定："在与外观设计专利产品相同或者相近种类产品上，采用与授权外观设计相同或者近似的外观设计的，人民法院应当认定被诉侵权设计落入专利法第五十九条第二款规定的外观设计专利权的保护范围。"

外观设计专利侵权判定，是判断被控侵权产品是否落入外观设计专利权保护范围的过程，应从该类产品一般消费者的视角进行判断。

首先，判断被控侵权产品与外观设计专利产品是否属于相同或者相近种类的产品。

其次，确定涉案专利权的保护范围及被控侵权产品的外观设计，必要时通过对设计空间的分析，确定对外观设计整体视觉效果更具有影响的设计内容，通过整体观察、综合判断，判断二者形态（形状、图案、色彩）是否构成相同或者近似。如果二者属于相同或相近种类的产品，并且在形态（形状、图案、色彩）上构成相同或近似，则二者属于相同或近似的外观设计，被控侵权产品落入专利权的保护范围，侵权成立。

（一）外观设计专利侵权判断的主体

《最高人民法院关于审理侵犯专利权纠纷案件应用法律若干问题的解释》（法释〔2009〕21号）第十条规定："人民法院应当以外观设计专利产品的一般消费者的知识水平和认知能力，判断外观设计是否相同或者近似。"

这里的"一般消费者"，是一个法律上假定的"人"，他不具有创新设计能力，对涉案专利申请日之前相同或相近种类的产品及其外观设计具有常识性的了解；对外观设计产品在形状、图案以及色彩上的区别具有一定的分辨力，但对微小细致的变化感受不到；对相同或近似种类产品的现有设计有所了解；他的视觉观察感知能力既不过于强大也不过于迟钝。

因此，不同种类产品具有不同的一般消费者。例如，电子产品，一个一直在偏远山区生活的老人，耳聪目明，聪慧机敏，在当地颇受爱戴尊重，但他没有见过电子产品，他的生活中也没有电视、报刊、网络等媒介，因此也无从获知电子产品是什么样子。我们在判断一个电子产品的外观是否侵权时，就不能以类似这位老人一样的群体为一般消费者。

（二）外观设计专利侵权判断的客体

在外观设计专利侵权判定中，应将授权公告文件显示的涉案专利外观设计与被控侵权产品进行比对，而不是将涉案专利产品与被控侵权产品直接进行比对，也不是涉案授权公告文件显示的涉案专利外观设计方案与被控侵权产品设计图进行比对。

但在双方当事人确认涉案专利产品与涉案专利一致时，可以将涉案专利产品作为参考。

案例

儿童手推车

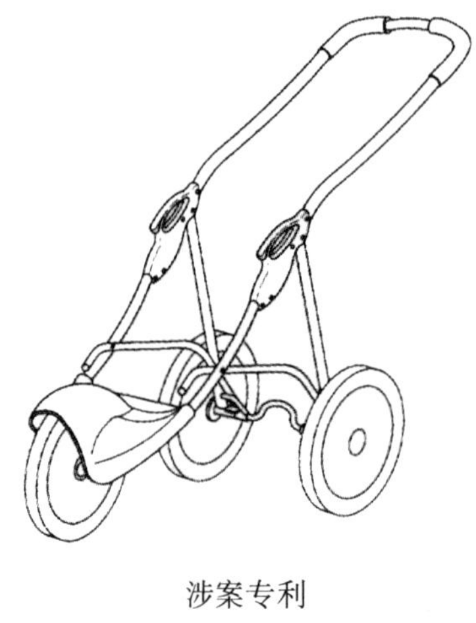

涉案专利

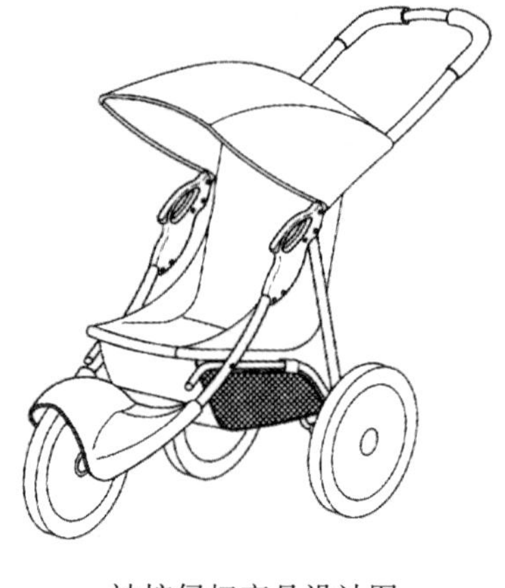

被控侵权产品设计图

分析

涉案专利为儿童手推车的车架外观设计，被控侵权产品为儿童手推车。在进行相同或近似比对的过程中，应当将被控侵权产品中的相应部分——车架与涉案专利进行比对，而不是将专利车架与手推车整体进行比对。

根据涉案专利要求保护的设计要素（形状、图案、色彩），确定被控侵权产品的相应要素。涉案专利仅是涉及形状的外观设计，无图案、色彩变化的保护要求，被控侵权产品虽然具有图案和色彩，但在进行相同或近似比对时，应当将形状比对作为重点，不能仅将这两个设计图案进行比对，在设计要点比对的基础上关注整体视觉效果。

案例

剪刀

A 公司是世界知名的办公用品制造商。2004 年 2 月 6 日，该公司向国家知识产权局申请了名为“剪刀”的外观设计专利，并于 2004 年 9 月 1 日获得授权。

2010 年，因阳江市 B 贸易公司以及 C 刀剪公司生产、销售与 A 公司拥有的上述外观设计专利相似的产品，A 公司遂将两家公司一起诉至广州市中级人民法院。

二者的共同点包括手柄、刀片以及设置于剪刀中部的铆钉三个主要部分：手柄、刀片的形状基本相同，手柄包括内、外两个明暗不同的同心圆环，并且在手柄中部设置有水滴状通孔。

二者的不同点在于：被诉侵权产品的铆钉为分别设置于剪刀两侧的两个圆台状凸起，体积明显较大，其中心线上设置有波浪状条纹；涉案专利的铆钉为金属铆钉，体积明显较小，且仅在一侧中部设置有直线槽，被诉侵权产品有彩色图案。

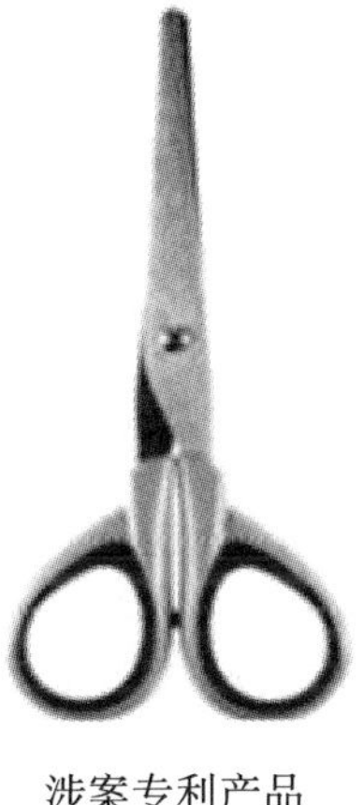

涉案专利产品

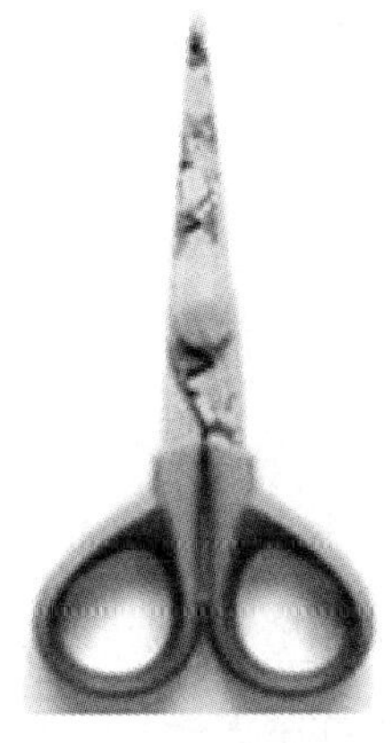

被诉侵权产品

分析

如果在产品上使用与他人外观设计专利相同或者近似的外观设计之外，还附加有其他图案、色彩设计要素，对于其侵权行为的判断一般不具有实质性影响，最终应认定侵权成立。

(三) 相同或相近种类产品

根据《最高人民法院关于审理侵犯专利权纠纷案件应用法律若干问题的解释》(法释〔2009〕21 号) 第八条的规定，在与外观设计专利产品相同或相近种类产品上，采用与授权外观设计相同或近似的外观设计的，人民法院应当认定侵权成立。因此，判断被控侵权产品是否与涉案专利构成相同或近似，首先要判断相关产品在种类上是否相同或者相近。本解释第九条规定，人民法院应当根据外观设计产品的用途，认定产品种类是否相同或者相近。确定产品的用途，主要根据外观设计简要说明中记载的产品名称、用途、图片或照片，还可以参考外观设计的简要说明、国际外观设计分类表、产品的功能以及产品销售、实际使用的情况等因素。国际外观设计分类表可以作为确定产品种类的参考。因此，产品是否相同或相近的判断依据是产品的用途。当产品的种类既不相同也不相近时，即使被控侵权产品的形态（形状、图案、色彩）与专利相同或近似，也不能认定被控侵权产品落入专利权的保护范围。

1. 相同种类的产品

相同种类的产品是指用途完全相同的产品。例如，机械表和电子表，虽然二者的内部结构、计时的原理不同，但是二者均是指戴在手腕上、用以计时或显示时间的仪器，用途相同，属于相同种类的产品。再如，近视镜和老花镜，虽然二者用途有差别，但都是矫正视力的产品，销售途径也完全相同，属于相同种类的产品。

2. 相近种类的产品

相近种类的产品是指用途相近的产品。当两种产品分别具有多种用途时，如果其中部分用途相同，即使还有其他不同的用途，二者也属于相近种类的产品。

例如，燃油汽车和电动汽车，虽然两者所用能源不同，前者用汽油、后者用电，但功能用途完全相同，都是代步工具，能使人类的位移既快速、安全又舒适。再如，空气净化器与空调扇，空气净化器的用途是通过使室内外空气交换而除去室内的污浊空气、调节温度和湿度等。空调扇的用途是送风、制冷和净化空气、加湿等。二者在送风、净化空气方面的用途相同，属于相近种类的产品。又如，手表与运动手环，手表与运动手环都具有计时的用途，虽然后者除计时之外还兼运动记录、心肺测量等功效，但就计时而言，二者的用途是相同的，属于相近种类的产品。

（四）外观设计相同或者近似

《最高人民法院〈关于审理侵犯专利权纠纷案件应用法律若干问题的解释〉》第十一条第一款规定，人民法院认定外观设计是否相同或者近似时，应当根据授权外观设计、被诉侵权设计的设计特征，以外观设计的整体视觉效果进行综合判断；对于主要由技术功能决定的设计特征以及对整体视觉效果不产生影响的产品的材料、内部结构等特征，应当不予考虑。

判断外观设计是否相同或近似，应当以一个普通消费者的认知能力为基础，对涉案专利与被控侵权产品的相关设计内容进行不借助仪器的肉眼直接观察，将被控侵权产品与涉案某一项具体专利单独比对，而不是与多项近似外观专利一起比对。通过整体观察、综合判断将涉案专利的全部设计要素与被控侵权产品的相应设计要素进行比对，根据涉案产品种类的外观设计空间，综合分析各设计要素对外观设计整体视觉效果的影响。

如果普通消费者会将被控侵权产品的外观误认为是涉案专利的外观设计，则被控侵权产品落入外观设计专利权的保护范围。

1. 外观设计侵权不以会导致消费者误购为要件

如果普通消费者不会将被控侵权产品误认为涉案专利产品，并不意味着没有落入外观设计专利权的保护范围，外观设计的侵权不以消费者的误认误购为要件。这一点有别于对商标近似的判断。

2. 变化状态产品

《最高人民法院关于审理侵犯专利权纠纷案件应用法律若干问题的解释（二）》（法释〔2016〕1号）第十七条规定："对于变化状态产品的外观设计专利，被诉侵权设计与变化状态图所示各种使用状态下的外观设计均相同或者近似的，人民法院应当认定被诉侵权设计落入专利权的保护范围；被诉侵权设计缺少其一种使用状态下的外观设计或者与之不相同也不近似的，人民法院应当认定被诉侵权设计未落入专利权的保护范围。"

因此，处于变化状态的产品，在比对判断中，应将被控侵权产品的变化状态与涉案专利的各相应状态进行比对。例如，折叠桌椅，应当分别对打开时的状态与折叠起来的状态进行比对。不应只比对其中一种状态，也不应当仅凭二者变化状态的数量不同而得出不相同或不近似的结论。如果涉案专利不是变化状态的产品，而被控侵权产品是变化状态的产品，应当将被控侵权产品与涉案专利产品相对应的状态作为比较对象。

3. 成套产品

对于成套产品的外观设计专利，被诉侵权设计与其一项外观设计相同或者近似的，应当认定被诉侵权设计落入专利权的保护范围。

对于组装关系唯一的组件产品的外观设计专利，被诉侵权设计与其组合状态下的外观设计相同或者近似的，应当认定被诉侵权设计落入专利权的保护范围。

对于各构件之间无组装关系或者组装关系不唯一的组件产品的外观设计专利，被诉侵权设计与其全部单个构件的外观设计均相同或者近似的，应当认定被诉侵权设计落入专利权的保护范围；被诉侵权设计缺少其单个构件的外观设计或者与之不相同也不近似的，应当认定被诉侵权设计未落入专利权的保护范围。

（五）外观设计专利的侵权抗辩

外观设计专利的侵权抗辩包括现有设计抗辩、临时过境抗辩、先用权人使用抗辩、权利用尽抗辩、非生产经营目的抗辩，仅有使用行为的抗辩，但科研目的和为提供行政审批目的的抗辩无法适用外观设计。

第八节　专利侵权的抗辩

一、不侵权抗辩

在符合专利侵权构成要件的情况下，被控侵权产品落入了专利权的保护范围时，被请求人可以从以下几个方面提出不侵权抗辩：现有技术、现有设计抗辩，不视为侵犯专利权的抗辩，默示许可的抗辩。

（一）现有技术、现有设计抗辩

《最高人民法院关于审理侵犯专利权纠纷案件应用法律若干问题的解释》（法释〔2009〕21号）第十四条第一款规定："被诉落入专利权保护范围的全部技术特征，与一项现有技术方案中的相应技术特征相同或者无实质性差异的，人民法院应当认定被诉侵权人实施的技术属于专利法第六十七条规定的现有技术。"

现有技术，是指专利权人提交专利申请日之前，该技术方案在国内外已为公众所知。现有设计，是指申请日之前，在国内外为公众所知的设计。

《专利法》第六十七条规定，在专利侵权纠纷中，被控侵权人有证据证明其实施的技术或者设计属于现有技术或者现有设计的，不构成侵犯专利权。

该规定的目的在于保障社会公众能够自由利用现有技术，对使用现有技术的公众提供免受侵权纠纷的救济，从而保障现有技术自由、便利、广泛地传播和使用。

现有技术抗辩是被控侵权人针对停止侵权、损害赔偿等专利请求权行使的一种抗辩权，不能否定专利权的效力。其效力在于阻止请求权的行使，一般只有在被控侵权技术方案落入了专利权的保护范围时才适用。若没有落入专利权的保护范围，侵权一定不会成立，也不需要利用现有技术进行抗辩。

现有技术抗辩必须以被控侵权人提出抗辩主张为前提，管理专利工作的部门不能依职权主动适用。

1. 现有技术的认定

《专利法》所称现有技术，是指专利权人提交专利申请日之前在国内外为公众所知的技术。

（1）时间界点。以专利权人提交专利申请日为分界线，申请日之前已为公众所知的技术属于现有技术；申请日之后，包括申请日当天公开的技术都不属于现有技术。

（2）地域标准。2009 年 10 月 1 日之后，我国的专利授权采用绝对新颖性标准，即授权的专利方案应当在申请日前在国内外（世界范围内）都不为公众所知。相应的，如果一项技术在申请日之前在世界上任何一个国家或地区被公开，都构成现有技术，即使在中国没有，但在其他国家已公开，同样构成现有技术。

需要注意的是，2008 年《专利法》修改前，我国《专利法》对专利授权采用相对新颖性标准。2009 年 10 月 1 日之前我国《专利法》规定的“现有技术”是指专利申请日之前在国内外出版物上公开发表、在国内公开使用或以其他方式为公众所知的技术，即在国内的公开不限方式，在国外的公开限于出版物方式，在国外以出版物以外的其他方式被公开了，不破坏技术方案的新颖性。

因此，若涉案专利的申请日在 2009 年 10 月 1 日之前，则被控侵权人可以援引进行抗辩的现有技术应当是在申请日之前在国内外出版物上公开发表、在国内公开使用或者以其他方式为公众所知的技术。也就是说，如果该技术申请日之前仅在国外公开，公开方式又不是出版物方式的，不属于现有技术。

（3）公开方式。现有技术或者现有设计的公开方式包括出版公开、使用公开和其他方式公开。

①出版公开是现有技术的一种最常见的公开方式。专利法意义上的出版公开，不限于通过正规的有书号的出版物公开，它包括各种印刷的纸件，如教科书、科技书籍、科技杂志、报纸、学术专著、专利文献、技术手册、正式公布的会议记录、论文集或者技术报告、产品样本、产品目录、广告宣传册等；也可以是用电、光、磁、照相等方法制成的视听资料，如缩微胶片、影片、照相底片、录像带、磁带、唱片、光盘等；还可以是以其他形式存在的资料，如存在于互联网或其他在线数据库中的资料等。出

版物不受地理位置、语言或者获得方式的限制，也不受年代的限制。出版物的发行量多少、是否有人阅读过、申请人是否知道都无关紧要。印有“内部资料”“内部发行”等字样的出版物，如确系在特定范围内发行并要求保密的，则不属于公开出版物。当被控侵权人以出版公开进行现有技术抗辩时，要注意核查出版物公开的时间是否在专利申请日之前。出版物的公开日推定为印刷日，有其他证据证明其实际公开日的除外。印刷日期只写明年月的，以所写月份的最后一日为公开日；印刷日期只写明年份的，以所写年份的12月31日为公开日。

使用方式公开的现有技术是指如果与涉案专利相同的技术方案在专利申请日之前已经被公开使用的，被控侵权人也可以进行现有技术抗辩。

现有技术或者现有设计其他的公开方式主要指口头公开，例如口头交谈、专题报告、会议发言、广播、电视、综艺节目等能够使公众得知技术内容的方式。口头交谈、专题报告、会议发言等，以其发生之日为公开日；通过广播、电视等公众可以接收的报道以其播放日为公开日。

案例

国外专利文献公开的现有技术抗辩

甲公司有一项称为“旋转式吸管瓶盖”的实用新型专利，申请日为1998年3月3日，授权公告日为1999年3月25日。该专利的权利要求书中记载：“一种旋转式吸管瓶盖”主要由瓶、封口膜、瓶盖接头、吸管、护盖组成，其特征在于瓶口上粘贴有封口膜，瓶口上通过螺纹旋拧有瓶盖接头，瓶盖接头上通过螺纹旋拧有吸管，吸管上套插有护盖；吸管的内管上设有锥刺，吸管的外管内设有螺纹，吸管的外管外设有主拨头，护盖内设有主拨头。

被控侵权产品为某品牌AD钙奶所使用的瓶盖。在侵权纠纷处理中，被控侵权人认为，其销售的AD钙奶所使用的瓶盖系现有技术，并提交了专利公布文本。经核实，所述专利文献的公开日为1994年1月27日。该专利文献的说明书记载：利用封闭装置也已经为人所知，将瓶盖（固定）部分旋紧在瓶口上。在使用时，把帽用螺纹向内旋拧使得设置在盖内部的尖端刺破膜，此时，产品通过预置的导管取出，所述导管穿过盖罩伸进去，而不把它取出和与瓶子分开。该专利文献公开的技术方案与被控侵权AD钙奶瓶盖采用的技术方案相同。可见，被控侵权瓶盖所采用的技术属于现有技术，故不构成对涉案专利技术的侵犯。

分析

在本案中，用于现有技术抗辩的专利公开日为1994年1月27日，早于涉案专利的申请日1998年3月3日，其中公开的瓶盖结构也与被控侵权的AD钙奶瓶盖技术特征相同，构成涉案专利的现有技术。因此，现有技术抗辩成立。

案例

书籍没有记载出版时间，前言时间不能视为公开日

某专利侵权纠纷案中，涉案专利申请日为2014年6月30日。被请求人提交了《2013进口设备汇编》一书作为现有技术抗辩的证据。该书没有记载出版时间和印刷时间，前言部分的落款时间为2014年4月22日，被请求人主张以此为公开日。

分析

前言落款时间仅表明编辑完成书稿的时间，并不排除该书在编辑完成后较长时间才印刷出版的可能。所以，在没有其他证据予以佐证的情况下，并不能确定该书印刷的时间和出版的时间，也不能推断出其公开时间在涉案专利申请日之前。因此不能认定该书所载内容构成涉案专利的现有技术。

案例

企业备案的标准不属于出版公开

某专利侵权纠纷案中，被请求人提交了请求人济南某食品有限公司在济南市质量技术监督局备案的食品企业标准，用以证明其为现有技术。

分析

首先，企业标准是企业组织生产、经营活动的依据，目的在于对企业内生产和质量的控制，其效力仅及于企业本身。其次，企业标准所规范的内容往往与企业掌握的核心技术有关，还可能涉及技术秘密，因此，通常情况下不对外公开。备案后发布的通常是企业产品标准目录，而不是标准的具体内容，公众也不能从备案机关获得该标准的文本。本案中并无证据证明在涉案专利申请日之前该企业标准已经公开，因此该证据不能作为现有技术证据使用。

②使用公开的现有技术抗辩。对出版公开的现有技术或设计判断相对比较简单，只需要把出版公开的技术方案或设计与被控侵权产品的方案或设计比对就可以了。使用公开现有技术或设计则不同，由于使用过程中技术方案可能存在变化，因此，对使用公开现有技术或设计的审查有更多要注意的事项。要注意考查申请日之前有无公开使用的事实；如果当时的产品实物证据已无法找到，只有书证的话，还要判断当时公开实施的方案与被控侵权方案是否相同或等同。

案例

销售单、出库单产品型号相互印证，可以认定属于使用公开

某专利侵权纠纷案中，甲公司拥有一项“M-100CC 产品”的专利技术，专利申请日为 2005 年 2 月 4 日，被控侵权人乙公司以使用公开为由进行现有技术抗辩，提供证据如下：王某 2002 年 6 月从丙公司领取样机的审批表，其中 2002 年 6 月 19 日的《销售样机审批表》表明丙公司销售的是 M-100CC 的样机；丙公司同日的《出库单》载明其销售了 M-100CC 产品 1 套。

分析

以上证据表明，丙公司在 2002 年 6 月 19 日已制造并公开销售 M-100CC 产品。证人王某对其在以上《销售样机审批表》和《出库单》中签名的真实性均予以确认。当地知识产权局可以根据对账单、销售样机审批表、出库单、收款收据、产品型号、证人证言等认定乙公司生产的产品在涉案专利申请日之前已经公开销售。当地知识产权局在对上述证据构成的证据链进行确认后，认定现有技术抗辩成立。

2. 不属于现有技术的类型

（1）在先申请在后公开的申请方案（抵触申请）。抵触申请，是指专利权人在申请日之前向国务院专利行政部门提出申请，并在申请日以后公布或者公告的与涉案专利内容相同的专利申请。由于该专利或专利申请在涉案专利申请日时尚未公开，不构成涉案专利的现有技术，因此，在专利侵权纠纷处理中，不得援引现有技术进行抗辩。

（2）享受新颖性宽限期的技术。根据《专利法》第二十四条的规定，申请专利的发明创造在申请日以前 6 个月内，有下列四种情况之一的，不丧失新颖性：在国家出现紧急状态或者非常情况时，为公共利益目的首次公开的；在中国政府主办或者承认

的国际展览会上首次展出的；在规定的学术会议或者技术会议上首次发表的；他人未经申请人同意而泄露其内容的。对于享受新颖性宽限期的技术，虽然在涉案专利申请日之前已为公众得知，但不影响专利申请的新颖性。在专利侵权纠纷处理中，也不能以这样的公开为由主张现有技术抗辩。但是如果在首次展出或首次发表至专利申请日前6个月内，有人包括发明人或者申请人本人以不同于上述四种情况的方式再次展出或者发表与专利同样的发明创造的，则该再次展出或发表的技术构成现有技术。

（3）保密技术。在涉案专利申请日之前就已经存在的保密技术不能适用于现有技术抗辩。所谓保密技术，是处于保密状态没有公开的技术内容。但如果负有保密义务的人违反规定或约定导致技术内容公开了，这些技术也构成现有技术。

3. 现有技术、现有设计抗辩的适用

适用现有技术抗辩时，存在涉案专利权利要求、被控侵权技术方案、援引用于抗辩的现有技术三项技术。

适用现有技术抗辩时，首先应当将被控侵权技术方案与涉案专利权利要求进行对比，如果确定没有落入涉案专利权的保护范围，则不再审查现有技术抗辩是否成立的问题，直接认定不侵权。如果落入了涉案专利权的保护范围，构成侵权的情况下，才需要审查现有技术抗辩是否成立。当对是否落入涉案专利权的保护范围存在争议时，被控侵权技术方案与现有技术可以认定相同或实质相同时，对是否侵权可以不得出结论，直接认定现有技术抗辩成立。

（二）不视为侵犯专利权的抗辩

不视为侵犯专利权的抗辩制度，也被称为专利领域的合理使用制度。为防止专利权人滥用专利权，几乎所有实行专利制度的国家都对专利权的行使作出了限制。我国《专利法》第七十五条规定了五种不视为侵犯专利权的情形，目的是平衡专利权人和相关主体的利益。符合这五种情形之一的，可以直接实施他人专利技术，既不需获得许可，也无须向专利权人支付任何费用。

1. 专利权利用尽的抗辩

《专利法》第七十五条第（一）项规定：专利产品或者依照专利方法直接获得的产品，由专利权人或者经其许可的单位、个人售出后，使用、许诺销售、销售、进口该产品的，不视为侵权。该条规定是专利权利用尽原则的含义。

专利权利用尽原则，也被称为专利权穷竭原则、首次销售原则。专利权利用尽原则是知识产权中的一项普适原则，该制度产生的原因在于：首先，专利权人通过自己制造并予以销售或者通过许可他人制造专利产品收取许可费，在此过程中收益已经实现，不应当就同一产品重复获利。其次，专利产品被合法制造并售出之后，如果权利人还可以对该产品行使权利，则不利于专利产品的流通和利用，而且在实践中要对已经售出的专利产品再行控制也是很难实现的。

（1）专利权利用尽的构成要件

专利权利用尽的前提是该产品入市合法。负载有专利技术方案的产品，只有专利权人或者其许可人制造并售出方存在权利用尽。非法出售的产品，如其他人未经许可生产的专利侵权产品，或者从专利权人及其被许可人处盗窃的专利产品，即便第三人通过正常途径购买获得，也不适用权利用尽抗辩。

案例

未经许可，销售权利人生产并售出的专利产品，不视为侵权

甲公司于2015年12月提出一项“防电磁辐射眼镜”的实用新型专利申请，2016年4月该专利被公告授权，2016年7月甲公司发现有人在某电子商务平台销售该产品，于是通过网上投诉通道提起专利侵权投诉，要求将该商品下架。卖家接到电子商务平台转来的通知之后，提交了显示为甲公司自己生产的产品的生产信息，于是电子商务平台拒绝了甲公司的请求。

分析

本案中由于卖家所售产品是权利人自己生产出来的，根据专利权利用尽原则，权利人自己制造的专利产品在售出后，专利权人无权控制他人对该产品的转售行为。

权利人出售专利产品并不以获得相关对价为条件。专利权人免费发放、赠予、附送的专利产品，也同样可以适用专利权利用尽抗辩。

（2）我国采取专利权利绝对用尽规则

权利人在出售专利产品时，通过各种方式，对购买者提出了产品的后续使用区域、销售和许诺销售的价格等限制性条件，购买者违反了上述条件，仍然可以适用专利权利用尽抗辩，其行为不构成专利侵权。

专利权利用尽原则不因专利权人的单方声明而排除

甲公司有一项“甘蔗去皮机”的产品发明专利，在其自己生产制造的产品包装箱上用文字标注：本产品系本公司独家生产的专利产品，购买者再次转售本产品，价格不得低于1 500元。之后，乙代理商以低于1 500元的价格出售，被甲公司起诉。

分析

本案中，专利权人对产品后续转让价格的限制违背了专利权利用尽原则，不发生法律效力，也就是说专利权利用尽规则不因专利权人的单方声明而排除。

(3) 我国采取专利权利国际用尽规则

专利权利用尽分为国内用尽和国际用尽两种。国内用尽，是指只有在中国购买专利产品后在中国境内继续使用、销售、许诺销售的才适用专利权利用尽，在国外购买的专利产品来到中国使用、许诺销售、销售该产品则构成侵权。这个充分体现了专利权的地域性特征。国际用尽，是指无论是在国内还是在国外购买的专利产品，购买者在我国境内使用、许诺销售、销售该产品，都不构成侵权。目前，我国司法实践中实行国际用尽规则，北京市高级人民法院《判定指南》第一百三十一条第二项规定，专利权人或者其被许可人在中国境外售出其专利产品或者依照专利方法直接获得产品后，购买者将该产品进口到中国境内以及随后在中国境内使用、许诺销售、销售该产品的，不视为侵犯专利权。

国际用尽规则使用的前提是国内外的专利权人是同一主体，如海尔公司在中国和德国就相同的技术方案都享有专利权，甲从德国购买合法售出的专利产品，进口到中国进行使用、许诺销售、销售，依然适用专利权利用尽规则。若专利权主体不是同一主体则无法适用国际用尽规则，如相同的技术方案在中国和德国有不同的主体享有专利权，在中国的专利权人是海尔公司，在德国的专利权人是西门子公司，甲从德国购买合法售出的该专利产品，进口到中国就侵犯了海尔公司在中国享有的专利权，进口之后的使用、许诺销售、销售，当然不能适用专利权利用尽规则。

该专利产品在国外由专利权人或其授权的人售出的，购买者购买之后进口到国内使用、销售、许诺销售不视为侵权。若在国外购买的产品是未经权利人许可的侵权产品，则不适用专利权利用尽规则，进口行为本身是侵权的，进口之后的使用、销售、许诺销售也属于侵权。

案例

使用方法专利不适用专利权利用尽原则，适用默认许可

甲公司主要从事轮胎橡胶方面的业务，持有一项“冷工序轮胎翻新方法”专利。乙公司从甲公司购买了用于实施该方法专利的设备，并用之实施了甲公司的方法专利翻新轮胎。甲公司认为乙公司未经许可实施了自己的方法专利，侵犯了自己的专利权。乙公司则以专利权利用尽提出抗辩。

分析

本案中，所售出的是实施专利方法所用的专用设备，但是专利方法并没有体现于设备上，设备的售出并不意味着购买者当然有权用该设备实施相关的方法专利。因此这里不适用专利权利用尽规则，乙公司构成侵权。但是由于该设备的唯一用途就是用来实施该专利，可以视为出售该设备即默认购买者获得实施许可。

案例

制造方法专利适用权利用尽原则

1999年，A公司自别处购得若干电脑系统专利，这些专利涉及电脑零组件的组合物产品权利要求及方法权利要求。2000年A公司将相关专利无限制授权给B公司，即A公司授权B公司可以制造、销售、使用、许诺销售及进口相关专利产品，包括B公司的微处理器、芯片组及B公司自己的电脑系统。

但在另一份主协议中，A公司声明禁止B公司将其生产的微处理器、芯片组与非B公司产品组合成电脑产品，并要求B公司将此条款告知其下游客户。

C公司从B公司采购了微处理器、芯片组，同时收到了B公司所作的相关声明，但仍将该微处理器、芯片组与非B公司电脑零件组合成电脑进行销售。于是A公司对C公司提起侵权诉讼。

分析

本案中，B公司获得专利权人A公司的授权，可以制造含有A公司专利的微处理器、芯片组，并要求这些含有其专利的微处理器、芯片组只能与B公司产品组合成最终的电脑产品。C公司购买了B公司制造的含有A公司专利的微处理器、芯片组，将其与非 B 公司产品组合成最终的电脑产品进行销售。A 公司对已经合法售出的授权专利产品的使用是否还有控制权？如果有，则 C 公司侵权成立；如果没有，则 C 公司不构成侵权。

这就涉及专利权利用尽原则的适用，本案中的产品专利自然用尽，没有争议。关于方法专利，美国联邦最高法院认为，当专利“方法”体现于产品时，方法专利的权利用尽，即本案涉及的专利权利全部用尽，A 公司无权限制已合法制造并售出的专利部件的使用。

案例

含有外观设计专利的包装被回收再利用，不构成侵权

甲公司拥有一项“包装盒”的外观设计专利，在其产品被销售之后，产品包装被回收。乙公司从回收站购得并进行二次使用，用于包装相同产品，包装盒上的生产者和商标信息等内容被用带有乙公司厂名和商标的胶纸覆盖。甲公司发现之后，认为乙公司侵犯了自己的外观设计专利权。

分析

在本案中，具有外观设计专利的“包装盒”随被包装的产品合法售出后，专利权人即丧失了对该包装盒的控制权。其他人从回收站购回并使用的行为适用专利权利用尽规则，不构成专利侵权。至于是否会构成不正当竞争则是另外一回事。

2. 专利先用权人实施的抗辩

根据我国《专利法》第七十五条第（二）项的规定，在某项专利申请日前，他人已经制造相同产品、使用相同方法或者已经做好制造、使用的必要准备，在专利权被授予后，该他人仅在原有范围内继续制造、使用的，不视为侵权。

在实践中，相同的发明创造，同时为两个不同的发明人分别作出的事例是常见的。但发明人、设计人不一定都采用专利保护，或者提出专利申请的日期有先后之别，专利先用权就是从保护没有获得专利权的另一个发明人的最低利益着想，即具有专利先用权的单位或者个人，可以继续在原有范围内自由制造该产品或使用该方法。不需经专利权人的允许，也无须支付使用费。

（1）专利先用权成立的要件

①专利先用权人的产品或方法与专利相同。

②专利先用权人使用的技术、设计来源合法。在他人专利申请日之前专利先用权人自己独立研发的与该专利相同的技术内容；在《专利法》第二十四条规定的新颖性宽限期内，一项发明创造的发明人在中国政府主办或者承认的国际展览会上展出了其发明创造，或者在规定级别的学术会议上发表了其发明创造，专利先用权人直接或间接从公开的信息中获知该发明创造的内容；专利权人在申请日之前，将发明创造的内容告诉了专利先用权人，但没有要求保密。从这些途径获知的技术方案都属于来源合法。《最高人民法院关于审理侵犯专利权纠纷案件应用法律若干问题的解释》（法释〔2009〕21 号）第十五条第一款之规定："被诉侵权人以非法获得的技术或者设计主张先用权抗辩的，人民法院不予支持。"要求先用权人使用的与专利权人相同的技术，是自己的发明创造或者是经合法途径获得的技术。通过窃取、欺骗手段或违背相关保密、不予实施的约定实施发明创造的情形，都不能享有先用权。

③专利申请日前已实施或做好实施的必要准备。制造或者使用的行为发生在他人取得专利权的专利申请日以前。

④专利授权后先用权人在原有范围内实施。

案例

申请日之前制造的产品与专利方案不同，不享有专利先用权

甲公司拥有一项"直冷式压蔗机轴瓦"的实用新型专利，专利申请日为 2000 年 12 月 6 日，2001 年 12 月 19 日甲公司获得授权。后甲公司发现乙公司生产的产品与自己的专利产品相同，遂提起专利侵权诉讼。被告抗辩称享有先用权，并提供了涉案专利申请日之前已经制造出产品并进行销售的证据，但将申请日之前生产的产品与专利方案进行比对，发现涉案专利申请日之前生产的产品所用的技术方案与涉案专利方案不同，而涉案专利申请日之后生产的产品却与涉案专利方案相同。法院认定专利先用权抗辩不成立，乙公司构成侵权。

分析

在本案中，甲公司发现乙公司生产的产品所用的技术方案与自己的专利技术方案相同。乙公司以享有专利先用权抗辩，但涉案专利申请日前乙公司生产的产品与专利

方案不同，不具备专利先用权的要件，专利先用权抗辩不能成立。

无法证明技术来源合法，不享有专利先用权

甲公司拥有一项“直冷式压蔗机轴瓦”的实用新型专利，专利申请日为2000年12月6日，2001年12月19日甲公司获得授权。后甲公司发现丙公司生产的产品与自己的专利产品相同，遂提起专利侵权诉讼。被告抗辩称享有涉案专利先用权，并提供了涉案专利申请日之前已经制造出产品并进行销售的证据，但将涉案专利申请日之前丙公司生产的产品与专利方案进行比对，发现涉案专利申请日之前丙公司生产的产品所用的技术方案与涉案专利方案相同。在法院要求其提供技术来源证据时，丙公司拒不提供相关证据，被判侵权。

分析

在本案中，丙公司已证明自己在涉案专利申请日前实施了相同的技术，但无法证明技术来源合法。专利先用权是赋予被控侵权人的一项抗辩权，根据谁主张谁举证的证据规则，丙公司应负有证明专利先用权成立的举证责任，因证明不了技术来源合法，专利先用权抗辩不成立。

乙厂是否享有专利先用权？

甲厂研制出一种新型电器开关，于2009年7月8日提出专利申请，于2010年8月12日正式被授予了实用新型专利权。乙厂于2009年6月底开始制订研究开发一种功能与上述开关基本相同的新型电器开关的计划，于2010年1月完成了该产品的设计工作，不久完成了试制工作并开始小批量试产和投放市场。

甲厂得知后立即诉至法院，认为乙厂侵犯了其专利权，要求乙厂停止侵权行为，并赔偿甲厂的损失。而乙厂则认为自己享有专利先用权，未侵犯甲厂的专利权。

分析

在本案中，判断乙厂专利先用权抗辩能否成立的关键在于：乙厂是否在2009年7月8日以前做好了实施的必要准备。乙厂于2009年6月底才开始制订研究开发计划，此时不构成已做好准备的要求。2010年1月完成了该产品的设计工作，表明此时才做好了实施的准备工作，但时间在甲厂涉案专利申请日之后，故乙厂的专利先用权不成立。

案例

超出原有范围是否丧失先用权？是否应该停止实施？

浙江省某市箱包厂享有一项“防潮箱包”的实用新型专利，2018 年发现杭州市某衣箱厂生产的产品与自己的专利产品相同，遂于 2018 年 10 月向杭州市中级人民法院起诉该衣箱厂侵犯其专利权，请求判令被告停止侵权行为并赔偿损失。该衣箱厂抗辩称，自己享有专利先用权。

经过举证质证、法庭调查等环节，法院查明案件事实如下：浙江省某市箱包厂于 2016 年 7 月 10 日申请了涉案实用新型专利，2017 年 7 月 31 日被授予专利权。杭州市某衣箱厂于 2016 年 4 月已经独立研制出了此种产品，并于 2016 年 5 月 5 日领取了工商营业执照，做好了生产制造该产品的必要准备。该厂进行生产后，从 2017 年开始扩大原生产能力，使生产规模超过了涉案专利申请日之前的生产规模。

分析

该案中，被告杭州市某衣箱厂的专利先用权是成立的，但超过原有范围并不会导致先用权丧失，只是应当将生产恢复到涉案专利申请日之前的规模，并对因扩大生产规模而给专利权人造成的损失进行赔偿。

（2）必要准备的界定标准

《最高人民法院关于审理侵犯专利权纠纷案件应用法律若干问题的解释》（法释〔2009〕21 号）第十五条第二款规定：“有下列情形之一的，人民法院应当认定属于专利法第六十九条第（二）项规定的已经作好制造、使用的必要准备：（一）已经完成实施发明创造所必需的主要技术图纸或者工艺文件；（二）已经制造或者购买实施发明创造所必需的主要设备或者原材料。”

由上述司法解释的规定可知，必要准备可以是物质准备，也可以是技术准备。两种准备都表明行为人已经掌握了该技术。但在司法实践中，法院通常采取比较严格的标准，要求同时具备生产要件和技术要件。

（3）原有范围的界定标准

《最高人民法院关于审理侵犯专利权纠纷案件应用法律若干问题的解释》（法释

〔2009〕21号）第十五条第三款规定："专利法第六十九条第（二）项规定的原有范围，包括专利申请日前已有的生产规模以及利用已有的生产设备或者根据已有的生产准备可以达到的生产规模。"

对享有专利先用权的行为人，其原有范围如何界定？

甲公司拥有一项"直冷式压蔗机轴瓦"的实用新型专利，专利申请日为2000年12月6日，2001年12月19日获得授权。后甲公司发现乙公司生产的产品与自己的专利产品相同，遂提起专利侵权诉讼。被告抗辩称享有专利先用权。

被告乙公司提供的证据显示，2000年10月8日与丙公司订立《工矿产品买卖合同》，2000年11月产出的产品送至丙公司指定的丁工厂，经将丁工厂的该设备与专利方案进行比对，认定二者的技术方案等同。

关于生产范围，原告主张应以被告乙公司举证显示的涉案专利申请日之前的四套产品为标准认定，被告主张应以涉案专利申请日之前的生产准备估算。法院采纳了被告的主张。

分析

在本案中，被告综合自己在涉案专利申请日前已经具有的生产设备数量，工程师、生产技术人员数量，估算每年生产能力在80~100套。根据《最高人民法院关于审理侵犯专利权纠纷案件应用法律若干问题的解释》（法释〔2009〕21号）第十五条第三款的规定，原有范围指专利申请日前已有的生产规模以及利用已有的生产设备或者根据已有的生产准备可以达到的生产规模。被告根据当时的生产准备估算原有范围是有法律依据的。

（4）先用权人转让先用技术的规则

《最高人民法院关于审理侵犯专利权纠纷案件应用法律若干问题的解释》（法释〔2009〕21号）第十五条第四款规定："先用权人在专利申请日后将其已经实施或作好实施必要准备的技术或设计转让或者许可他人实施，被诉侵权人主张该实施行为属于在原有范围内继续实施的，人民法院不予支持，但该技术或设计与原有企业一并转让或者承继的除外。"

案例

申请日后自先用权人处受让技术的人不享有先用权

甲公司拥有一项“直冷式压蔗机轴瓦”的实用新型专利，专利申请日为2000年12月6日，授权日为2001年12月19日。后甲公司发现丁公司生产的产品与自己的专利产品相同，遂提起专利侵权诉讼。被告丁公司称自己的技术是2004年从先用权人乙公司受让来的，应享有先用权。

分析

在本案中，被告自专利申请日后从先用权人处受让了该技术，根据《最高人民法院关于审理侵犯专利权纠纷案件应用法律若干问题的解释》（法释〔2009〕21号）第十五条第四款的规定可知，单独受让一项技术，不能对该技术享有先用权。

案例

从先用权人处承继技术的人享有先用权

甲公司拥有一项“毛衣去球机”的实用新型专利，专利申请日为2010年12月6日，授权日为2011年12月19日。后甲公司发现戊公司生产的产品与自己的专利产品相同，遂提起专利侵权诉讼。被告戊公司提供的证据显示，2010年12月6日前乙公司已经开始制造该产品，2017年戊公司将乙公司吸收合并，因此自己应有权继续使用该技术。

分析

在本案中，被告自专利申请日后将先用权人兼并，根据《最高人民法院关于审理侵犯专利权纠纷案件应用法律若干问题的解释》（法释〔2009〕21号）第十五条第四款的规定，涉案专利技术或设计与原有企业一并转让或者承继的，承继人或受让人可以享有先用权。戊公司将乙公司吸收合并后，成为乙公司权利义务的承继人，在该案中被告当然享有乙公司享有的先用权。

（5）先用权人的继续实施行为应包括销售、许诺销售

先用权人实施专利的行为，如果仅限于《专利法》第七十五条第二项规定的仅在原有范围内继续“制造、使用”，而制造出来的产品不能销售，先用权制度将形同虚设。因此，先用权人继续实施专利的行为应扩展到销售、许诺销售，但是不应包括进口专利产品或者依照专利方法直接获得的产品，因为进口行为与先用权并无关联。先

用权产生自在先的制造、使用行为，产生该权利之后扩展到销售、许诺销售行为。

销售商可因制造商享有先用权而抗辩不侵权

甲公司享有一项“防火隔热卷帘用耐火纤维复合卷帘及其应用”的发明专利，专利申请日为2000年4月28日。后甲公司发现乙公司与丙公司销售的产品与自己的专利产品相同，遂提起专利侵权诉讼。被告认可被诉侵权防火隔热卷帘产品落入甲公司涉案专利权的保护范围，但主张该产品生产商享有先用权，而不应被认定为侵权。

分析

在本案中，原告仅起诉制造商的下级销售商，未列制造商为被告，销售商在提出相关证据的情况下，法院查明制造商享有先用权，制造商的销售行为应是被允许的，如果认定制造商的下级销售商构成侵权，则与制造商生产的产品可以合法流通相违背。因此，在本案中，被诉侵权产品的销售商可以主张制造商享有先用权。

3. 临时过境的抗辩

《专利法》第七十五条规定，临时通过中国领陆、领水、领空的外国运输工具，依照其所属国同中国签订的协议或者共同参加的国际条约，或者依照互惠原则，为运输工具自身需要而在其装置和设备中使用有关专利的行为不视为侵犯专利权的行为。

这一规定是针对外国的交通工具，包括陆、海、空运输工具，临时通过我国领土、领水、领空，在其交通工具上使用我国有关专利权的情况制定的。

外国的陆、海、空运输工具临时通过我国领域，运输工具上使用的零部件涉及专利技术方案，如果我国专利权人有权禁止使用，对于国际贸易与交往都会造成很大的不便。外国运输工具的所有人可能完全不知道我国已对某项技术授予专利，这种情况下如果要求获得我国专利权人的许可，就未免过于严苛。

临时过境的构成要件如下：

①临时。外国的运输工具是临时通过中国境内而非长期在中国境内停留经营，所谓临时包括中国政府批准、允许的进入后的短暂停留。临时或者偶然通过的情形还可以是定期航班、躲避风暴、机械故障、紧急迫降、船舶失事等。

②外国的运输工具。运输工具是外国的运输工具而非中国的运输工具，中国的船

舶、中国的陆地运输工具、中国的航空器等并不在此保护范围。区分运输工具是外国的还是本国的，以运输工具注册地为准。

③依据公约、条约或互惠原则。交通工具所属国必须与我国订有协议或者共同参加国际条约（如《保护公业产权巴黎公约》），或者依照互惠原则才能享受这种待遇。

④使用于运输工具自身。使用专利的行为是运输工具自身功能的需要。例如，在运输工具的照明、通风、动力等装置中使用专利，若超出此范围不能构成对专利权的限制。例如，为满足乘客的饮食、吸氧、娱乐、休息等需要而在外国的运输工具上制造、许诺销售、销售专利产品的不在此保护范围。

案例

有规律的航班来往属于临时过境

甲公司有一项飞机引擎的专利，甲公司认为乙公司在美国与中国之间提供定期航班服务，飞机长期有规律地进入中国，不属于临时过境，不适用侵权例外。

分析

对此种情况，英、德、美等国法院都有类似案例，均认定按照规定的航线进入境内作短暂停留，然后离开，开始下一次航程，应视为短暂进入。

案例

在飞机上搭载专利产品并在中国境内中转不属于临时过境

有一产品需要从新加坡销售到俄罗斯，该产品在新加坡、俄罗斯都没有专利保护，但是在中国有，要把这些产品空运到俄罗斯，飞机需要在中国中转，那么在中国中转这段时间是否会产生侵权的问题呢？

分析

因其不是为飞机自身的需要而使用有关专利，而是将专利产品搭载在飞机上，不属于临时过境。虽不构成临时过境，但也不构成侵权，因它不属于《专利法》所规定的侵权行为之一，不是制造、销售、许诺销售、使用行为。因不需要办理入关手续也不是进口行为，对权利人没有造成损害的可能性，因此不属于侵权。

4. 专为科学研究和实验而使用有关专利的抗辩

我国《专利法》第七十五条规定，“专为科学研究和实验而使用有关专利的”不视为侵犯专利权。

为了科学研究和实验的目的使用有关专利与为了生产经营目的的使用不同，它不是以营利为目的，而是为了促进科技进步。如果用于科研也需要付费，则会增加研发单位或发明爱好者的经济负担，挫伤其积极性，阻碍科技的进步。

（1）目的是研究、验证、改进他人的专利技术

专为科学研究和实验，是指专门针对专利技术方案本身进行的科学研究和实验，目的是研究、验证、改进他人专利技术，在已有专利技术的基础上产生新的技术成果。

若认定在科研活动中需要用到的各种实验分析仪器、实验材料、办公设备等是专利侵权产品，则不能援用此抗辩理由。

（2）实施行为仅指制造、使用、进口

使用有关专利的行为，包括该研究实验者自行制造、使用、进口有关专利产品或使用专利方法的行为。不应理解为销售、许诺销售专利产品以及依据专利方法直接获得产品的行为。研究者进行完科学研究和实验后，在专利保护期内也不得销售该专利产品，否则构成侵犯专利权。

案例

科研活动中使用专利侵权产品的行为，均不视为侵权吗？

甲仪器设备公司享有一项“实验室用干燥箱”的实用新型专利，其发现乙科研所使用的干燥箱与自己的专利产品相同，遂提起侵权诉讼，乙科研所以为科学研究使用进行抗辩。

分析

在本案中，乙科研所的日常业务确实是进行科学研究，但不是科研过程中的所有用品只要涉及专利侵权，都能以此理由抗辩，只有为研究、验证、改进他人专利技术，在已有专利技术的基础上产生新的技术成果的使用才被视为侵权例外。

5. 专利药品和医疗器械行政审批抗辩

根据《专利法》第七十五条的规定，为提供行政审批所需的信息，制造、使用、

进口专利药品或者专利医疗器械的，以及专门为其制造、进口专利药品或者专利医疗器械的，不视为侵犯专利权。

这一条款对仿制药生产商来讲非常有利，意味着其可以尽早着手启动仿制药的上市审批工作，进而使仿制药早日上市销售。

（1）实施他人专利的目的只能是为行政审批

其他目的，如在行政审批时，进行以销售为目的的扩大化生产或者在行政审批通过后专利到期前，为囤积药品仍制造药品或医疗器械，待专利过期后进行销售等，不能主张行政审批抗辩。

（2）实施行为仅限于制造、使用、进口

在相关专利权的保护期限尚未到期的情况下，发布广告宣传仿制药品或接收产品预订、进行商业磋商等行为属于许诺销售行为，因这种行为容易对消费者形成销售预期和价格预期，可能会影响专利药品、专利医疗器械的销量，应被认定为侵犯专利权的行为。

（3）适用对象为药品及其活性成分、药品制备方法专利

为提供行政审批所需的信息实施的药品专利，不仅指药品本身的专利，还包括药品的活性成分专利、药品的制备方法专利、药品活性成分的制备方法专利。实施的医疗器械专利，不仅包括医疗器械本身的专利，还包括医疗器械专用零部件的专利和医疗器械使用方法的专利。

（4）提供行政审批

提供行政审批，既包括向我国药品管理行政机关提供信息，也包括向外国药品管理行政机关提供信息。

案例

专利到期前仿制药厂打广告，是否适用专利药品和医疗器械行政审批抗辩？

原创药制造商甲制药公司持有一种名为“索利那新”的活性药物成分发明专利，专利期届满日为2015年3月。索利那新以琥珀酸的形式被用于制药组合物中。乙制药公司自2010年3月起就在行业刊物《世界药物新闻》和《仿制药公告栏》以及公司网站上做广告：“我们提供类型广泛的商用活性药物成分：索利那新琥珀酸……”甲制药公司发现后认为乙制药公司的行为构成侵权。乙制药公司认为自己是仿制药企业，其行为应适用专利药品和医疗器械行政审批抗辩，不构成侵权。

分析

本案中，乙制药公司的行为属于在专利有效期内，未经专利权人许可，销售、许诺销售他人专利产品的行为，构成侵权。乙公司主张的专利药品和医疗器械行政审批抗辩只适用于制造、使用、进口行为，不适用许诺销售行为。

（三）专利权人的默示许可

专利权人默示许可包括基于产品销售产生的专利默示许可和基于先前使用产生的专利默示许可等。

1. 基于产品销售产生的专利默示许可

如果专利权人或其被许可人销售专利产品的零部件，并且这些零部件是制造该专利产品的专用部件，除此之外无其他任何用途，同时专利权人或其被许可人在销售这些零部件时没有明确提出限制性条件，此时应当认为购买者获得了利用这些零部件制造、组装专利产品的默示许可，其制造、组装行为不构成专利侵权行为。对于方法专利，如果专利权人或其被许可人销售的设备或产品只能专用于实施其专利方法，且在销售这些专利设备或产品时没有明确提出限制性条件，应当视为购买者获得了实施专利方法的默示许可。

基于零部件或专用设备、产品的销售认定存在专利默示许可时，应当满足两个条件：①专利权人或其被许可人销售的零部件、专用设备或产品除了用于实施专利技术外，没有其他任何用途。②专利权人或其被许可人在销售零部件、专用设备或产品时没有明确提出限制性条件。

2. 基于先前使用产生的专利默示许可

如果专利权人先前存在允许他人使用的行为，则他人有可能基于该先前使用获得实施专利的默示许可。

案例

用合法售出的无限制声明的专利专用部件组装专利产品的行为，不构成侵权

甲公司拥有一项“全耐火纤维复合防火隔热卷帘”的实用新型专利，其权利要求书中记载：一种全耐火纤维复合防火隔热卷帘，其有卷帘面、连接螺钉和薄钢带，其特征在于卷帘面中包含耐高温不锈钢丝、耐火纤维毯以及贴铝箔的耐火纤维布，耐高温不锈钢丝在耐火纤维毯的中间，耐火纤维毯的两边分别是耐火纤维布和贴铝箔的耐火纤维布。该专利的发明点主要在于卷帘面本身的结构，而连接螺钉和薄钢带均为现有连接卷帘布的技术。

甲公司仅出售涉案专利中的卷帘面，未出售带有连接螺钉和薄钢带的卷帘，但其卷帘面的产品说明书中载明，卷帘面须加装薄钢带和连接螺钉配套才可使用。乙公司从甲公司购买该卷帘面后，加装连接螺钉和薄钢带形成了卷帘成品，并将该卷帘成品进行售卖。甲公司认为乙公司侵犯了其专利权。

分析

本案中，甲公司出售的半成品是专用于涉案专利产品的零部件，出售时不但没有任何限制性要求，还在说明书里明确告知用户须加装薄钢带和连接螺钉配套才可以使用，该半成品事实上包含了涉案专利的实质性特征。

购买人购买该卷帘面后，必定会依照其说明书告知的方法进行安装。因此，甲公司对半成品卷帘面的销售行为本身就意味着对涉案专利的默示许可，乙公司从专利权人处购买卷帘面并加工成专利产品的行为不构成侵犯专利权。

案例

行为人依专利权人提供的专利方案制造产品，不构成侵权

甲公司拥有一项“单程线性内存模块”的发明专利权。甲公司向乙公司提供了涉及该专利的图纸和其他技术细节，向乙公司订购该内存模块，乙公司据此制造并销售该内存模块长达 6 年之久，但甲公司并未告知乙公司其已就此技术获得专利权。6 年后，双方发生纠纷，甲公司主张乙公司制造销售该内存模块的行为侵犯了其专利权。

分析

本案中，甲公司向乙公司购买内存模块产品，并要求乙公司按照其提供的设计、建议和样品制造产品。双方的合作长达 6 年，基于合理信赖的基本原则，乙公司已经基于甲公司最初的订购产品的技术要求获得了实施专利的默示许可，其行为不构成侵犯专利权。

二、免除赔偿责任抗辩

（一）善意侵权

《专利法》第七十七条规定："为生产经营目的使用、许诺销售或者销售不知道是未经专利权人许可而制造并售出的专利侵权产品，能证明该产品合法来源的，不承担赔偿责任。"

如果销售商在得到专利权人通知之后，仍然销售其库存的侵权产品，则不能认为其不知情。

（二）适用要件

（1）行为人主观状态为善意。侵权人必须是出于善意的，实际不知道且不应当知道涉案产品是未经权利人授权制造或销售的侵权产品，也没有迹象表明行为人有可能知道涉案产品系侵权产品的。

（2）产品有合法来源。合法来源，是指通过合法的销售渠道、通常的买卖合同等正常商业方式取得产品。对于合法来源，使用者、许诺销售者或者销售者应当提供符合交易习惯的相关证据，如正规的购货协议、付费凭证、发票或收据。

（3）行为限于使用、许诺销售或者销售。制造或进口侵权产品者无权主张善意侵权待遇，制造并销售侵权产品者同样无权主张善意侵权待遇，仅限于对使用、许诺销售或者销售者可以适用善意侵权规则。

（4）接到侵权通知之后立即停止侵权行为。侵权行为人在接到权利人的侵权警告或接到起诉状后，应立即停止侵权行为，否则对其后的行为不能按照善意侵权对待。

三、不停止侵权的抗辩

（一）善意侵权且支付合理对价的使用者

《最高人民法院关于审理侵犯专利权纠纷案件应用法律若干问题的解释（二）》（法释〔2016〕1号）第二十五条第一款规定："为生产经营目的使用、许诺销售或者销售不知道是未经专利权人许可而制造并售出的专利侵权产品，且举证证明该产品合法来源的，对于权利人请求停止上述使用、许诺销售、销售行为的主张，人民法院应予支持，但被诉侵权产品的使用者举证证明其已支付该产品的合理对价的除外。"适用要件包括以下四个：

（1）侵权行为人仅限于使用者。制造者、销售者、许诺销售者和进口者都不予以适用。

（2）侵权行为人主观状态为善意。使用者必须出于善意，即不知道该产品是未经权利人授权制造、销售的侵权产品，也没有迹象表明其有可能知道涉案产品系侵权产品。

（3）侵权产品来源渠道合法。侵权产品是从正规渠道购买取得，有正规的购货协议、发票或收据，不是从黑市上购得的。侵权行为人最好能够提供销售者的相关信息，如地址、名称、联系方式等。

（4）侵权行为人已支付合理对价。取得该产品时支付了合理对价，不是好友赠送的或从商家免费获赠的，也不存在对价明显偏低的情况。

（二）有损国家利益、公共利益的实施可以不停止

《最高人民法院关于审理侵犯专利权纠纷案件应用法律若干问题的解释（二）》（法释〔2016〕1号）第二十六条规定："被告构成对专利权的侵犯，权利人请求判令其停止侵权行为的，人民法院应予支持，但基于国家利益、公共利益的考量，人民法院可以不判令被告停止被诉行为，而判令其支付相应的合理费用。"

1. 适用时的注意事项

（1）实施方式不限。司法解释没有规定实施行为限于某一种，意味着任何实施方式，包括制造、销售、许诺销售、使用、进口，只要涉及国家利益、公共利益，都可以继续实施，但要支付合理的使用费。

（2）不要求侵权行为人善意。至于侵权人实施该行为是出于故意还是善意，都不用考虑。不要求以善意侵权为适用前提。

（3）基于国家或公共利益的考量。该条规定是为平衡专利权人与国家利益、公共利益的关系而设定的。

（4）侵权行为人需支付给权利人合理费用。既然可以继续实施，当然不能免费实施，要支付使用费。至于判决之前的实施行为是否应当支付赔偿金，法律没有作出明确规定。

2. 有损国家利益、公共利益的认定

根据北京市高级人民法院发布的《判定指南》第一百四十八条的规定，以下情形可以认定为有损国家利益或公共利益：①有损我国政治、经济、军事等安全的；②可能导致公共安全事件发生的；③可能危及公共卫生的；④可能造成重大环境保护事件的；⑤可能导致社会资源严重浪费等利益严重失衡的其他情形。

如果停止会有损公共利益的实施行为，可以不停止

珠海市A公司拥有一项“幕墙活动连接装置”实用新型专利，2004年A公司发现B国际机场使用了侵犯其专利权的产品。经查是某建筑公司在建设机场的过程中，擅自使用了侵犯A公司实用新型专利权的产品，A公司将B国际机场等几家单位一并起诉，请求被告停止侵害、赔偿损失和支付维权费。

分析

广州市中级人民法院考虑机场的特殊性，且面积达13 000平方米，认为判令被告停止使用被控侵权产品不符合社会公共利益，从而判决被告之一的B国际机场可继续使用被控侵权产品，但应支付适当的使用费。

（三）因标准必要专利权人过错导致许可谈判失败而直接实施的

1. 涉及的标准类型

涉及的标准类型包括推荐性国家标准、行业标准或者地方标准、国际标准组织或其他标准制定组织制定的标准。

根据《最高人民法院关于审理侵犯专利权纠纷案件应用法律若干问题的解释（二）》（法释〔2016〕1号）第二十四条第二款的规定：“推荐性国家、行业或者地方标准明示所涉必要专利的信息，专利权人、被诉侵权人协商该专利的实施许可条件时，专利权人故意违反其在标准制定中承诺的公平、合理、无歧视的许可义务，导致无法达成专利实施许可合同，且被诉侵权人在协商中无明显过错的，对于权利人请求停止标准实施行为的主张，人民法院一般不予支持。”

北京市高级人民法院发布的《判定指南》第一百四十九条规定，属于国际标准组织或其他标准制定组织制定的标准，且专利权人按照该标准组织章程明示且作出了公平、合理、无歧视的许可义务承诺的标准必要专利，亦做同样处理。

2. 该情形的适用要件

（1）涉案专利为标准必要专利。标准必要专利是指为实施技术标准而必须使用的专利。

（2）标准必要专利权人故意违反承诺。在专利权人、被诉侵权人协商该专利的实施许可条件时，专利权人应当遵守其在标准制定中的公平、合理、无歧视的承诺。有下列情况之一，可以认定专利权人故意违反公平、合理、无歧视的许可义务：①未以书面形式通知被诉侵权人侵权，或未列明侵权的范围和具体侵权方式的；②在被诉侵权人明确表达接受专利许可协商的意愿后，未按商业惯例和交易习惯以书面形式向被诉侵权人提供专利信息或提供具体许可条件的；③未向被诉侵权人提出符合商业惯例和交易习惯的答复期限的；④在协商实施许可条件的过程中，无正当理由妨碍、中断许可协商的；⑤在协商实施许可条件的过程中提出明显不合理的条件，导致无法达成专利实施许可协议的；⑥专利权人在许可协商中有其他明显过错行为的。

（3）协商过程中被诉侵权人无明显过错。有下列行为之一的，可以认定被诉侵权人在标准必要专利许可协商过程中存在明显过错：①收到专利权人的书面侵权通知后，未在合理时间内答复的；②收到专利权人的书面许可条件后，未在合理时间内回复是否接受的或在拒绝接受时未提出新的许可条件建议的；③无合理理由拖延或拒绝参与许可协商的；④在协商实施许可条件的过程中提出明显不合理的条件，导致无法达成专利实施许可合同的；⑤被诉侵权人在协商实施许可条件的过程中有其他明显过错行为的。

（4）承诺的具体内容由专利权人举证。专利权人在标准制定中承诺的公平、合理、无歧视许可义务的具体内容，由专利权人承担举证责任。专利权人可以提交以下证据予以证明：①专利权人向相关标准化组织提交的许可声明文件和专利信息披露文件；②相关标准化组织的专利政策文件；③专利权人作出并公开的许可承诺。

第三章
假冒专利行为的查处

第一节　概述

一、管辖权确定依据

《专利法实施细则》第七十九条规定："专利法和本细则所称管理专利工作的部门，是指由省、自治区、直辖市人民政府以及专利管理工作量大又有实际处理能力的设区的市人民政府设立的管理专利工作的部门。"第八十条规定："国务院专利行政部门应当对管理专利工作的部门处理专利侵权纠纷、查处假冒专利行为、调解专利纠纷进行业务指导。"

《专利行政执法办法》第五条规定："对有重大影响的专利侵权纠纷案件、假冒专利案件，国家知识产权局在必要时可以组织有关管理专利工作的部门处理、查处。对于行为发生地涉及两个以上省、自治区、直辖市的重大案件，有关省、自治区、直辖市管理专利工作的部门可以报请国家知识产权局协调处理或者查处。管理专利工作的部门开展专利行政执法遇到疑难问题的，国家知识产权局应当给予必要的指导和支持。"

《专利行政执法办法》第六条规定："管理专利工作的部门可以依据本地实际，委托有实际处理能力的市、县级人民政府设立的专利管理部门查处假冒专利行为、调解专利纠纷。委托方应当对受托方查处假冒专利和调解专利纠纷的行为进行监督和指导，并承担法律责任。"

《专利行政执法办法》第二十九条规定："查处假冒专利行为由行为发生地的管理专利工作的部门管辖。管理专利工作的部门对管辖权发生争议的，由其共同的上级人民政府管理专利工作的部门指定管辖；无共同上级人民政府管理专利工作的部门的，由国家知识产权局指定管辖。”

二、查处的执法依据

《专利法》第六十八条规定：“假冒专利的，除依法承担民事责任外，由负责专利执法的部门责令改正并予公告，没收违法所得，可以处违法所得五倍以下的罚款；没有违法所得或者违法所得在五万元以下的，可以处二十五万元以下的罚款；构成犯罪的，依法追究刑事责任。”

《专利法》第六十九条规定：“负责专利执法的部门根据已经取得的证据，对涉嫌假冒专利行为进行查处时，有权采取下列措施：（一）询问有关当事人，调查与涉嫌违法行为有关的情况；（二）对当事人涉嫌违法行为的场所实施现场检查；（三）查阅、复制与涉嫌违法行为有关的合同、发票、账簿以及其他有关资料；（四）检查与涉嫌违法行为有关的产品；（五）对有证据证明是假冒专利的产品，可以查封或者扣押。管理专利工作的部门应专利权人或者利害关系人的请求处理专利侵权纠纷时，可以采取前款第（一）项、第（二）项、第（四）项所列措施。负责专利执法的部门、管理专利工作的部门依法行使前两款规定的职权时，当事人应当予以协助、配合，不得拒绝、阻挠。”

《专利行政执法办法》第四条规定：“管理专利工作的部门应当加强专利行政执法力量建设，严格行政执法人员资格管理，落实行政执法责任制，规范开展专利行政执法。专利行政执法人员（以下简称‘执法人员’）应当持有国家知识产权局或者省、自治区、直辖市人民政府颁发的行政执法证件。执法人员执行公务时应当严肃着装。”

《专利行政执法办法》第三十条规定：“管理专利工作的部门查封、扣押涉嫌假冒专利产品的，应当经其负责人批准。查封、扣押时，应当向当事人出具有关通知书。管理专利工作的部门查封、扣押涉嫌假冒专利产品，应当当场清点，制作笔录和清单，由当事人和执法人员签名或者盖章。当事人拒绝签名或者盖章的，由执法人员在笔录上注明。清单应当交当事人一份。”

三、假冒专利行为的法律规定

（一）假冒专利行为的概念界定

假冒专利行为即将非专利产品或非专利方法借助各种载体通过各种方式标注、宣传、号称为专利产品或专利方法，或对已经终止、宣告无效的专利继续标注、宣传致使公众产生误解的行为。

（二）假冒专利行为的法律规定

《专利法实施细则》第八十四条规定：“下列行为属于专利法第六十三条规定的假冒专利的行为：（一）在未被授予专利权的产品或者其包装上标注专利标识，专利权被宣告无效后或者终止后继续在产品或者其包装上标注专利标识，或者未经许可在产品或者产品包装上标注他人的专利号；（二）销售第（一）项所述产品；（三）在产品说明书等材料中将未被授予专利权的技术或者设计称为专利技术或者专利设计，将专利申请称为专利，或者未经许可使用他人的专利号，使公众将所涉及的技术或者设计误认为是专利技术或者专利设计；（四）伪造或者变造专利证书、专利文件或者专利申请文件；（五）其他使公众混淆，将未被授予专利权的技术或者设计误认为是专利技术或者专利设计的行为。专利权终止前依法在专利产品、依照专利方法直接获得的产品或者其包装上标注专利标识，在专利权终止后许诺销售、销售该产品的，不属于假冒专利行为。销售不知道是假冒专利的产品，并且能够证明该产品合法来源的，由管理专利工作的部门责令停止销售，但免除罚款的处罚。”

四、假冒专利行为的构成要件

一个合法的专利标注或宣传行为应当具备以下要件：①行为主体：权利人或被授权者；②行为表现：在专利产品、依照专利方法直接获得的产品、产品包装、产品说明书、宣传材料等进行标注和宣传，以及展示真实的专利证书、专利文件或者专利申请文件等；③行为时间：专利有效期内。

凡不具备上述要件之一的，均为有可能构成假冒专利的行为。判断一个专利标识标注行为是否属于假冒专利行为，应当从以下几方面因素来考虑。

（一）假冒专利行为的主体

专利权人、经专利权人授权的被许可人、强制许可的被许可人、指定许可的被许可人为合法的行为主体，他们有权在专利有效期内在专利产品或其包装等载体上标注专利标识，进行广告宣传。

行为主体可以是其他组织

某地管理专利的行政执法部门到某商店进行现场检查，发现其销售的一种玩具上标注有“本品外观专利：ZL20133×××××××.×”字样。经与国家知识产权局专利登记簿副本核对，ZL20133×××××××.×号专利权已因逾期未缴纳年费而提前终止。产品包装上标注的产品生产日期在专利权终止之后，该店为个体工商户。

分析

《行政处罚法》第三条规定：“公民、法人或者其他组织违反行政管理秩序的行为，应当给予行政处罚的，依照本法由法律、法规或者规章规定，并由行政机关依照本法规定的程序实施。”因此，涉及假冒专利行为是个体工商户的，应以营业执照上登记的业主为当事人。有字号的，应在法律文书中注明登记的字号。营业执照上登记的业主与实际经营者不一致的，以业主和实际经营者为共同当事人。

本案中商店销售涉案产品的行为属于《专利法实施细则》第八十四条第一款第（二）项规定的假冒专利行为，依法应当予以处罚。故应以经营者为处罚对象，下达处罚决定书。

行为主体可为非营利性质

某医院在宣传中称其实施的治疗方案系专利技术。该院在接受当地知识产权局调查的过程中，提供不了拥有有效专利权的证明。该医院抗辩其为全额拨款的事业单位，经营活动不以营利为目的，故不构成假冒专利行为。

分析

我国《专利法》及《专利法实施细则》并未将营利目的作为认定假冒专利行为的构成要件。综合假冒专利的法律责任可以看出，禁止假冒专利的立法目的不仅仅是为了保护专利权人，还在于维护专利管理秩序和消费者的合法权益。在本案中，该医院的行为不仅欺骗了患者，可能致患者权益受损，而且扰乱了专利管理秩序，其抗辩不能成立。

行为主体心理可为非故意

甲公司于2015年10月向国家知识产权局提出了一项发明专利申请，申请号为ZL20161×××××.×。该申请于2017年8月15日进入实质审查，由于不符合《专利法》规定的授权条件，最终没有获得专利权。2018年3月乙公司与甲公司签订了《合资建厂协议书》，合同约定将该专利技术折价20万元。2018年8月甲公司单方面要求解除该协议，双方因此产生纠纷。2018年9月，乙公司向当地知识产权局举报甲公司“以非专利产品冒充专利产品、以非专利技术冒充专利技术进行违法活动”，请求予以查处。在案件调查中，甲公司认可在《合资建厂协议书》中确实使用了“专利技术”，但同时提供当初的合作谈判记录显示他们一再强调是“专利申请技术”，并据以抗辩，称在合同中写成“专利技术”只是合同起草人的疏漏，并非故意欺骗对方，不构成假冒专利行为。

分析

《专利法》及《专利法实施细则》对专利侵权行为包括假冒专利行为的规定，并不要求行为人具有故意或过失的主观状态，因此明知与否、故意与否不是假冒专利行为的构成要件，其仅对是否应受行政处罚及处罚轻重有法律意义。甲公司的行为构成了假冒专利行为。若甲公司是故意假冒，则其主观恶性较大，社会危害性较大，法律责任必然较重。

（二）假冒专利行为的表现

将不含专利技术的产品标榜为专利产品，通常表现为下列几种：标注或宣传中出现“专利产品　仿冒必究”“专利技术”“中国专利”“国家专利”“国际专利”“发明专利”“已申请专利”等字样，或者虚构专利名称，或使用他人专利名称等。这些行为使购买者误认为该产品是含有先进技术的产品，从而激发消费者的购买意愿，甚至愿意高价购买。

行为人有专利，专利标识应标注在使用了该专利技术的产品上，若在非专利产品上标注专利标识，则属于假冒专利的行为。

案例

无专利却称有专利

某公司为农具产品生产商，其在产品上标注“中国专利，名称：便携式喷雾器”。经查证，该公司并未申请过任何专利，“便携式喷雾器”是张某的实用新型专利名称，该公司生产该产品未获得张某的许可。

分析

该公司在未取得许可的情况下，在产品上标注他人的专利名称，致使消费者误以为涉案产品为专利产品，该行为属于《专利法实施细则》第八十四条第一款第（一）项规定的“在未被授予专利权的产品上标注专利标识”的情形，构成假冒专利行为。

案例

无专利却称有专利

某公司在其生产的灶具产品包装上标注“中国专利产品”字样。经查证该公司不曾取得过任何专利。

分析

甲公司在产品外包装上标注“中国专利产品”字样，可能会使社会公众以为该产品含有专利技术，该行为属于《专利法实施细则》第八十四条第一款第五项规定的“其他使公众混淆，将未被授予专利权的技术或者设计误认为是专利技术或者专利设计”的情形，构成假冒专利行为。

案例

有专利但张冠李戴

某地知识产权局的执法人员在当地一商场进行假冒专利检查时，发现该商场销售的由甲公司生产的几款玩具上标有专利标识，内容为：“中国外观设计专利，外观设计专利号：ZL20153×××××××.×”。在国家知识产权局网站检索查证，该专利虽然属于甲公司所有，且处于有效期内，但其要求保护的并非是玩具产品。

分析

甲公司虽拥有专利权，但由于其标注的产品并非专利产品，这一行为损害了专利管理秩序，属于在未被授予专利权的产品上进行专利标注，构成了假冒专利行为。

无专利却称有专利

某公司生产的芦荟胶产品上标注有“中国发明专利号ZL971×××××.×”“独家专利技术生产”等专利标识。经查证，该公司系涉案专利的被许可人，当时专利权依然有效。但是涉案专利涉及的是芦荟脱皮机，而非芦荟提取方法。

分析

行为人获得专利权人的许可，可以实施专利技术，但如果其实际生产的产品并没有涉及专利技术内容，就不应该标注专利标识，否则会构成假冒专利的行为。

在本案中，该公司虽获得专利权人的授权，但涉案专利是芦荟脱皮机，该专利标识只能标注在使用了涉案专利技术内容的芦荟脱皮机产品或者其包装上。虽然芦荟胶产品的生产过程离不开芦荟脱皮机，但也不可在芦荟胶产品上标注该专利信息，否则会使社会公众误认为该芦荟胶产品本身是专利产品。该企业的行为属于《专利法实施细则》第八十四条第一款第（一）项规定的“在未被授予专利权的产品或者其包装上标注专利标识”的情形，构成假冒专利行为。

（三）假冒专利行为的载体

行为人假冒专利的目的是吸引顾客购买使用。因此，假冒专利必然要通过一定方式体现在一定的载体之上才能被人感知，常见的展现途径包括：产品、产品包装、产品说明书、产品宣传资料、各类广告、专利文件、专利证书、产品销售合同、技术转让、许可合同及合同要约、招投标文件等，也包括各类网络载体。这些载体虽未在《专利法实施细则》第八十四条中完全列出，但无论采取何种方式和途径，只要假冒专利的宣传能够使公众获知，都属于假冒专利的行为。

案例

产品上的假冒专利行为

甲公司在其产品上标注“乙公司专利，专利号：ZL20152××××××××. ×”。经查证，甲公司的标注行为并未取得乙公司的许可，事实上，甲公司生产的产品也未使用乙公司的专利技术方案。

分析

该公司在其产品上标注他人的专利号，虽然指明了专利权人，但因其产品并未实际使用乙公司的专利技术内容，容易使公众误认为甲公司的产品涉及的技术是乙公司的专利技术，属于《专利法实施细则》第八十四条第一款第（一）项规定的情形，构成假冒专利行为。

案例

各类网站上的不实宣传

2015年，某市知识产权局接到群众关于假冒专利的举报，称甲公司在其网站上发布“我公司独立研发的××技术喜获国家专利”的新闻，当地知识产权局执法人员前往该公司进行调查取证，该公司负责人对网站的新闻宣传予以认可。经查证，国家知识产权局仅受理了该公司的专利申请，但尚未授权。

分析

在该案中，甲公司在专利申请尚未获得授权的情况下，便在公司网站新闻中宣称已获得专利，使公众误认为其相关产品是专利产品，增加了交易机会。甲公司的行为属于《专利法实施细则》第八十四条第一款第（三）项规定的“在产品说明书等材料中将未被授予专利权的技术或者设计称为专利技术或者专利设计，将专利申请称为专利，或者未经许可使用他人的专利号，使公众将所涉及的技术或者设计误认为是专利技术或者专利设计”的行为，构成假冒专利行为。

案例

卖场宣传板上的不实宣传

某地知识产权局的行政执法人员在某家电商场进行检查时，发现某摊位在销售宣传板上书写有“××油烟机，专利产品；中国专利号：ZL20101×××××××.×”字样，产品及其包装上均没有标注。经查证，确认该专利号为臆造，事实上不存在。

分析

该商户在销售宣传板上书写涉案内容，本质上属于广告宣传行为，客观上可能会使公众误认为××油烟机产品为专利产品，因此该行为属于《专利法实施细则》第八十四条第一款第（三）项规定的“在产品说明书等材料中将未被授予专利权的技术或者设计称为专利技术或者专利设计，将专利申请称为专利”的情形，构成假冒专利行为。

案例

宣传册中的假冒专利行为

2016年1月，某市知识产权局接到举报，甲公司在其散发的广告宣传册上称“某人造大理石荣获国家专利”，并标注了专利号。经查证，该专利号所对应的发明专利已因未缴费而于2015年提前终止。

分析

在该案中，涉案专利因未缴费而终止，专利终止之后，专利权已不存在，其效力与未被授予专利权的技术或者设计在本质上相同，继续在宣传册上以专利来宣传该产品，属于《专利法实施细则》第八十四条第一款第（三）项规定的情形，构成假冒专利行为。

如果甲公司能够提供证据证明是在专利权终止前印刷的广告宣传册，对于这些库存宣传册，若禁止使用，则显得有失公平，应当允许其继续使用宣传册进行宣传。

案例

说明书中的假冒专利行为

甲公司在其产品说明书中注明：本产品系本公司自主研发的新一代专利产品，专利号ZL20152×××××××.×。经查证，该专利号所对应的专利并不存在。

分析

该公司在产品说明书中编造虚假的专利号，将非专利技术宣称为专利技术，欺骗误导公众，属于《专利法实施细则》第八十四条第一款第（三）项规定的情形，构成假冒专利行为。

（四）假冒专利行为的时间

专利权人的独占权存续于专利授权之后、专利权终止之前。在此期间，规范的标识标注及宣传行为均属正当；除此之外任何时间的专利标注及宣传行为，均构成假冒专利行为。此外，虽然专利申请标记可以在专利申请被受理后至授权前这段期间标注，但应当标注“专利申请，尚未授权”字样，否则，也有可能构成假冒专利行为。

1. 专利到期仍然标注

发明专利权的期限为20年，实用新型专利权的期限为10年，外观设计专利权期限为15年，均自申请日起计算。例如，一件发明专利的申请日是2006年7月4日，该专利权的期限为2006年7月4日~2026年7月3日，专利权期满终止日为2026年7月3日（遇节假日不顺延）。专利权期满后，在专利登记簿和专利公报上分别予以登记和公告，该技术方案即进入公有领域，任何人都可以自由使用。

案例

专利到期后仍然标注的假冒专利行为

2009年12月，某地知识产权局接到举报后，对某公司的产品进行检查，发现该公司在自己生产的一款产品上标注了专利名称和专利号“ZL993 ×××××. ×”。经查证，专利信息都是真的，该公司亦是专利权人，但该专利保护期已于2009年6月终止。

分析

在该案中，行为人标注的专利标识虽然是真实的，对于专利权已过保护期，该公司仍然标注的行为属于《专利法实施细则》第八十四条第一款第（一）项规定的“专利权被宣告无效后或者终止后继续在产品或者其包装上标注专利标识”的行为，因此也属于假冒专利行为。

2. 专利权放弃后仍标注

被授予专利权后，专利权人随时可以主动声明放弃专利权。放弃专利权声明经知识产权局审查符合规定的，应将有关事项在专利登记簿和专利公报上登记和公告。专利权自手续合格通知书的发文日终止。

依据《专利法》第九条第一款和《专利法实施细则》第四十一条第四款的规定，申请人为获得发明专利授权而声明放弃实用新型专利权的，放弃的实用新型专利权自发明专利权的授权公告日起终止。

3. 专利权被宣告无效后仍然标注

不符合授权条件的技术方案，在被授予专利后，在专利有效期内任何人均可提出无效宣告请求。国家知识产权局对专利权无效宣告请求案件进行审查并作出决定。

专利权被宣告无效后，当事人仍然在有关载体上标注专利标识或进行宣传的，构成假冒专利行为。需要注意的是，与专利权终止前依法在有关载体上标注专利标识，在终止后许诺销售、销售的行为不构成假冒专利行为不同的是，对于专利权被宣告无效前标注的，被宣告无效后继续销售的行为，仍然构成假冒专利行为。因为根据《专利法》第四十七条第一款的规定，宣告无效的专利权视为自始即不存在。

专利权被宣告无效后仍然标注的假冒专利行为

某地知识产权局接到群众举报，称甲商场销售的乙公司生产的产品，产品上标注的专利号ZL20152×××××××. ×对应的专利权已经被宣告无效，该公司的宣传行为涉嫌假冒专利行为。经查证，国家知识产权局确已作出宣告该专利权全部无效的决定，并且决定已生效。商场抗辩称，产品生产日期在无效宣告决定作出前，根据《专利法实施细则》第八十四条第二款的规定，专利权终止前依法在专利产品、依照专利方法直接获得的产品或者其包装上标注专利标识，在专利权终止后许诺销售、销售该产品的，不属于假冒专利行为，因此其行为不构成假冒专利行为，并可以继续销售。

分析

在该案中，商场对无效决定作出的时间和结论均无异议，应当认定该专利权已经被宣告无效。《专利法实施细则》第八十四条第二款的规定适用于专利权终止的情形，而不是无效的情形。终止是专利权消失，无效是专利权自始不存在，该规定不适用于该案，因此商场的抗辩不能成立，构成假冒专利行为。但是，商场可以主张适用《专利法实施细则》第八十四条第三款的规定，销售不知道是假冒专利的产品，并且能够证明该产品合法来源的，由管理专利工作的部门责令停止销售，但免除罚款的处罚。

4. 未缴年费，专利权终止后仍然标注

专利有效期内，每年都要缴纳年费，即专利维持费，上一年度期满前缴纳下一年度年费，期满未缴纳的有6个月的滞纳期；滞纳期满仍未缴纳或缴足的，如果专利权人未启动恢复程序或者恢复权利请求未被批准的，专利权自应当缴纳年费期满之日起终止。

未缴年费，专利权终止后仍然标注

2018年，某市知识产权局在对某商厦进行专利行政执法检查时，发现其销售的某品牌餐巾纸产品外包装上印有“ZL20143×××××××.×”专利标识。经查证，国家知识产权局网站法律状态栏公告该涉案外观设计专利因未缴纳年费已于2018年5月16日终止。根据《专利法》第六十二条、《专利法实施细则》第八十四条的规定，某市知识产权局决定立案处理该商厦销售涉嫌假冒专利产品的行为，对商厦下达了行政处罚前告知书。在申辩期内，该商厦提供了产品生产商提供的国家知识产权局出具的专利号为ZL20143×××××××.×的专利收费收据复印件（补缴时间为2018年10月），以及在网站上查到的涉案专利的年费缴纳信息的证明。

分析

纸巾生产方提供的缴费收据和国家知识产权局网站上的缴费信息，可以证明涉案专利“ZL20143×××××××.×”续缴专利年费成功，为合法有效专利，因此该商厦的行为不属于假冒专利行为。

国家知识产权局网站上的专利法律状态可以作为初步判断专利是否合法有效的依据。但由于网站上的专利法律状态难免会滞后于实际的专利状态，因此执法人员在查处假冒专利时，对知识产权局网站上显示的法律状态专利权为失效的情况，应给予当事人充分辩解和提交证据的机会。

五、假冒专利行为的类型

（一）未获授权而标注专利标识

案例

将撤回的专利申请号标为专利号

某公司在其生产销售的防辐射产品的包装盒上标注了专利号ZL20151×××××××.×。

该公司向执法人员仅提供了申请号为ZL20151×××××××.×的专利申请受理通知书，未能提供专利证书。经查证，该专利申请在申请过程中因未及时提出实质审查请求而被视为撤回。

分析

该公司曾向国家知识产权局就产品所用技术提出过发明专利申请，在该发明专利申请文件公开后，申请人没有在法定期间内提出实质审查请求，该申请被视为撤回，申请人最终未能获得发明专利权。该公司在未被授予专利权的产品包装上标注专利号，属于《专利法实施细则》第八十四条第一款第（一）项规定的情形，构成假冒专利行为。

案例

将专利申请号标为专利号

甲公司在其生产的太阳膜包装上标注了“专利防暴晒技术”，未标注专利号，该公司仅向执法人员提供了专利申请受理通知书，未能提供专利证书。经查证，该专利还在申请过程中，尚未获得授权。

分析

甲公司在产品包装上将未被授予专利权的技术称为专利技术，将专利申请称为专利，使公众误认为所涉及的技术是专利技术，属于《专利法实施细则》第八十四条第一款第（三）项规定的“在产品说明书等材料中将未被授予专利权的技术或者设计称为专利技术或者专利设计，将专利申请称为专利”的情形，构成假冒专利行为。

案例

专利被授权前标称为专利

2015 年 6 月，某市知识产权局在例行检查中发现，某企业制造并出售的电饭锅上标注有“中国外观设计专利，专利号 ZL20143×××××××.×”字样。经查证，该专利的授权公告日为 2015 年 2 月 16 日，而该批产品生产于 2014 年 10 月。该企业辩称：该专利的申请日为 2014 年 5 月 9 日，根据《专利法》第四十二条的规定，专利权的保护期自申请日起计算，2014 年 10 月在专利保护期内，因此，该标注行为不构成假冒专利行为。

分析

根据《专利法》第四十条的规定："实用新型和外观设计专利申请经初步审查没有发现驳回理由的，由国务院专利行政部门作出授予实用新型专利权或者外观设计专利权的决定，发给相应的专利证书，同时予以登记和公告。实用新型专利权和外观设计专利权自公告之日起生效。"由此可知，本案中的专利权自2015年2月16日起生效，专利标识应在专利权授权之后，而不是在专利申请日之后进行。即便该专利最终获得了授权，在其授权公告日之前的标注行为仍构成假冒专利行为。

鉴于该专利申请最终获得授权，且该行为是在专利授权后才被执法人员发现的，客观危害性较小，可以从轻处罚。

（二）专利号真实但仍属于假冒

案例

未经许可标注他人的专利号

某市知识产权局在检查中发现，甲公司生产的产品上标注了专利号，但甲公司无法提供专利证书。经查证，该专利号是真实存在的，专利权人是乙公司。甲公司也无法提供授权许可合同，其对该专利号的使用并未获得乙公司的许可。

分析

该案中，甲公司未经许可在其产品上标注乙公司的专利号，属于《专利法实施细则》第八十四条第一款第（一）项规定的"未经许可在产品或者产品包装上标注他人的专利号"的情形，构成假冒专利行为。

案例

标注已提前终止的专利标识

2016年，某家电门市部销售的由甲公司生产的空调上标注专利号ZL20011×××××.×。经查证，该涉案专利真实存在，但已因未及时缴纳年费于2015年终止。

分析

涉案专利因未缴费而终止，专利权终止之后，继续在产品或者其包装上标注专利标识，属于《专利法实施细则》第八十四条第一款第（一）项规定的"专利权终止后继续在产品或者其包装上标注专利标识”的情形，构成假冒专利行为。

案例

标注权利已放弃的专利标识

甲公司于2017年在自己生产的产品上标注专利号。经查证，该专利号真实存在，但甲公司已于2016年主动声明放弃了该专利权。

分析

专利申请获得授权，专利权人可以主动声明放弃；放弃后，专利权人不再享有专利标识的标注权。该案中，涉案专利权已被甲公司放弃，甲公司仍在产品上标识该专利标识，属于《专利法实施细则》第八十四条第一款第（一）项规定的“专利权终止后继续在产品或者其包装上标注专利标识”的情形，构成假冒专利行为。

案例

标注被宣告无效的专利标识

某家电门市部销售某品牌空调，该空调上标注有专利号。经查证，专利号真实存在，但该专利权已被全部宣告无效，该决定已生效。

分析

该案中，涉案专利权已经被宣告无效。专利权被宣告无效后，该品牌生产商继续在产品或者其包装上标注专利标识，属于《专利法实施细则》第八十四条第一款第（一）项规定的“专利权被宣告无效后或者终止后继续在产品或者其包装上标注专利标识”的情形，构成假冒专利行为。

该门市部的销售行为属于《专利法实施细则》第八十四条第一款第（二）项规定的“销售第（一）项所述产品”的情形，也构成假冒专利行为。

案例

非专利产品上标注专利标识

某公司在自己的产品上标注了专利号。经查证，专利号真实存在，但该产品采用的技术方案已在审查过程中被该申请人主动删除，公司对该技术方案的放弃已被受理审查部门接受。

分析

本案中的专利号真实有效，但产品采用的技术方案并非该专利对应的技术方案，公司的标注行为属于《专利法实施细则》第八十四条第一款第（一）项规定的“在未被授予专利权的产品或者其包装上标注专利标识”的情形，构成假冒专利行为。

保护期已满仍标注专利标识

2017 年，某经销处销售的由甲公司 2016 年生产的食品，包装袋上标注外观设计专利号 ZL20053×××××. ×。经查证，该包装袋的生产日期为 2016 年。

分析

外观设计专利权的有效期为 10 年（2021 年 6 月 1 日后改为 15 年），该包装的外观设计专利权已于 2015 年届满。在专利权有效期届满之后，甲公司继续在该包装上标注专利标识，属于《专利法实施细则》第八十四条第一款第（一）项规定的情形，构成假冒专利行为。

（三）销售假冒专利产品的行为

销售假冒专利的产品也构成假冒专利行为，但以下几种情形比较特殊，需要注意。

销售专利终止前的产品不违法

2016 年 10 月，执法人员在执法时发现，甲商场销售的某产品上标注有“产品专利：ZL20132×××××××. ×”。经查证，涉案专利权因未缴年费提前终止，终止日期为 2015 年 5 月 31 日。该产品盒内合格证载明“出厂日期 2015 年 5 月 10 日”。

分析

该案中，涉案产品的出厂日期在专利权终止日之前，可知其生产日期也在专利权终止日之前，该标注行为属于在专利权有效期内合法标注。虽然甲商场的销售行为发生在专利权终止日之后，但该行为符合《专利法实施细则》第八十四条第二款规定的"专利权终止前依法在专利产品、依照专利方法直接获得的产品或者其包装上标注专利标识，在专利权终止后许诺销售、销售该产品的，不属于假冒专利行为"之情形，依法不构成假冒专利行为。

因此，执法人员在执法过程中，应该查明涉案产品的生产日期及专利的法律状态日，据以判断销售者的行为是否属于假冒专利行为。

案例

销售被宣告无效前生产的产品仍违法

2018 年 4 月，执法人员发现某商场销售的饮水机产品上标注有"实用新型专利：ZL20132×××××××. ×"。经查证，涉案专利权已被宣告无效，生效的无效决定日为 2018 年 1 月 10 日，该产品生产日期为 2017 年 3 月 8 日。

分析

涉案专利已于 2018 年 1 月 10 日被宣告无效，虽然产品生产日期是在无效决定日之前，但是《专利法实施细则》第八十四条第二款规定的例外不适用被宣告无效的情形。因为根据《专利法》第四十七条第一款的规定，宣告无效的专利权视为自始即不存在。对相关行为的法律评价要放在专利不存在的前提下进行。

根据《专利法》第四十七条第二款的规定："宣告专利权无效的决定，对在宣告专利权无效前人民法院作出并已执行的专利侵权的判决、调解书，已经履行或者强制执行的专利侵权纠纷处理决定，以及已经履行的专利实施许可合同和专利权转让合同，不具有追溯力。"显然不追溯的情形也不包含该类行为。

不仅在专利权被宣告无效后，生产者和销售者不可以在产品或者其包装上标注专利标识，进行专利宣传，而且产品在专利被宣告无效前已经生产并标注专利标识的，销售者也不得进行销售，否则也构成假冒专利行为。

案例

善意销售假冒专利产品应免罚

某文具店销售的文具产品外包装上标注有 ZL20032×××××. ×，生产日期为 2014 年 7 月。经查证，专利号真实存在，该专利申请日为 2003 年 10 月 20 日，2013 年 10 月

19日保护期已届满。在随后的陈述申辩环节，该文具店提供了涉案产品的进货发票、入库单等材料。

分析

根据《专利法实施细则》第八十四条第三款的规定，销售不知道是假冒专利的产品，并且能够证明该产品合法来源的，由管理专利工作的部门责令停止销售，但免除罚款的处罚。

该款规定减轻了善意销售假冒专利产品者的法律责任，但销售行为仍然构成假冒专利行为，只要停止销售即可不被处以罚款。

该案中，涉案专利为发明专利，该专利权已于2013年12月19日届满终止。涉案文具是2014年生产的，该文具属于假冒专利的产品。但由于文具店不可能了解该文具是否有专利权，即使了解也不可能知道专利权何时到期，文具店也没有义务关注审查，因此，只要有合法来源的证明材料就可以免除罚款。

案例

善意销售假冒专利产品的应停售

某商场销售的水杯上标注有专利标识。经查证，所标识的专利号对应的专利并非水杯，而是铁锅。该商场涉嫌假冒专利，执法人员向该商场发出行政处罚告知书。该商场提交了进货合同、发票等证据证明产品具有合法来源，并称事先不知道该产品为假冒专利产品。

分析

销售商能够提供产品的合法来源证明，其对该产品是假冒专利的事实也并不知情，因此，免除罚款，但需责令其停止销售该产品。

案例

善意卖家拒不停售应视为恶意

某市知识产权局对某商场进行检查，发现某品牌豆浆机上标注的专利号并不存在，该商场涉嫌假冒专利行为。该商场向执法人员提交了购买上述豆浆机的发票，证明产品具有合法来源，并称事先不知道为假冒专利的产品。该市知识产权局责令其停止销售该产品，但该商场并未执行。

分析

该案中，销售商虽能够提供产品的合法来源证明，也确实不知晓商品为假冒专利产品，但事后明知是假冒专利的产品仍然不停止销售行为，就不能视为善意，不能适用《专利法实施细则》第八十四条第三款的规定，应认定其行为属于假冒专利行为，并给予罚款处罚。

（四）伪造专利证书、专利文件

案例

伪造专利证书

甲公司在产品展销会上，摆出了所展产品的发明专利证书，专利号为ZL20151×××××××.×。经查证，上述专利号和相关专利权均不存在。

分析

甲公司的行为，是典型的伪造专利证书的行为，属于《专利法实施细则》第八十四条第一款第（四）项规定的“伪造或者变造专利证书、专利文件或者专利申请文件”之情形，构成假冒专利行为。

案例

伪造授权公告书

甲与乙进行合作洽谈，洽谈中甲宣称获得了某项技术的专利权，并提供了相关专利授权公告文本复印件。后乙举报甲涉嫌假冒专利。经查证，甲提供的专利授权公告文本是伪造的，该专利权并不存在。

分析

该案当事人甲的行为是典型的伪造专利文件的行为，属于《专利法实施细则》第八十四条第一款第（四）项规定的情形，构成假冒专利行为。

案例

伪造权利要求书

在合作研发某产品的磋商过程中，甲公司向乙公司出示若干份专利文件，并宣称已就该产品提交多项相关发明专利申请，短期内有望获得授权。经乙公司要求，甲公司提供了相关专利权利要求书等文件。经查证，甲公司并未提出过任何专利申请，上述申请文件均系伪造。

分析

甲公司的行为是典型的伪造专利申请文件的行为，属于《专利法实施细则》第八十四条第一款第（四）项规定的情形，构成假冒专利行为。

案例

变造专利权类型

为便于本公司的产品推销，某公司在产品售卖现场展示了其专利证书。经查验，该证书为真，但专利号和专利名称不存在。原来是行为人将本公司的实用新型专利证书变造为发明专利，专利号也作了相应变造。

分析

所谓变造，即在真实证书的基础上，对证书上的某些内容进行更改。该公司的行为属于典型的变造专利证书的行为，属于《专利法实施细则》第八十四条第一款第（四）项规定的情形，构成假冒专利行为。

案例

变造专利权利人、时间及编号

甲在参加展会时将其外观设计专利证书摆放在展位上招揽顾客，经执法人员查证，除专利权人不同外，其他信息均为真，权利也在有效期内。原来是甲捡到同行遗失的外观设计专利证书，将权利人变造为自己企图蒙骗公众。

甲公司在一次产品展销会上宣称自己的产品系专利产品，并摆出了专利证书。有群众到展会执法处举报，称甲公司涉嫌假冒专利，执法人员前去检查，发现证书存在变造情形，该专利实际已经到期，行为人将有关时间及编号做了变造。

分析

以上案例所述两种情况，当事人的行为都是典型的变造专利证书的行为，属于《专利法实施细则》第八十四条第一款第（四）项规定的情形，构成假冒专利行为。

（五）其他假冒专利的行为

案例

张冠李戴的标注

某保健器材公司生产的按摩椅上标注有专利号。经查证，该专利号对应的专利名称为“腰椎护理仪”，并非“按摩椅”。

分析

虽然“腰椎护理仪”“按摩椅”是近似产品，产自同一生产单位，但也不能随便标注。内容易使公众混淆，其效力与将未被授予专利权的技术或者设计误认为是专利技术或者专利设计在本质上是相同的，构成假冒专利行为。

案例

错误宣传专利类型

某企业代理商为推广销售某产品，在某晚报上刊登广告，宣称该产品为“国家发明专利”，标注专利号 ZL20152×××××××. ×，但实际却为实用新型专利号。经执法人员查验，该专利号确实存在，并为生产商持有。

分析

该案中，该企业代理商未按照《专利法实施细则》第八十三条以及《专利标识标注办法》的规定标注专利标识，虽如实标注专利号，但错误标注专利类型。这种行为使得公众误认为该专利是技术含量更为高级的发明专利，构成假冒专利行为。

案例

指向不明的专利宣传

某美容整形医院在网站上宣称，本院自设立以来，一直专注于为广大爱美人士提供“专利开眼角”“专利去皱”等医疗美容服务，并标有相关实用新型专利号。后发生医疗美容事故纠纷，医院被顾客投诉虚假宣传。经执法人员调查，该医院确实拥有多项实用新型专利权，但对应的均为美容仪器或其部件。

分析

该美容整形医院的经营项目是医疗美容服务，在网站上做广告的意图也是招揽顾客、推销其美容服务。但宣传内容易造成公众误认为其有医疗美容方法专利，公众会认为既然是专利方法，就应该比传统方法效果会更好，手术更安全。实际上，其专利并非医疗美容方法，只是仪器。医院的上述标注行为属于假冒专利行为。

未用专利设计而标注专利

某公司在形状相同而图案、色彩不同的异形玻璃杯外包装上都标有同一专利标识“外观设计专利号：ZL20083×××××××.×”。经查证，该外观设计专利权处于有效期内，但其所要求保护的玻璃杯上的图案、色彩与实体产品并不相同，并且该外观专利要求保护色彩。

分析

按照《专利法》第二条第四款的规定，外观设计，是指对产品的整体或者局部的形状、图案或者其结合以及色彩与形状、图案的结合所作出的富有美感并适于工业应用的新设计。

该案中，尽管玻璃杯形状相同，但图案、色彩不同，在未使用专利外观设计的产品上标注该专利号，其效力与在未被授予专利权的产品或者包装上标注专利标识相同，构成假冒专利行为。

上述情形只是常见类型，实践中也有一些特殊的形式。将来还会出现新的假冒专利行为类型，执法人员需要结合立法目的、立法精神进行判断。

案例

经授权且落入专利权保护范围，但标注随意，系标注不规范

甲公司是生产家具的企业，拥有一项电视柜的外观设计专利，专利号为ZL20153××××××××.×。甲公司授权乙家具制造厂可以实施该专利，后乙家具制造厂在自己生产的电视柜上使用了该外观设计。在该款电视柜的说明书和包装上标注了“中国外观设计专利”，但没有标注专利号，被地方知识产权局执法人员发现。乙家具制造厂表示，自己不懂法律，以为标注了专利类型即可。

分析

在本案中，行为人乙家具制造厂获得了专利权人甲公司的授权，可以使用该外观

设计专利。乙家具制造厂也确实在电视柜上使用了该外观设计，因此乙家具制造厂有权在该产品上标注专利标识，乙家具制造厂的行为不属于侵权，也不属于假冒专利行为。由于专利标识的标注要求既要标注文字，又要标注专利号，而乙家具制造厂只标注了文字未标注专利号，违反了《专利标识标注办法》第五条的规定，应责令其改正。

案例

经授权亦标注，但未落入专利权保护范围，属假冒专利行为

甲研究所拥有一项无线便携式打印机的发明新型专利，专利号ZL20101×××××××.×。乙公司的主营产品是打印机，为使产品更具竞争力，主动与甲研究所取得联系，拿到授权许可，可以实施该专利。乙公司在实施过程中采用的技术方案并没有完全落入该专利权的保护范围，在该批打印机及其包装上标注了"中国发明专利，专利号ZL20101×××××××.×"。地方知识产权局执法人员检查时发现该问题。乙公司出示许可协议表示属于有权标注。

分析

在本案中，行为人乙公司获得了专利权人甲研究所的授权，可以使用该发明专利。但乙公司实施的技术方案却与专利技术方案不同，也就是说乙公司没有采用该专利，因此乙公司虽获得授权，但仍不得标注，乙公司的标注行为构成假冒专利行为。

第二节　执法程序

一、案件来源

专利执法部门查处假冒专利行为案件的来源，主要有："双随机、一公开"抽查检查过程中发现的假冒行为；执法专项行动中发现的假冒专利行为；公众举报所辖区域内有假冒专利案件；被上级机关指定管辖和接受移送管辖的案件。

（1）"双随机、一公开"抽查检查过程中发现的假冒行为。"双随机、一公开"是指在监管过程中随机抽取检查对象，随机选派执法检查人员，抽查情况及查处结果及时向社会公开。

（2）执法专项行动中发现的假冒专利行为。市场监督管理部门根据实际情况，开展包括打击假冒专利行为在内的知识产权执法专项行动，或者单独开展打击假冒专利行为的专项行动，在专利行动中发现案源，及时组织执法力量进行查处。

（3）公众举报所辖区域内有假冒专利案件。专利执法部门应当通过广播、电视、报刊等媒体或者公告栏、官方网站等方式公布举报假冒专利行为的电话号码、电子邮箱等联系方式，条件允许的地方也可专门开发投诉举报小程序，以方便接收公众举报并给举报者以适当数额的奖励等。

专利执法部门应设立专门的负责接待举报的工作人员，对前来举报假冒专利行为的个人或单位，应当要求其如实提供信息。对举报人提供的相关举报信息及材料进行如实登记，制作《涉嫌假冒专利行为举报登记表》。举报人要求将最终的处理结果给予反馈的，或者按照专利执法部门的有关奖励规定要求领取举报奖金的，负责接待的工作人员还应记录举报人的联系方式并要求举报人提供身份证复印件。举报登记材料应当及时移交给办案部门。

《涉嫌假冒专利行为举报登记表》样式如下：

涉嫌假冒专利行为举报登记表

<table>
<tr><td>举报时间</td><td>年 月 日</td><td>举报方式</td><td>□电话 □书信 □邮件 □口头</td></tr>
<tr><td rowspan="3">举报人</td><td rowspan="3"></td><td>联系地址</td><td>省 市 （区县） 路</td></tr>
<tr><td>联系电话</td><td></td></tr>
<tr><td>电子邮箱</td><td></td></tr>
<tr><td>被举报人</td><td colspan="3"></td></tr>
<tr><td>被举报人地址</td><td colspan="3">省 市 （区、县） 路</td></tr>
<tr><td>举报内容</td><td colspan="3">涉嫌假冒专利的产品名称：____________
产品标注的专利号：中国外观设计专利（实用新型专利、发明专利）ZL20××3（2、1）××× ××× ×.×
产品销售单位：
产品销售地：
产品生产单位：
生产单位地址：
产品生产时间：
邮编：
电话：</td></tr>
</table>

说明：举报内容应当包括产品名称、标注专利号、涉嫌假冒专利行为发生地、产品销售地、生产单位、销售单位、地址、邮编、电话等内容。

(4) 被上级机关指定管辖和接受移送管辖的案件。根据《专利行政执法办法》第二十九条的规定，查处假冒专利行为由行为发生地的专利执法部门管辖。专利执法部门对管辖权发生争议的，由其共同的上级人民政府专利执法部门指定管辖；无共同上级人民政府专利执法部门的，由国家知识产权局指定管辖。

依据该规定，同一省内的不同市专利执法部门之间发生管辖权争议的，可以报请共同所属的省专利执法部门进行指定管辖，由省专利执法部门指定有管辖权的市专利执法部门处理假冒专利案件。若不同省份的市专利执法部门之间就某一案件的管辖权发生争议，则需要报请国家知识产权局来指定管辖。

专利执法部门接收到的其他部门移送的案件，应当审查是否属于本局管辖，对不属于本专利执法部门管辖的不予接收，并应说明不予接收的理由；已经接收的，应报共同上级部门指定管辖，不可以再自行移送。

二、立案

(一) 立案的条件

符合以下条件的假冒专利行为，专利执法部门应当决定立案查处：存在涉嫌假冒专利行为的事实；涉嫌假冒专利的行为主体明确，行为主体可以是自然人、个体工商户或者法人；有明确的地址；属于该专利执法部门管辖。

(二) 立案的时限

《专利行政执法办法》第二十八条规定，专利执法部门发现或者接受举报、投诉发现涉嫌假冒专利行为的，应当自发现之日起 5 个工作日内或者收到举报、投诉之日起 10 个工作日内立案，并指定 2 名或者 2 名以上执法人员进行调查。专利执法部门对“双随机、一公开”抽查检查中发现的假冒专利行为，可以先进行查处，后补办立案审批手续。

(三) 立案审批

执法人员应当及时审查假冒专利案件线索材料，制作《涉嫌假冒专利案件立案审批表》，提出是否立案建议，提交给执法部门负责人、局领导审批。是否需要法制审核机构审核，根据有关规定执行。

《涉嫌假冒专利案件立案审批表》样式如下：

涉嫌假冒专利案件立案审批表

案号：________

<table>
<tr><td rowspan="3">涉嫌违法行为人</td><td>姓名</td><td></td><td>性别</td><td></td><td>年龄</td><td></td></tr>
<tr><td>名称</td><td colspan="3"></td><td>法定代表人（负责人）</td><td></td></tr>
<tr><td>住所</td><td colspan="3"></td><td>联系电话</td><td></td></tr>
<tr><td colspan="2">案件来源</td><td colspan="3"></td><td>举报人及联系电话</td><td></td></tr>
<tr><td colspan="2">案发地点</td><td colspan="3"></td><td>案发时间</td><td></td></tr>
<tr><td colspan="2">产品名称</td><td colspan="3"></td><td>专利号</td><td></td></tr>
<tr><td colspan="2">案情简介</td><td colspan="5"></td></tr>
<tr><td colspan="2">承办人意见</td><td colspan="5">根据《中华人民共和国专利法实施细则》第八十四条的规定，建议
☐予以立案处理；
☐不予立案处理。
签字：________
________年____月____日</td></tr>
<tr><td colspan="2">部门负责人意见</td><td colspan="5">签字：________
________年____月____日</td></tr>
<tr><td colspan="2">分管局领导意见</td><td colspan="5">签字：________
________年____月____日</td></tr>
</table>

对于公众举报案件，举报人举报时明确要求反馈处理结果的或者请求领取举报奖金的，如依法决定不予立案，应当将不予立案情况反馈给举报人。对于指定管辖或者其他部门移送过来的案件，专利执法部门决定不予立案的，也应当有充分的理由。

《假冒专利案件立案通知书》样式如下：

假冒专利案件立案通知书

案号：__________

<table>
<tr><td rowspan="3">涉嫌违法行为人</td><td>姓名</td><td></td><td>性别</td><td></td><td>年龄</td><td></td></tr>
<tr><td>名称</td><td colspan="3"></td><td>法定代表人（负责人）</td><td></td></tr>
<tr><td>住所</td><td colspan="3"></td><td>联系电话</td><td></td></tr>
<tr><td colspan="2">案发地点</td><td colspan="3"></td><td>案发时间</td><td></td></tr>
<tr><td colspan="2">涉及产品</td><td colspan="3"></td><td>涉及专利号</td><td></td></tr>
<tr><td colspan="2">涉嫌违法情况</td><td colspan="5"></td></tr>
</table>

________：根据《中华人民共和国专利法实施细则》第八十四条的规定，你（单位）已涉嫌假冒专利，本局决定予以立案。

如果有陈述、申辩意见，你（单位）可在收到本通知书后________日内向本局提出。

特此通知。

__________（专利执法机关）（盖章）

________年___月___日

案件承办人：

联系电话：

本局地址：

邮政编码：

说明：本通知书一式两份，一份送达当事人，一份由专利执法部门存档。

《举报涉嫌假冒专利案件不予立案通知书》样式如下：

举报涉嫌假冒专利案件不予立案通知书

<table>
<tr><td>举报时间</td><td></td><td>举报方式</td><td>□电话　□口头　□书面</td></tr>
<tr><td rowspan="3">举报人</td><td rowspan="3"></td><td>联系地址</td><td></td></tr>
<tr><td>联系电话</td><td></td></tr>
<tr><td>电子邮箱</td><td></td></tr>
<tr><td colspan="4">被举报人</td></tr>
<tr><td>被举报人地址</td><td colspan="3">省　　市　　（区、县）</td></tr>
<tr><td>举报内容</td><td colspan="3"></td></tr>
</table>

__________：

你（单位）举报的上述涉嫌假冒专利行为，已经本局调查核实。

根据《中华人民共和国专利法实施细则》第八十四条的规定，不构成假冒专利，理由如下：

1. ____________________
2. ____________________
因此，本局决定不予立案查处。如果有不同意见或发现有新的违法情况，你（单位）可再次向本局举报。
特此通知。

________（专利执法机关）（盖章）
____年___月___日

案件承办人：
联系电话：
本局地址：
邮政编码：
说明：本通知书一式两份，一份送达当事人，一份由专利执法部门存档。

（四）指定执法人员

执法部门负责人应当在立案审批时或者立案后，及时为每个案件指定 2 名或者 2 名以上执法人员进行调查处理。执法部门领导应在被指派的执法人员中确定案件主办人和协办人。

案件主办人负责案件处理过程中文书的起草及撰写、主持现场检查、主持听证程序、讨论案情、拟定处理意见及呈报结案等工作。

案件协办人的主要工作职责是配合主办人员开展执法工作，负责拍照、录音录像以及物证的提取/保管、文书的送达等。

三、调查取证

专利执法部门在对涉嫌假冒专利的行为进行立案后，应当进行必要的调查取证工作，取证方式包括询问、现场查验、查阅、复制有关资料账簿、查封扣押有关产品、专利检索等，以确保案件得到正确认定和处理。

（一）现场检查取证

现场检查是指执法人员进入涉嫌构成假冒专利行为的生产经营场所进行实地查验，通过法定程序、以法定方式收集固定证据的工作。

1. 进场前的准备工作

在实施现场检查前，执法人员应当完成下列准备工作：

（1）阅读、研究案卷，了解案情，确定属于哪一种类型的假冒行为，从而确定调查的方向和主要事实。

（2）拟定制作一份取证目录（见表 3-1），做到进场检查时心中有数，不至于发生遗漏。

表 3-1　　取证目录表

<table>
<tr><th>类别</th><th>取证内容</th><th>取证目的</th></tr>
<tr><td rowspan="3">行为表现类</td><td>产品标签、铭牌、货牌</td><td rowspan="3">1. 有无标注专利标识的行为
2. 有无宣称为专利产品或专利方法的行为
3. 标注的具体内容是什么</td></tr>
<tr><td>产品包装的外观标注</td></tr>
<tr><td>产品说明书、宣传材料</td></tr>
<tr><td rowspan="4">权利依据类</td><td>专利证书、专利文件或者专利申请文件</td><td rowspan="4">1. 标注行为是否有权利依据
2. 若无，其违法行为主观状态如何
（1）若证书为真则可能无主观故意
（2）若专利证书、专利文件、授权书系伪造变造，则违法行为具有主观故意
3. 是否涉嫌犯罪，是否需移送公安</td></tr>
<tr><td>专利年费缴纳证据</td></tr>
<tr><td>有关无效宣告决定书、裁定书或判决书</td></tr>
<tr><td>专利使用许可合同或授权书专利权转让合同</td></tr>
<tr><td rowspan="3">违法所得类</td><td>假冒行为持续的时间</td><td rowspan="3">1. 若假冒行为成立，作为认定违法所得和确定罚款数额的参考依据
2. 判定非法经营数额是否达到犯罪标准，作为是否需移送公安的参考</td></tr>
<tr><td>涉案产品的库存、销货记录</td></tr>
<tr><td>涉案产品的销售价格</td></tr>
<tr><td rowspan="3">其他</td><td>采购涉案产品的合同、协议</td><td rowspan="3">有无免除罚款的情形</td></tr>
<tr><td>购入涉案产品的付款记录</td></tr>
<tr><td>假冒行为是否已经停止、停止时间</td></tr>
</table>

（3）主办人员召开进场前的预备会，制定取证方案，明确现场检查时负责录像、拍照、记录的人员分工，现场检查的具体时间和内容，重点检查的问题，以及可能出现的各种意外情况及处理方案。根据实际情况需要，也可分组行动，分组行动时，需要明确各组的任务及负责人。

（4）执法人员应准备好《现场检查通知书》《现场检查登记清单》等现场检查需要的各种文书，执法装备如照相机、摄影机、执法记录仪、录音笔，专利行政执法证件等。

（5）提前确定前往路线，必要时可以要求举报者陪同指路。

（6）如果现场检查过程需其他部门或人员协助，需提前与有关部门或人员取得联系，并明确工作内容。

根据案情需要，执法人员可以要求举报者或其他有关人员配合进入检查现场。但举报人要求保密，或者可能危及前述人员人身安全的，不应进入现场。

被要求配合进入现场取证的举报者等有关人员，应当听从执法人员的指挥安排，在允许的范围内配合现场检查，不得擅自拍照、录音、录像等。

2. 进场时，执法人员应表明身份、说明来意

现场检查时，执法人员应严肃着装，并持有国家知识产权局或者省、自治区、直辖市人民政府颁发的专利行政执法证件。由案件主办人员主持，协办人员及其他有关人员协助主办人进行现场检查。

负责摄影和拍照的执法人员，应当通过执法记录仪或其他拍摄手段，全面、客观地记录执法人员现场执法的全过程。

执法人员进行现场检查时，应当主动向当事人或者有关人员表明身份、说明来意，并出示专利行政执法证件及《现场检查通知书》。

执法人员应告知对方权利，如在实施现场检查过程中，涉嫌假冒专利行为的主体有权在场，如主体是单位的，有权指派人员在场。执法人员还应告知当事人及有关人员应当协助、配合，如实反映情况，不得拒绝、阻挠；告知其不予配合可能要承担的法律责任。

3. 实施检查

执法人员应围绕案情，运用各种手段收集相关证据。对当事人的生产厂房、成品仓库、产品展厅或展示货柜等有关场所里的产品进行现场检查。负责摄影和拍照的执法人员对当事人从事假冒专利的生产经营情况、有关涉案产品的情况也要进行拍摄记录。尤其要对以下事项进行重点检查：

（1）对标注有专利号的产品进行检查并录像、拍照；

（2）对标注有“专利产品　仿冒必究”等字样的产品进行检查并录像、拍照；

（3）对标注有“已申请专利”等字样的产品进行检查并录像、拍照；

（4）对宣称运用专利技术的产品或方法的广告或说明书进行检查并录像、拍照；

（5）对其他涉嫌假冒专利的产品或行为进行检查并录像、拍照。

4. 制作调查笔录

执法人员在现场检查的同时，应当制作现场调查笔录，现场调查笔录的制作须有2名以上执法人员在场。现场调查笔录应当交由当事人及有关人员查阅核对、确认，并签名或者盖章。拒绝签名或者盖章的，执法人员应在现场调查笔录上注明原因，并可以要求其他在场人员签名或者盖章予以证明。

主办人员负责现场询问，协办人员负责记录，也可以同步使用录音、录像设备进行记录。针对一个被询问对象制作一份询问笔录。

笔录中如有错误需要更正的，应在涂改处由被询问对象签名、按手印或者盖章确认。

现场调查笔录需记载的重要事项包括：

（1）被调查人的基本情况。被调查人是单位的，应载明单位的名称、法定代表人或者经营者的姓名、地址等；被调查人是自然人或个体户的，应载明被调查人的姓名、身份证号、职务和所负责的工作。

（2）生产经营的基本情况。包括涉案产品的名称、型号，生产、销售涉案产品的时间、数量、价格，涉案产品的库存情况等。

（3）涉案产品专利标注或宣传情况。如是否拥有或被许可使用相关的专利权、标注专利号或专利标记的目的等。

（4）涉案产品的制造或购入时间。若专利确实存在但已过期、放弃或被无效，需要确认涉案产品的制造时间是在专利权利终止之前还是之后。

假冒专利案件现场调查笔录样式如下：

××知识产权局

假冒专利案件现场调查笔录

案号：××知法假字〔20××〕×号

案由：A公司假冒专利案

被调查人：

姓名：B某　**单位：**A公司

地址：××省××市××号　**电话：**××××××××

调查人：

姓名：执法人员甲　**单位：**××知识产权局　**职务：**××

姓名：执法人员乙　**单位：**××知识产权局　**职务：**××

调查时间：20××年×月×日×时×分至×时×分

调查地点：A公司经营场所

调查笔录：（以下笔录中调查人员简称“调”，被调查人员简称“被”）

调：（固定格式与实际情况记录相结合文本）我们是××知识产权局专利行政执法人员执法人员甲、执法人员乙，这是我们的证件（出示证件）。根据《中华人民共和国专利法》第六十四条规定，我们就你公司销售的产品涉嫌假冒专利行为一事，对你进行调查，请你予以配合。通过检查你公司××店商品，其中××商品涉嫌假冒专利，我们对上述商品进行了抽样取证（具体内容见《假冒专利抽样取证清单》），并向你们下达《协助调查通知书》和《假冒专利案件抽样取证决定》，请按照《协助调查通知书》要求提供相关材料，到××知识产权局接受调查。

被：（实际情况记录文本）好的，我们会积极配合。

调：（固定格式与实际情况记录相结合文本）现在确定一下你的身份，请问你与A公司是什么关系？

被：（实际情况记录文本）我是A公司的销售经理B某，电话为××××××××。

调：（固定格式文本）如上述情况属实的话，请签字确认。

被：（实际情况记录文本）好的。

（被调查人看过无异议后，请抄写：以上内容已阅，情况属实。）

（抄写处）以上内容已阅，情况属实。

被调查人（签字）：B某　20××年×月×日

调查人（签字）：甲　20××年×月×日

乙　20××年×月×日

5. 提取物证

专利执法部门调查收集证据可以采取抽样取证的方式。被抽取样品的数量，应当以能够证明事实为限。提取同种样品的数量一般不超过2个，不可随意扩大数量。执法人员进行抽样取证应当制作《假冒专利案件抽样取证清单》，写明被抽取样品的名称、特征、数量以及保存地点，由执法人员、被调查的单位或者个人签字或者盖章。被调查的单位或者个人拒绝签名或者盖章的，由执法人员在笔录上注明。清单应当交被调查人一份。所抽样品应当转入封存袋，在封存包装上由执法人员、被调查的单位或者个人骑缝签字或盖章。

《假冒专利案件抽样取证清单》样式如下：

假冒专利案件抽样取证清单

案号：________

<table>
<tr><td>案由</td><td colspan="5"></td></tr>
<tr><td rowspan="2">被取证人</td><td>姓名或者名称</td><td colspan="2"></td><td>法定代表人（负责人）</td><td></td></tr>
<tr><td>住所</td><td colspan="2"></td><td>电话</td><td></td></tr>
<tr><td>序号</td><td>被抽样取证物品名称</td><td>规格型号</td><td>数量</td><td>单价</td><td>保存地点</td></tr>
<tr><td></td><td></td><td></td><td></td><td></td><td></td></tr>
<tr><td></td><td></td><td></td><td></td><td></td><td></td></tr>
<tr><td></td><td></td><td></td><td></td><td></td><td></td></tr>
<tr><td></td><td></td><td></td><td></td><td></td><td></td></tr>
<tr><td colspan="3">被取证人（签章）：________
________年____月____日</td><td colspan="3">案件承办人（签章）：________
________年____月____日</td></tr>
<tr><td colspan="6">备注：</td></tr>
</table>

说明：本抽样取证清单一式两份，一份交被取证人，一份由知识产权局保存。

6. 证据的现场登记

执法人员在现场检查过程中，应当对与案件相关的物品及图纸、资料、合同、账册等予以清点，可以查阅、复制与案件有关的合同、账册、宣传材料、说明书等有关文件。

执法人员可以视情况查封、收缴与假冒专利行为有关的合同、标记、账册、宣传材料、说明书等资料。

填写《现场检查登记清单》应当载明产品名称、型号、特征、数量、来源等内容，并交由当事人及有关人员核对、确认，无误后签名或者盖章。当事人及有关人员拒绝确认、签名或者盖章的，执法人员应当在《现场检查登记清单》上注明原因，并可以要求其他在场人员签名或者盖章予以证明。

《现场检查登记清单》要和笔录的内容一致，一式两联，第一联附卷，第二联交当事人或者有关人员。

（二）强制措施

专利执法部门可以根据案情需要，对有关涉案证据采取登记保存、查封、扣押等强制措施。

1. 登记保存

进行现场检查时，在证据可能灭失或者以后难以取得，又无法进行抽样取证的情况下，专利执法部门可以进行登记保存。

《假冒专利案件证据登记保存决定书》样式如下：

假冒专利案件证据登记保存决定书

案号：________________

__________________：

为查处假冒专利案件的需要，根据《专利行政执法办法》第四十条的规定，本局决定对有关物品（详见《假冒专利案件证据登记保存清单》）从________年____月____日____时起予以登记保存。

本局将在自上述日期起 7 日内作出处理决定。

在登记保存期间，任何人不得销毁、转移被登记保存的物品。

附件：《假冒专利案件证据登记保存清单》

_______知识产权局（盖章）

________年____月____日

说明：本决定一式两份，一份送达当事人，一份由知识产权局存档。

执法人员应当对查封物品加贴封条，进行现场拍照。执法人员进行登记保存，应当制作笔录和《假冒专利案件证据登记保存清单》，写明被登记保存证据的名称、特征、数量以及保存地点，由执法人员、被调查的单位或者个人签名或者盖章。被调查的单位或者个人拒绝签名或者盖章的，由执法人员在笔录上注明。清单应当交被调查人一份。

执法人员应在通知书上告知当事人或者有关人员，不得擅自撕毁封条、不得销毁或转移保存的物品。专利执法部门应在 7 日内对登记的物品作出处理决定。

《假冒专利案件证据登记保存清单》样式如下：

假冒专利案件证据登记保存清单

案号：________

<table>
<tr><td>案由</td><td colspan="5"></td></tr>
<tr><td rowspan="2">被登记保存人</td><td>姓名或者名称</td><td colspan="2"></td><td>法定代表人
（负责人）</td><td></td></tr>
<tr><td>住所</td><td colspan="2"></td><td>电话</td><td></td></tr>
<tr><td>序号</td><td>被登记保存物品名称</td><td>规格型号</td><td>数量</td><td>价格</td><td>保存地点</td></tr>
<tr><td></td><td></td><td></td><td></td><td></td><td></td></tr>
<tr><td></td><td></td><td></td><td></td><td></td><td></td></tr>
<tr><td colspan="3">被登记保存人（签章）：________
________年____月____日</td><td colspan="3">案件承办人（签章）：________
________年____月____日</td></tr>
<tr><td colspan="6">备注：</td></tr>
</table>

说明：本证据登记保存清单一式两份，一份交被登记保存人，一份由知识产权局保存。

2. 查封与扣押

对有证据证明是假冒专利的产品，专利标识与产品本身无法分离的，专利执法部门可以将其查封或者扣押以防流入市场。执法人员应当根据案情，提出是否采取查封、扣押措施的意见，经执法部门负责人审核后，报专利执法部门领导审批。

执法人员应为 2 人以上，执行查封、扣押措施时应当按照以下程序进行：①出示专利行政执法证件。②通知当事人到场。③当场告知当事人采取行政强制措施的理由、依据以及当事人依法享有的权利、救济途径，向当事人出具《查封（扣押）决定书》《查封（扣押）物品清单》。④听取当事人的陈述和申辩。⑤清点被查封、扣押的物品。⑥确定查封、扣押物品存放地点，在加贴封条后拍照和录像。⑦填写《查封（扣押）物品清单》，载明查封或扣押物品的名称、规格型号、数量、时间、地点。物品清单应由物品所有人、现场执法人员和其他在场人员签名或者盖章。当事人拒绝签名的，由执法人员在《查封（扣押）物品清单》及笔录上注明，《查封（扣押）物品清单》应一式两份，一份附卷，一份交当事人。⑧制作现场笔录，由当事人和执法人员签名或者盖章，当事人拒绝的，在笔录中予以注明。⑨当事人不到场的，邀请见证人到场，由见证人和行政执法人员在现场笔录上签名或者盖章。⑩法律、法规规定的其他程序。

注意：不得查封、扣押与违法行为无关的场所、设施或者财物；不得查封、扣押公民个人及其所扶养家属的生活必需品。已被其他机关依法查封的不得重复查封。

《查封（扣押）决定书》样式如下：

查封（扣押）决定书

案号：________________

____________________：

经查，你（单位）涉嫌____，根据《专利法》第六十九条的规定，本局决定对有关物品（详见《查封（扣押）物品清单》，案号____________________）从________年____月____日____时起实施（查封、扣押）行政强制措施。

在查封或扣押期间，未经本局同意，任何单位或者个人不得擅自隐藏、转移、变卖或者毁损被查封或被扣押的物品。

如对本行政强制措施不服，可以自收到本决定之日起 60 日内向____________________提起行政复议申请，或者 3 个月内向____________________人民法院提起行政诉讼。

申请行政复议或者提起行政诉讼期间，不停止本查封或扣押决定的执行。

附件：《查封（扣押）物品清单》（案号____________________）。

________知识产权局（盖章）

________年____月____日

说明：本决定一式两份，一份送达当事人，一份由知识产权局存档。

《查封（扣押）物品清单》样式如下：

查封（扣押）物品清单

案号：________________

<table>
<tr><td>案由</td><td colspan="5"></td></tr>
<tr><td rowspan="2">被查封（扣押）人</td><td>姓名或者名称</td><td></td><td colspan="2">法定代表人（负责人）</td><td></td></tr>
<tr><td>住所</td><td></td><td colspan="2">电话</td><td></td></tr>
<tr><td>序号</td><td>被查封（扣押）物品名称</td><td>规格型号</td><td>数量</td><td>价格</td><td>查封（扣押）地点</td></tr>
<tr><td></td><td></td><td></td><td></td><td></td><td></td></tr>
<tr><td></td><td></td><td></td><td></td><td></td><td></td></tr>
<tr><td></td><td></td><td></td><td></td><td></td><td></td></tr>
<tr><td></td><td></td><td></td><td></td><td></td><td></td></tr>
<tr><td></td><td></td><td></td><td></td><td></td><td></td></tr>
<tr><td></td><td></td><td></td><td></td><td></td><td></td></tr>
<tr><td colspan="6">被查封（扣押）人（签章）：________ 查封（扣押）执行人（签章）：________
________年____月____日 ________年____月____日</td></tr>
<tr><td colspan="6">备注：</td></tr>
</table>

说明：查封或扣押物品清单一式三份，一份交被查封（扣押）人，一份交保管人，一份由知识产权局存档。

3. 查封、扣押物的保管

对查封、扣押的涉案产品或者资料，专利执法部门应当妥善保管，不得使用或者损毁；造成损失的，应当承担赔偿责任。

专利执法部门也可以委托第三人保管，第三人不得损毁或者擅自转移、处置。因第三人的原因造成的损失，专利执法部门先行赔付后，有权向第三人追偿。

因查封、扣押发生的保管费用由专利执法部门承担。

4. 解除强制措施

有下列情形之一的，可以解除登记保存或者查封、扣押措施：经审查，当事人的行为不构成假冒专利行为的；经审查，当事人假冒专利行为成立，专利执法部门作出销毁相关物品决定的；其他应当解除登记保存或者查封、扣押的情况。

符合解除强制措施的，由专利执法部门案件主办人员提出，经部门领导同意并报分管局领导批准后，由执法人员负责解封，执行解封时执法人员不得少于 2 名。

执法人员解封时，应当制作笔录，并交由当事人签名或者盖章。

《解除行政强制措施决定》样式如下：

解除行政强制措施决定

案号：________________

____________________：

本局于________年____月____日以《查封（扣押）决定书》（案号：____________________），对你（单位）有关物品采取的行政强制措施，现决定自________年____月____日____时起

□全部

□部分（详见《解除查封或扣押物品清单》

予以解除。

其中需退还你（单位）的物品，你（单位）应于____个月内领取。逾期无人认领的，本局将按照有关规定采取拍卖或者变卖等方式处理物品。

附件：《解除查封或扣押物品清单》（案号：________）。

________知识产权局（盖章）

________年____月____日

联系人：

联系电话：

本局地址：

邮政编码：

说明：本决定一式两份，一份送达当事人，一份由知识产权局存档。

《解除查封或扣押物品清单》样式如下：

解除查封或扣押物品清单

案号：________________

案由					
被查封或被扣押人	姓名或者名称		法定代表人（负责人）		
	住所		电话		
序号	被查封或被扣押物品名称	规格型号	数量	价格	是否解除
备注：					
______知识产权局（盖章） ______年___月___日					

说明：解除查封或扣押物品清单一式三份，一份交被查封或被扣押人，一份交保管人，一份由知识产权局存档。

（三）遭遇阻挠

在现场检查中可能会遭遇当事人恶意阻挠、转移销毁书证、物证的情形，执法人员应保持冷静，对当事人进行必要的说服和教育工作，尽可能取得当事人的配合，将检查工作进行下去。

对不听劝阻，甚至采取对抗、禁锢执法人员等暴力手段阻挠执法工作的，执法人员应沉着应对，避免肢体冲突，在保证自身安全的前提下收集当事人暴力抗法、掩盖违法行为的证据。同时拨打110求助，并尽快将情况向上级专利执法部门汇报。

（四）网上取证

若假冒专利产品的生产者在网上发布广告宣传信息、产品征订信息、加盟合作信息等，执法人员可以对网上的这些行为进行固定保全。

销售假冒专利产品的行为也属于违法行为，鉴于目前电子商务已经非常普及，网络销售方式非常普遍，如果线上也有销售该产品的行为，此时可以采取网上取证方式。聘请公证机构对取证过程进行公证，或者通过网络交易监管电子取证软件取证。对涉嫌假冒专利的带有专利标识的产品图片、专利证书、文字介绍、销售数量、卖家信息等进行固定，也可以下单购买实物产品作为证据。

四、补充调查

根据案件处理需要，执法人员可以向当事人发出《协助调查通知书》，通知当事人在规定的时间内携带证据接受进一步调查。

执法人员向在场人员发出《协助调查通知书》的，应当交当事人签收确认，当事人拒绝签名或者盖章的，执法人员应当在笔录上注明。

当事人接受调查时，执法人员应当制作笔录，并交由当事人签名或者盖章。当事人拒绝签名或者盖章的，执法人员应当在笔录上注明。

可以通过登录国家知识产权局网站、拨打国家知识产权局咨询电话进行专利状态的查询，必要时到国家知识产权局办理专利登记簿副本、专利法律状态证明来查证。

《协助调查通知书》样式如下：

协助调查通知书

案号：________________

____________________：

你（单位）因涉嫌____，被我局依法立案调查。根据《中华人民共和国专利法》第六十九条、《中华人民共和国行政处罚法》第三十七条的规定，你（单位）有如实接受询问、协助调查、提供证据的义务，限你（单位）自收到本通知之日起 7 日内到我局接受询问，配合调查。来时应携带下列证件材料及证据：

1. 身份证
2. 企业营业执照副本
3. 法定代表人（负责人）身份证明
4. 若委托代理人的，需提交授权委托书
5. ____

……

逾期不接受询问和配合调查的，你（单位）将承担相应的法律责任和不利的法律后果。

特此通知。

________知识产权局（盖章）

________年____月____日

联系人：

联系电话：

本局地址：

邮政编码：

说明：本通知书一式两份，一份送达当事人，一份由知识产权局存档。

第三节 责令改正与处罚

一、法律依据

责令改正与处罚的法律依据为：《行政处罚法》第八条，《专利法》第六十八条，《专利行政执法办法》第三十一至三十六条、第四十五至五十条，《最高人民法院、最高人民检察院关于办理侵犯知识产权刑事案件具体应用法律若干问题的解释》第十条。

二、责令改正

假冒专利行为成立的，应当责令当事人改正或限期改正违法行为。责令改正可以单独制作《责令整改通知书》，也可以作为当事人需要改正的内容体现在行政处罚决定书或不予行政处罚决定书中。

《责令整改通知书》样式如下：

责令整改通知书

案号：__________

被处罚人			
法定代表人（负责人）			
住所			
邮政编码		电话	

__________：

本局于____年__月__日在__________发现你（单位）销售的产品上标注了__________。经核查，你（单位）的行为，已构成了《中华人民共和国专利法实施细则》第八十四条所规定的假冒专利行为。依据《中华人民共和国专利法》第六十八条、《专利行政执法办法》第四十三条的规定，现责令你（单位）__________。

如你（单位）不服，可以自接到本通知之日起60日内向__________提起行政复议申请，或者在3个月内向__________人民法院提起行政诉讼。

____知识产权局（盖章）

____年__月__日

案件承办人：

联系电话：

本局地址：

邮政编码：

说明：本通知书一式两份，一份送达当事人，一份由知识产权局存档。

（一）责令改正的程序及性质

责令改正不是给予没收违法所得或者罚款等行政处罚的前置必经程序，它是一种行政管理措施，属于教育性的，而非惩罚性的，其实质是要求相对人改正错误。因此责令改正的法律属性不属于行政处罚措施，也不属于行政强制措施，应避免将责令改正错误地表述为行政处罚、行政强制措施等其他行政行为。《责令整改通知书》中应表明责令当事人停止或纠正违法行为的意思，及逾期不改可能引起的法律后果。

（二）责令改正的措施

《专利行政执法办法》第四十五条规定，专利执法部门认定假冒专利行为成立的，根据案件具体情形应当责令行为人采取下列改正措施。

（1）在未被授予专利权的产品或者其包装上标注专利标识、专利权被宣告无效后或者终止后继续在产品或者其包装上标注专利标识或者未经许可在产品或者产品包装上标注他人的专利号的，立即停止标注行为，消除尚未售出的产品或者其包装上的专利标识；产品上的专利标识难以消除的，销毁该产品或者包装。

（2）销售（1）所述产品的，立即停止销售行为。

（3）在产品说明书等材料中将未被授予专利权的技术或者设计称为专利技术或者专利设计，将专利申请称为专利，或者未经许可使用他人的专利号，使公众将所涉及的技术或者设计误认为是他人的专利技术或者专利设计的，立即停止发放该材料，销毁尚未发出的材料，并消除影响。

（4）伪造或者变造专利证书、专利文件或者专利申请文件的，立即停止伪造或者变造行为，销毁伪造或者变造的专利证书、专利文件或者专利申请文件，并消除影响。

（5）责令假冒专利的参展方采取从展会上撤出假冒专利展品、销毁或者封存相应的宣传材料、更换或者遮盖相应的展板等撤展措施。

（6）专利执法部门认定电子商务平台上的假冒专利行为成立的，应当通知电子商务平台提供者及时对假冒专利产品相关网页采取删除、屏蔽或者断开链接等措施。

（7）其他必要的改正措施。

三、处罚的种类

处罚的种类包括没收违法所得、处以罚款等。

（一）没收违法所得

假冒专利行为被认定成立的，当事人有违法所得的，专利执法部门应当没收违法所得。

违法所得不是指违法行为赚取的利润，而是指行为人实施假冒专利行为所获得的全部收入，根据《专利行政执法办法》第四十七条的规定，违法所得可以按照如下方式确定：

（1）假冒专利的行为主体是生产制造者，以产品出厂价乘以已售出数量作为其违法所得；

（2）假冒专利的行为主体是代理商者，以产品销售的批发价乘以所销售产品的数量作为其违法所得；

（3）假冒专利的行为主体是零售商者，以产品销售的市场零售价乘以零售产品的数量作为其违法所得；

（4）伪造或变造专利证书，与他人订立专利许可使用合同或专利转让合同的，以许可使用费收入或转让费收入作为其违法所得。

（二）处以罚款

假冒专利的，除依法承担民事责任外，由专利执法部门责令改正并予以公告，没收违法所得，可以处违法所得五倍以下的罚款，没有违法所得或者违法所得在 5 万元以下的，可以处 20 万元①以下的罚款。

1. 罚款数额的确定

为了防止执法人员滥用自由裁量权破坏法律的权威，专利执法部门可以根据本地区的经济发展状况就不同的假冒情形具体细化处罚幅度，统一适用尺度。比如可以规定：

（1）专利权被宣告无效后或者终止后继续在产品或者其包装上标注专利标识，以及销售该类产品的，情节轻微，处违法所得一倍以下的罚款，没有违法所得的，处以

---

① 新修订的《专利法》上限为 25 万元。于 2021 年 6 月 1 日实施。

1 万元以下的罚款。

（2）在产品说明书等材料中将未被授予专利权的技术或者设计称为专利技术或者专利设计，将专利申请称为专利，情节较轻的，处违法所得一至二倍的罚款，没有违法所得的，处以 1 万元以上 5 万元以下的罚款。

（3）在未被授予专利权的产品或者其包装上标注专利标识、未经许可在产品或者产品包装上标注他人的专利号的，情节较重的，处违法所得二至三倍的罚款，没有违法所得的，处以 5 万元以上 10 万元以下的罚款。

（4）未经许可使用他人的专利号，使公众将所涉及的技术或者设计误认为是他人的专利技术或者专利设计的，情节严重、影响恶劣的，处违法所得三至四倍的罚款，没有违法所得的，处以 10 万元以上 15 万元以下的罚款。

（5）伪造或者变造专利证书、专利文件或者专利申请文件的，情节特别严重、影响特别恶劣的，处违法所得四至五倍的罚款，没有违法所得的，处以 15 万元以上 20 万元以下的罚款。

2. 罚款数额的考虑因素

违法情节轻重、恶劣与否，主要从假冒行为的表现类型、涉案产品本身的质量及技术含量，假冒专利产品的生产销售数量、违法所得数额、产生的社会影响（包括对权利人的损害程度、行为人的主观过错程度、行为人配合执法的程度、行为人是否及时采取减轻损害和减少影响的纠正措施等）几个方面进行综合考虑。

3. 不予罚款的情形

对于善意销售假冒专利产品者以及假冒专利行为轻微并已及时改正的免除罚款处罚。

善意销售假冒专利产品者免除罚款处罚

甲公司有一项技术正在申请专利，与乙公司签订了《合资建厂协议书》，合同约定将甲公司的专利技术折价 20 万元，但该技术最终并未被授权。后甲公司单方面要求解除该协议，双方因此产生纠纷。乙公司遂向当地知识产权局举报甲公司“以非专利产品冒充专利产品、以非专利技术冒充专利技术进行违法活动”，请求予以查处。在案件调查过程中，甲公司认可在《合资建厂协议书》中使用了“专利技术”，但提供当初的合作谈判记录显示他们一再强调是“专利申请技术”，据此抗辩称在合同中打印成“专利技术”只是合同起草人的疏漏，并无假冒专利欺骗对方的故意。

分析

在本案中，甲的行为具备假冒专利行为的构成要件，应当认定为假冒专利行为。但是否应对其进行罚款处罚？将“专利申请技术”说成“专利技术”，无外乎三种原因：一是为欺骗目的而故意为之；二是因过失而产生的笔误；三是因不懂而任意表述。就该案而言，根据甲公司提供的证据，其与乙公司在磋商过程中已明确告知对方该技术是专利申请中的技术，由此可见，甲公司主观上没有欺骗的故意。协议中的“专利技术”一词，应属于笔误，根据案情应予免于罚款处罚。

第四节　处罚决定的作出程序

根据《专利行政执法办法》第三十六条的规定，专利执法部门查处假冒专利案件，应当自立案之日起 1 个月内结案。案件特别复杂需要延长期限的，应当由管理专利工作的部门负责人批准。经批准延长的期限，最多不超过 15 日。案件处理过程中听证、公告等时间不计入办案期限。

一、简易程序

简易程序，是指专利执法部门在执法检查现场，依据法律、法规和规章，对当事人的违法行为，现场作出行政处罚时适用的程序。各专利执法部门应当对现场处罚的程序和权限制定内部规定。

（一）适用简易程序的情形

根据《行政处罚法》第三十三条的规定，违法事实确凿并有法定依据，对公民处以 50 元以下、对法人或者其他组织处以 1 000 元以下罚款或者警告的行政处罚的，可以当场作出行政处罚决定。

（二）现场处罚的程序

1. 查清事实

实施现场处罚的案件必须查清案件事实，调查提取足够证据。比如，涉嫌假冒专利的产品标注了专利号，行为人现场出具了专利证书，但证书显示专利已到期；或者出示的仅仅是受理通知书，而专利还处于申请过程中；或者执法人员现场在国家知识产权局官网查询到该专利已提前终止。对以上事实，当事人表示认可，也无其他证据需要后期补充提交。

根据《专利法实施细则》第八十四条第二款的规定，专利权终止前依法在专利产品、依照专利方法直接获得的产品或者其包装上标注专利标识，在专利权终止后许诺销售、销售该产品的，不属于假冒专利行为。因此，对于产品标注的专利过期但生产日期在专利有效期内的产品，不属于假冒专利产品，专利到期后可以继续销售。

2. 处罚前告知

决定对行为人作出现场处罚的，执法人员应当告知当事人作出现场处罚决定的事实、理由及依据，并告知当事人依法享有陈述和申辩的权利。

告知可以采用书面或者口头方式。书面告知的应当将《处罚前告知书》送达当事人，并让当事人在送达回证上签名。口头告知的应当记入笔录或者进行录音、录像。

当事人有权进行陈述和申辩，执法人员必须充分听取当事人的陈述和申辩，对当事人提出的事实、理由和证据，应当进行核实；当事人提出的事实、理由或者证据成立的，执法人员应当采纳。专利管理部门不得因当事人申辩不成功而对其加重处罚。

《处罚前告知书》应包括以下内容：当事人的违法事实和证据；拟作出的行政处罚决定和法律依据；当事人享有的陈述和申辩权利、提出陈述和申辩的期限（一般定为收到告知书之日起3日内，根据具体情况可以延长）、逾期提出或未提出陈述和申辩的法律后果。《处罚前告知书》应当加盖管理专利工作部门的公章。

《处罚前告知书》样式如下：

处罚前告知书

案号：________________

被告知人			
法定代表人（负责人）			
住所			
邮政编码		电话	

________________：

由本局立案调查的________________________________一案，已经本局调查终结。根据《中华人民共和国行政处罚法》第三十一条和《专利行政执法办法》第三十二条的规定，现将本局拟作出行政处罚的事实、理由、依据及处罚内容告知如下。

你（单位）的________行为依据《中华人民共和国专利法实施细则》第八十四条的规定，已构成假冒专利的行为。

根据《中华人民共和国专利法》第六十八条、第六十九条的规定，本局拟对你（单位）作出如下行政处罚：

1. ____________________

2. ____________________

……

根据《中华人民共和国行政处罚法》第三十二条和《专利行政执法办法》第三十三条的规定，对上述拟作出的行政处罚，你（单位）有陈述、申辩意见的权利。

如果有陈述、申辩意见，你（单位）应当在收到本通知之日起 5 日内向本局提出。

特此通知。

________知识产权局（盖章）

________年____月____日

案件承办人：

联系电话：

本局地址：

邮政编码：

说明：本告知书一式两份，一份送达当事人，一份由知识产权局存档。

3. 制作现场处罚决定书

执法人员执行现场处罚，必须使用统一的《现场处罚决定书》。

《现场处罚决定书》的内容包括：①假冒专利当事人的姓名或者名称、地址，法定代表人或者经营者的姓名；②认定违法行为成立的事实、理由、证据；③处罚的种类和依据；④处罚的履行方式和期限；⑤不服行政处罚决定，申请行政复议或者提起行政诉讼的途径和期限；⑥作出行政处罚决定的行政机关名称和作出决定的日期。

《现场处罚决定书》应当载明当事人的违法行为、行政处罚依据、罚款数额、时间、地点以及行政机关名称，并由执法人员签名或者盖章。

4. 送达处罚决定书

《现场处罚决定书》应当当场直接送达假冒专利当事人，并由其签章，当事人拒绝签章的，应当注明情况，进行留置送达。

5. 现场处罚备案

执法人员作出现场处罚决定的，必须在 3 日内报所在专利执法部门备案。

二、一般程序

不符合适用简易程序的案件应采用一般程序。

（一）形成处理意见

经过前文介绍的一系列调查取证、查封扣押等措施后，案件事实清楚、证据确凿的，调查终结，由执法人员就认定的事实、证据、适用法律、处理结果进行全面合议，形成案件的处理意见。

由案件主办人员填写《假冒专利案件处理审批表》，报部门领导和局领导审批，是否需要法制审核机构审核，应根据有关规定执行。

（二）处理意见的类型

执法人员依据不同案情提出不同的处理意见：假冒专利行为成立应当予以处罚的，依法给予行政处罚；假冒专利行为轻微并已及时改正的，免予处罚；假冒专利行为不成立的，依法撤销案件；涉嫌犯罪的，依法移送公安机关。

（三）处理意见审批

专利执法部门负责人对执法人员的处理意见，主要从以下五个方面进行审查。

（1）认定的事实是否清楚。事实清楚，是指案件调查人员收集到了足以确认当事人有无违法行为、违法行为情节轻重的基本事实。对于事实的审查重点在于，当事人对处罚的意见和执法人员的意见是否一致，双方不一致的地方，执法人员是否有足够的证据支持自己的观点。

（2）证据是否确凿充分。主要审查证据是否具有合法性、真实性、关联性，所掌握的证据能否认定案件相关事实的存在。审查后，认为证据不合法、不真实、不够充分的，应要求执法人员进行补充调查。

（3）执法人员的调查程序是否合法。即审查执法人员的调查行为是否符合法定程序，有无专利行政执法证件，是否表明身份、告知当事人所享有的权利，以及处罚的依据、事实和理由。执法人员是否认真听取了当事人的陈述和申辩，对当事人提出的陈述和申辩是否进行了复核。执法人员在审查过程中，发现违反法定程序的做法，必须及时予以纠正。

（4）决定是否合法、适当。处理意见是否有法律、法规依据，适用法律、法规或者规章的规定是否适当。

（5）是否存在免于处罚或免于罚款的情形。

（四）处罚前告知

经专利执法部门负责人审批，拟对当事人进行处罚的，在作出行政处罚决定前，应当向当事人发出《处罚前告知书》。

（五）当事人的陈述和申辩

当事人收到《处罚前告知书》后，在规定的期限内可以以书面形式或口头形式向专利执法部门提出陈述和申辩，口头陈述和申辩由执法人员记录在案。专利执法部门不得因当事人的申辩而加重对其的行政处罚。

（六）听证告知

拟对当事人作出行政处罚的，如案件符合听证条件，在作出行政处罚决定前，还应向当事人发送《听证告知书》。

（七）组织听证

当事人收到《听证告知书》后提出听证主张的，专利执法部门应当按规定组织召开听证会。专利执法部门应当听证而未按规定组织听证的，其作出的行政处理或者行政处罚决定无效。

（八）作出处罚决定

当事人进行陈述和申辩的，专利执法部门应对当事人提出的事实、理由和证据进行核实，由案件承办人员讨论形成处理意见后，以《行政处罚决定书》或者其他结案文书的形式向部门领导提出维持或变更原拟处罚决定，报执法部门负责人、法制审核机构和专利执法部门领导审批。

经专利执法部门领导审批，决定实施行政处罚的，在作出决定之前，应当由从事行政处罚决定审核的人员进行审核。

行政处罚决定，应当符合以下条件：办案程序合法，事实清楚，证据确凿充分，违法行为定性准确，适用法律正确，处罚幅度适当等。

《行政处罚决定书》的内容包括：①当事人的姓名或者名称、地址，法定代表人或者经营者的姓名。②认定假冒专利行为成立的证据、理由和法律依据。③行政处罚的内容和法律依据。④行政处罚的履行方式和期限。⑤不服行政处罚决定申请行政复议或者提起行政诉讼的途径和期限。⑥作出行政处罚决定的行政机关名称和作出决定的日期。行政处罚决定书应当加盖专利执法部门的公章。

《假冒专利案件处理审批表》样式如下：

假冒专利案件处理审批表

案号：________________

案由	
违法嫌疑人	
承办人	
案情简介	
承办人意见	签字：_______ _______年___月___日
部门负责人意见	签字：_______ _______年___月___日
分管局领导意见	签字：_______ _______年___月___日

（九）行政处罚决定书的送达、生效

应当向当事人送达《行政处罚决定书》，《行政处罚决定书》一经送达即刻生效，专利执法部门不得随意变更已经作出的行政处罚决定。当事人申请行政复议或者提起行政诉讼的，不停止行政处罚决定书的执行。

三、听证

（一）适用听证程序的案件

根据《行政处罚法》第四十二条第一款的规定：行政机关作出较大数额罚款的行政处罚决定之前，应当告知当事人有要求举行听证的权利；当事人要求听证的，行政机关应当组织听证。当事人不承担行政机关组织听证的费用。

（二）制作、送达听证告知书

对适用听证程序的行政处罚案件，在作出行政处罚决定前，专利执法部门应当向当事人发出《听证告知书》，告知当事人有要求听证的权利。

《听证告知书》的内容包括：①当事人的违法事实和证据。②行政处罚的理由、依据和拟作出的行政处罚决定。③当事人享有要求听证的权利，当事人提出听证要求的形式（书面形式）和期限（收到告知书之日起 3 日内），当事人逾期提出或未提出听证要求的后果。《听证告知书》应当加盖专利执法部门的公章。

《听证告知书》也可以与《处罚前告知书》合并为《处罚前告知和听证告知书》，但应同时符合《听证告知书》和《处罚前告知书》规定的内容要求。合并《听证告知书》与《处罚前告知书》可减少执法环节，提高工作效率。

将《听证告知书》与《处罚前告知书》分开，先发出《处罚前告知书》可以先听取当事人的陈述和申辩，对当事人提出的事实、理由和证据再次进行核实，从而保证行政处罚的正确性。在此基础上，可以进行解释和说服，以减少当事人提出听证要求的可能性，也可以为听证程序作准备。发出《听证告知书》或《处罚前告知和听证告知书》，适用本书前述有关送达的规定。

《听证告知书》样式如下：

听证告知书

案号：________________

被告知人			
法定代表人（负责人）			
住所			
邮政编码		电话	

____________________：

由本局立案调查的____________________________________一案，已经本局调查终结。根据《中华人民共和国行政处罚法》第三十一条和《专利行政执法办法》第三十二条的规定，现将本局拟作出行政处罚的事实、理由、依据及处罚内容告知如下。

你（单位）的行为依据《中华人民共和国专利法实施细则》第八十四条的规定，已构成假冒专利的行为。

根据《中华人民共和国专利法》第六十八条、第六十九条的规定，拟对你（单位）作出如下行政处罚：

1. ____

2. ____

……

根据《中华人民共和国行政处罚法》第三十二条、第四十二条和《专利行政执法办法》第三十一条的规定，对上述拟作出的行政处罚，你（单位）有陈述、申辩意见和要求举行听证的权利。

如果有陈述、申辩意见，你（单位）应当在收到本通知之日起 5 日内向本局提出。

如要求举行听证，你（单位）应当在收到本通知之日起 3 日内向本局提出申请。逾期未提出的，视为放弃要求举行听证的权利。

特此通知。

________知识产权局（盖章）

________年____月____日

案件承办人：

联系电话：

本局地址：

邮政编码：

说明：本告知书一式两份，一份送达当事人，一份由知识产权局存档。

（三）听证的提出

1. 提出听证要求的形式

当事人向专利执法部门提出听证要求应当以书面形式提出。

2. 提交听证请求书的主体

当事人提交的提出听证要求的书面材料，应当有当事人的签名或者盖章。当事人委托或授权他人提出听证要求的，提出听证要求的书面材料应有委托人、代理人的签名或者盖章，同时应有标明代理权限的委托书。

《假冒专利案件听证申请书》样式如下：

假冒专利案件听证申请书

案号：________________

申请人		法定代表人（负责人）	
住所			
邮政编码		电话	
代理人姓名		机构名称	
住所			
邮政编码		电话	

________________（专利执法部门）：

我（单位）对贵局________年____月____日作出的《处罚前听证告知书》（案号：________________）中拟作出的行政处罚有异议，要求听证。理由如下：____

____

____

申请人（签章）：________

________年____月____日

3. 提出听证要求的期限

当事人要求听证的，应当在收到《听证告知书》或《处罚前告知和听证告知书》之日起3日内向专利执法部门提出。

当事人期满未提出听证要求，视为放弃申请听证的权利，不得就同一案件再次提出听证要求。

当事人超过期限提出听证要求或者不符合听证条件的，专利执法部门应当在3日内书面告知当事人不予受理。

当事人因不可抗力的原因，不能在规定期限内提出听证要求的，经听证机关同意，可以延长申请听证期限。

当事人以邮寄方式提出听证要求的，以寄出的邮戳日期为准。

《假冒专利案件听证申请不予受理通知书》样式如下：

假冒专利案件听证申请不予受理通知书

案号：________

案由			
被通知人			
法定代表人（负责人）			
住所			
邮政编码		电话	

________：

申请人提出的听证要求，本局经审查认为：

□该案不属于《中华人民共和国行政处罚法》所规定的听证范围；

□超出法定期限。

根据《中华人民共和国行政处罚法》第四十二条规定，决定不予受理。

特此通知。

________（专利执法部门）（盖章）

________年____月____日

说明：本通知书一式两份，一份送达当事人，一份由专利执法部门存档。

（四）听证组成人员及职责

1. 案件资料的移送

收到当事人提出听证的要求后，执法人员应在3日内将行政处罚认定的主要违法事实、证据的复印件、照片以及证据目录、证人名单移送单位负责听证的部门。

2. 确定听证会组成人员

负责听证的部门接到移送的案件资料后，应在 3 日内确定听证会组成人员，并指定听证组组长，听证会组成人员数量应为单数。原执法人员不得为听证会组成人员。

专利执法部门可以聘请本单位以外的听证员参加听证。

听证会应设书记员 1 名，负责听证笔录的制作和其他事务。

听证组组长、听证员、书记员应当持有《行政执法证》，熟悉有关法律、法规并经过业务培训考核。听证组组长由从事法制工作 2 年以上或从事行政执法工作 3 年以上的人员担任。对听证组组长、听证员、书记员的要求，以各地出台的相关规定为准。

3. 听证组组长职责

听证组组长的职责主要包括：①决定听证会召开的时间、地点并通知听证参加人；②审查听证参加人的资格；③主持听证会，并询问与案件有关的事实、证据或相关法规，要求参加人提供或者补充证据；④维护听证的秩序，对违反听证纪律的行为人进行警告或者采取必要的措施予以制止；⑤审阅听证笔录，并提出审核意见；⑥决定听证的中止、终止或者延期，宣布结束听证；⑦其他职责。

4. 听证员职责

听证员的职责包括：①阅卷熟悉案情，拟定听证会要点；②参加听证会，就案件的事实、证据或者与之相关的法律问题进行询问；③审阅《听证笔录》并在笔录上签名；④参加合议，讨论决定《听证报告书》的内容。

（五）听证参加人及其职责或权利

听证参加人包括：①案件调查人员，即具体承办查处该假冒专利案件的执法人员。②涉嫌假冒专利行为的当事人及其代理人。③第三人，即与案件有直接利害关系的人及其代理人，如被假冒专利的专利权人、独占许可的被许可人等。第三人可以因听证组组长依职权通知而参加听证会，也可以主动要求并经听证组组长同意而参加听证。同样，第三人也可以委托 1~2 名代理人参加听证。④证人、翻译人员。⑤其他有关的人员。下面详细介绍上述前两类听证参加人的职责、权利。

案件调查人员的职责或权利：①向负责听证的部门和听证组组长移交有关的案件材料。②参加听证会，提出当事人违法的事实、证据、法律依据和拟作出的行政处罚建议，向其他听证参加人发问；回答听证组组长和听证员提出的问题，回答当事人或其代理人的提问，发表质证和辩论意见。③核对听证笔录并签名。④对之前程序中的遗漏、错误事项及时补正。

当事人的职责或权利：①申请听证组成人员、书记员回避。②委托 1~2 名代理人参加听证。③进行陈述、申辩和发表质证、辩论意见。④放弃听证权利。⑤核对听证笔录。

（六）听证会的召开

1. 听证会前的准备

听证会举行的时间由听证组组长确定，一般在收到案件当事人要求听证的书面请求之日起 15 日内举行。

听证会举行前，听证组组长召集听证人员阅卷熟悉案情，拟定听证要点，并通知案件调查人员准备相关事项。

2. 制作、送达《听证会通知书》

《听证会通知书》的内容应当包括：①举行听证会的时间、地点；②听证会组成人员；③当事人回避权的告知；④告知当事人准备证据、通知证人等事项。

《听证会通知书》制作完毕后，应在举行听证会 7 日前将其送达给当事人。

除涉及国家秘密、商业秘密或者个人隐私外，听证会应公开举行。公开听证的案件应在举行听证会 3 日以前，对案由、当事人姓名或者名称、听证会举行时间和地点进行公告。

《假冒专利案件听证会通知书》样式如下：

假冒专利案件听证会通知书

案号：________________

被告知人			
法定代表人（负责人）			
住所			
邮政编码		电话	

________________：

根据你（单位）的要求，本局决定于________年____月____日____时____分在____________________对____________________一案进行听证。

你（单位）应当在收到本通知之日起 3 日内将听证回执送交本局。无正当理由拒不参加或者逾期不出席的，视为放弃听证。

当事人因正当理由不能参加的，应提前 3 日向本局提出，申请改期。

参加听证的人员，应当携带以下材料：

1. 当事人的主体资格证明（个人应当提交居民身份证或者其他有效身份证件，单位应当提交有效的营业执照或者其他主体资格证明文件副本及法定代表人或者主要负责人的身份证明）。

2. 委托代理人（1~2 人）出席的，应当提交授权委托书及委托代理人的身份证明（身份证正反面复印件）。

3. 有关证据材料。

________知识产权局（盖章）

________年____月____日

联系人：

联系电话：

本局地址：

邮政编码：

说明：本通知书一式两份，一份送达当事人，一份由知识产权局存档。

《假冒专利案件听证回执》样式如下：

假冒专利案件听证回执

案号：________________

__________________知识产权局：

☐我方不参加________年____月____日____时举行的听证，其原因是：____________________________

____

☐我方参加________年____月____日____时举行的听证，参加听证的人员如下：

姓名	单位	职务	移动电话	固定电话

________（签章）

________年____月____日

3. 听证会的延期

听证会应当按期举行，但若出现特殊情况，专利执法部门可以决定延期举行。当事人申请延期的，由专利执法部门决定是否准许。

可以延期举行听证会的情形包括：①当事人因不可抗力事由不能按时参加听证会

的；②当事人提出回避申请，理由成立，需重新确定听证组成人员的；③其他应当延期的情形。

4. 听证会的进行

（1）书记员宣读听证会纪律。听证会正式开始前，由书记员查明当事人和其他参加人是否到会，并宣布听证纪律：①旁听人员要保持肃静，不得议论、喧哗、哄闹或者进行其他妨碍听证秩序的活动。②未经听证组组长许可，不得录音、录像、摄影。③服从听证组组长的指挥，未经听证组组长允许，不得发言、提问。④参加人未经听证组组长允许不得中途退场；当事人如未经听证组组长允许而中途退场，视为当事人撤回听证要求。⑤报告听证组组长，听证准备就绪，可以开始。

（2）听证组组长主持听证会。流程如下：①宣布听证开始。②宣布听证组成人员、书记员名单。③核对听证参加人身份。④告知当事人权利和义务，询问是否提出回避申请。⑤组织调查、质证。由案件调查人员、当事人和第三人及其委托代理人在听证组组长的组织下出示证据、宣读证人证言，并进行相互质证。⑥组织辩论。由案件调查人、当事人及其委托代理人、第三人及其委托代理人进行辩论。⑦听取各方陈述最后意见。

（3）回避。听证人员回避，适用本书第一章有关回避的介绍。

（4）听证会调查、质证环节。①案件调查人提出当事人违法的事实、证据、法律依据和拟作出的行政处罚建议。②由当事人、第三人及其委托代理人进行陈述和申辩。③案件调查人员在听证会上出示、宣读拟据以作出行政处罚的证据。④当事人、第三人或其代理人对调查人员出示、宣读的证据进行质证。⑤当事人、第三人或其代理人出示、宣读证据。⑥案件调查人员对当事人、第三人或其代理人出示、宣读的证据进行质证。⑦案件调查人员向当事人提问。⑧当事人向案件调查人员提问。当事人的代理人经听证组组长同意，可以向案件调查人员、当事人提问。⑨听证会组成人员向案件调查人员、当事人提问。凡未经质证的证据不能作为定案的依据。听证会组成人员对证据有疑问的，可以暂停听证，待对证据进行调查核实后再继续听证。案件调查人员、当事人及其代理人有权申请通知新的证人到会，调取新的证据。对于上述申请，听证组组长应当作出是否同意的决定。对涉及国家秘密、商业秘密和个人隐私的证据应当保密，由听证会验证，不得在公开听证时出示。

（5）证据种类。主要包括：①书证；②物证；③证人证言；④鉴定结论；⑤当事人陈述；⑥视听资料、现场笔录；⑦国家知识产权局核查结果。

（6）制作听证笔录。书记员负责记录整个听证过程。听证笔录是专利执法部门作出行政处罚决定的依据。听证笔录应当载明下列事项：①案由；②听证的时间、地点和方式；③听证组成员、书记员姓名；④听证参加人的姓名或者名称、地址；⑤案件调查人员提出的事实、证据和行政处罚建议；⑥当事人的陈述、申辩和举证、质证的内容；⑦其他有关听证的内容。听证笔录打印出来以后，应当经当事人和其他参加人员审核无误后签名按手印（律师不用按手印），在最后一页注明日期。笔录如有错误应当更正，在更正处签字、按手印。当事人拒绝签字或者盖章的，书记员应在笔录上写明。听证笔录经听证组组长审阅后，由听证组成人员和书记员签字或盖章。

《假冒专利案件听证笔录》样式如下：

××知识产权局

假冒专利案件听证笔录

案号：××知法查字〔20××〕×号

案由：A公司假冒专利案

听证时间：20××年××月××日××时××分至××时××分

听证地点：××会议室

听证方式：□公开　□不公开

听证事项：行政处罚

听证组：

姓名：A某　**单位：**××知识产权局　**职务：**××

姓名：B某　**单位：**××知识产权局　**职务：**××

姓名：C某　**单位：**××知识产权局　**职务：**××

案件调查人：

姓名：执法人员甲　**单位：**××知识产权局　**职务：**××

姓名：执法人员乙　**单位：**××知识产权局　**职务：**××

听证申请人：

单位：A公司　**地址：**××省××市××号

委托代理人：

姓名：E某　**单位：**××律师事务所　**职务：**律师

听证笔录：（以下笔录中听证组人员简称“听”，案件调查人简称“调”，听证申请人简称“申”）

听：（固定格式与实际情况记录相结合文本）根据《专利行政执法办法》第三十二条和《中华人民共和国行政处罚法》第四十二条的规定，××知识产权局决定今天在这里就A公司假冒专利一案举行听证会，现在开始。

首先，核实参加今天听证会的人员身份和到场情况。案件调查人是否到场？请报告你的姓名及职务，并出示有效执法证件。

调：（实际情况记录文本）到场，执法人员甲在××知识产权局工作，执法人员乙在××知识产权局工作（出示执法证件）。

听：（固定格式文本）听证申请人及其代理人是否到场，请出示有效身份证件及授权委托书。

申：（实际情况记录文本）A 公司的委托代理人到场，E 某，在××律师事务所工作，职务是 A 公司的律师。

听：（固定格式文本）案件调查人对听证申请人的身份有无异议？

调：（实际情况记录文本）没有。

听：（固定格式文本）听证申请人对案件调查人的身份有无异议？

申：（实际情况记录文本）没有。

听：（固定格式文本）双方当事人及其代理人符合法律规定，可以参加听证。现在宣布听证纪律和听证会场有关注意事项：

为了维护行政听证会场秩序，保障当事人平等参加听证的各项权益，根据《中华人民共和国行政处罚法》《×××行政听证办法》等法律、法规、规章之相关规定，参加听证和参加旁听的各方人员应当遵守听证会场纪律，服从听证组指挥，维护听证会场秩序。

1. 听证会场必须保持肃静。不准随意走动和进出听证会场。

2. 未经许可，不准录音、录像、拍照。

3. 不准鼓掌、喧哗、哄闹和实施其他妨害听证秩序的行为。

4. 未经许可，不得发言和提问。旁听人员无发言、提问权利。

5. 关闭通信工具。

6. 发言和回答问题，应客观、真实，不准使用侮辱、谩骂、诽谤等人身攻击性语言。

7. 未经许可中途退出听证会的，视为放弃听证权利。

8. 听证会场内严禁吸烟。

9. 对违反听证会场纪律的人，听证组可以给予口头警告，训诫或者责令退出会场。对严重扰乱听证秩序者，依法追究相关法律责任。

听：（固定格式文本）以上听证纪律案件调查人是否清楚？

调：（实际情况记录文本）清楚。

听：（固定格式文本）以上听证纪律听证申请人是否清楚？

申：（实际情况记录文本）清楚。

听：（固定格式与实际情况记录相结合文本）本次听证会由 A 某、B 某、C 某 3 位听证员组成听证组，首席听证人由 A 某担任。书记员由 F 某担任。（此处记录要介绍一下听证组人员基本情况）

听证参加人在听证过程中，享有如下权利：

1. 申请回避权。陈述人认为听证员、书记员具备法定回避事由的，可以申请其回避。

2. 委托代理权。听证申请人、利害关系人（非部门陈述人）可以委托 1~2 人作为代理人参加听证会，代为行使自己的听证权利。

3. 陈述申辩权。听证申请人、利害关系人（非部门陈述人）对行政处罚案件事实、理由、依据，有权进行陈述、申辩和质证。

除上述权利外，听证参加人员还须承担如下义务：

1. 按时参加听证，遵守听证纪律。无故不出席、逾期出席听证会或者未经许可中途退出听证会的，视为放弃听证权利。

2. 服从听证指挥，如实回答提问。

3. 客观、真实陈述意见、理由、依据，并提出相关依据。

上述权利义务，各方听证参加人是否听清楚了？

调：（实际情况记录文本）清楚。

申：（实际情况记录文本）清楚。

听：（固定格式文本）各方听证参加人员是否申请听证员、书记员回避？

调：（实际情况记录文本）不申请。

申：（实际情况记录文本）不申请。

听：（固定格式文本）本次听证会主要包括以下程序：一是案件调查人员陈述（限时10分钟），二是听证申请人陈述、申辩（限时10分钟），三是质证、辩论和听证组提问，四是各方最后陈述。

下面请本案调查人员陈述意见、理由、依据。重点在于案件事实、证据、法律依据和行政处罚建议。

调：（案件调查人员介绍案件情况）（具体内容略）

听：（固定格式与实际情况记录相结合文本）请问听证申请人是否同意××知识产权局拟作出的行政处罚决定？

申：（根据情况记录）（具体内容略）

听：（固定格式与实际情况记录相结合文本）请听证申请人（A公司）对××知识产权局行政行为有异议的地方，陈述意见、理由、依据。重点在于针对拟行政处罚所依据的事实、理由、法律依据等进行陈述和申辩。

申：（实际情况记录文本）（具体内容略）

听：（固定格式文本）下面请本案调查人员出示与案件相关的证据。

调：（实际情况记录文本）（具体内容略）

听：（固定格式文本）请听证申请人对案件调查人员所出示的证据的真实性、合法性、关联性发表质证意见。

申：（实际情况记录文本）（具体内容略）

听：（固定格式文本）下面请听证申请人出示相关的申辩证据。

申：（实际情况记录文本）（具体内容略）

听：（固定格式文本）请本案调查人员对听证申请人所出示的证据的真实性、合法性、关联性发表质证意见。

调：（实际情况记录文本）（具体内容略）

听：（固定格式与实际情况记录相结合文本）听证组已经听到了各方听证参加人员的陈述，相关意见、理由、证据、依据已经记录在案。根据各方听证参加人员的陈述，听证组下面归纳听证申请人的陈述、申辩重点：

第一，（内容略）。

第二，（内容略）。

请问听证申请人是否听清楚？对归纳重点有无异议？

申：（实际情况记录文本）没有。

听：（固定格式文本）下面就第一个重点进行辩论。

调：（实际情况记录文本）（具体内容略）

申：（实际情况记录文本）（具体内容略）

听：（固定格式文本）下面就第二个重点进行辩论。

调：（实际情况记录文本）（具体内容略）

申：（实际情况记录文本）（具体内容略）

听：（固定格式文本）下面进行最后陈述，已经陈述过的意见不必重复，重点在于新的陈述意见。首先，请听证申请人作最后陈述。

申：（实际情况记录文本）（具体内容略）

听：（固定格式文本）请案件调查人员作最后陈述。

调：（实际情况记录文本）（具体内容略）

听：（固定格式与实际情况记录相结合文本）下面听证会暂时休会30分钟，请听证参加人、旁听人员退场。请听证参加人员30分钟后（×时×分）准时回到听证会会场。

（**说明**：此时书记员校核听证笔录。听证组合议有关问题，看是否需要补充听证调查、辩论）

听：（固定格式与实际情况记录相结合文本）下面，听证会继续进行。经听证组合议，没有进一步事项需要调查、辩论（**或者**：经听证组合议，就以下事项进一步调查、辩论）。

请听证申请人（A公司）在听证会结束后3日内书面提交所有申辩意见及相关证据，逾期提交或不提交的，视为无进一步申辩理由和证据。听证申请人是否听清楚？

申：（实际情况记录文本）清楚。

听：（固定格式文本）根据相关法律、法规、规章的规定，听证组将充分考虑各方陈述人陈述的意见、理由、证据、依据，坚持公正、独立听证的原则，依法向听证组织机关提交听证报告、听证建议或处理意见。听证会至此结束。请各方听证参加人员留下来核对听证笔录，确认无误后签字。

（听证申请人及代理人、案件调查人看后无异议，请抄写：上述内容已阅，与我所述内容一致。）

（抄写处）上述内容已阅，与我所述内容一致。

听证申请人（盖章）：A公司　20××年××月××日

委托代理人（签字）：E某　20××年××月××日

案件调查人（签字）：甲　20××年××月××日

乙　20××年××月××日

听证组（签字）：A某　20××年××月××日

B某　20××年××月××日

C某　20××年××月××日

5. 听证的中止

有下列情形之一的，听证组组长应当中止听证：①专利权人死亡，需要确定权利继受人参加的。②作为当事人的单位解散，需要等待权利义务继受人参加的。③当事人或者案件调查人员因不可抗力事件，不能参加听证的。④需要对有关证据重新鉴定或者勘验的。⑤出现其他需要中止听证情形的。

中止听证的情形消除后，听证组组长应当恢复听证。恢复听证时，听证组组长应在举行听证会 7 日前依照前述规定将《听证会通知书》送达当事人，将听证时间、地点等事项通知其他参加人。

6. 听证的终止

有下列情形之一的，专利执法部门应当终止听证：①当事单位解散满 3 个月未确定权利义务继承人的。②当事人及其代理人无正当理由不参加听证或中途退出听证的。③出现其他需要终止听证情形的。

（七）制作《听证报告书》

听证结束后，听证组组长应组织听证会组成人员对案件进行讨论，依法对案件作出独立、客观、公正的判断，并于听证结束后 10 日内将《听证报告书》连同听证笔录报送专利执法部门负责人。对组成人员的不同意见应如实记录。

《听证报告书》的内容包括：①案由；②听证组组长和听证参加人姓名；③举行听证的时间、地点和方式；④听证会调查、质证的基本情况；⑤处理意见。

《假冒专利案件听证报告书》样式如下：

假冒专利案件听证报告书

案号：＿＿＿＿＿＿＿＿

案由			
听证申请人		法定代表人 （负责人）	
听证主持人			
听证员			
书记员			
案件调查人员			
听证方式	□公开	□不公开	
听证事项			

<table>
<tr><td>听证会情况：</td></tr>
<tr><td>听证主持人（签章）：________
________年____月____日
听证员（签章）：________
________年____月____日</td></tr>
</table>

（八）听证费用

听证费用由专利执法部门负责，不得向当事人收取任何费用。

（九）决定的作出

专利执法部门负责人根据《听证报告书》的意见和听证笔录，在听证会结束以后15日内，依法作出行政处罚或者不予处罚的决定。

1. 予以处罚

假冒专利行为成立应当予以处罚的，依法给予行政处罚。

《假冒专利案件行政处罚决定书》样式如下：

假冒专利案件行政处罚决定书

案号：________________

<table>
<tr><td rowspan="3">被处罚人</td><td>姓名或名称</td><td></td><td>法定代表人（负责人）</td><td></td></tr>
<tr><td>住所</td><td></td><td>电话</td><td></td></tr>
<tr><td>邮政编码</td><td colspan="3"></td></tr>
<tr><td colspan="5">认定的违法事实：</td></tr>
<tr><td colspan="5">以上行为，依据《中华人民共和国专利法实施细则》第八十四条的规定，已构成如下假冒专利行为：
□在未被授予专利权的产品或者其包装上标注专利标识，专利权被宣告无效后或者终止后继续在产品或者其包装上标注专利标识，或者未经许可在产品或者产品包装上标注他人的专利号；
□销售假冒专利的产品；</td></tr>
</table>

□在产品说明书等材料中将未被授予专利权的技术或者设计称为专利技术或者专利设计，将专利申请称为专利，或者未经许可使用他人的专利号，使公众将所涉及的技术或者设计误认为是专利技术或者专利设计；

□伪造或者变造专利证书、专利文件或者专利申请文件；

□其他使公众混淆，将未被授予专利权的技术或者设计误认为是专利技术或者专利设计的行为。

根据《中华人民共和国专利法》第六十八条、第六十九条，现决定作出如下行政处罚：

1. ____________________

2. ____________________

3. ____________________

被处罚人应当在接到本决定之日起 15 日内，将罚款缴至：

____________________银行

____________________账号

逾期不缴纳的，每日按罚款数额的百分之三加处罚款。

被处罚人不服本决定的，可以自接到本决定之日起 60 日内向____________提起行政复议申请，或者在 3 个月内向____________人民法院提起行政诉讼。

本决定送达后即发生法律效力，当事人提起行政诉讼或行政复议的，在此期间不影响本处罚决定的执行；当事人逾期不起诉又不提起行政复议，同时不履行行政处罚决定的，本局将向人民法院申请强制执行。

______知识产权局（盖章）

______年___月___日

2. 免予处罚

假冒专利行为轻微并已及时改正的，免予处罚。决定不予处罚的案件，专利执法部门应向当事人发出《撤销案件通知书》，以撤销案件的方式结案。

《假冒专利案件不予行政处罚告知书》样式如下：

假冒专利案件不予行政处罚告知书

案号：____________

被告知人			
法定代表人（负责人）			
住所			
邮政编码		电话	

____________：

由本局立案调查的____________一案，已经本局调查终结。根据《中华人民共和国行政处罚法》第三十一条和《专利行政执法办法》第三十二条的规定，现将本局拟不予作出行政处罚的事实、理由、依据及相关内容告知如下：

你（单位）的__________行为依据《中华人民共和国专利法实施细则》第八十四条的规定，已构成假冒专利行为，但鉴于违法行为轻微并已及时纠正，且并未造成危害后果，根据《中华人民共和国行政处罚法》第三十八条、《中华人民共和国专利法》第六十八条、《中华人民共和国专利法实施细则》第八十四条的规定，本局决定不予行政处罚。

根据《中华人民共和国行政处罚法》第三十二条和《专利行政执法办法》第三十三条的规定，对上述拟作出的不予行政处罚，你（单位）有陈述、申辩意见的权利。

如果有陈述、申辩意见，你（单位）应当在收到本通知之日起5日内向本局提出。

特此通知。

______知识产权局（盖章）

______年___月___日

案件承办人：

联系电话：

本局地址：

邮政编码：

说明：本通知书一式两份，一份送达当事人，一份由专利执法部门存档。

3. 撤销案件

假冒专利行为不成立的，依法撤销案件。专利执法部门应向当事人发出《撤销案件通知书》，发还有关物品，解除查封、冻结和扣押等强制措施。

《撤销案件通知书》样式如下：

撤销案件通知书

案号：__________

被通知人			
法定代表人（负责人）			
住所			
邮政编码		电话	

__________：

由本局立案调查的__________一案，已经本局调查终结。

依据《中华人民共和国专利法实施细则》第八十四条，你（单位）的涉案行为不构成假冒专利，现予以撤案。

特此通知。

______知识产权局（盖章）

______年___月___日

案件承办人：

联系电话：

本局地址：

邮政编码：

说明：本通知书一式两份，一份送达当事人，一份由专利执法部门存档。

(十) 决定文书的送达

专利执法部门依法作出《行政处罚决定书》《免予行政处罚决定书》《撤销案件通知书》后，依照本书第一章文书的送达规则送达给当事人和案件第三人。

(十一) 处罚决定的公告

专利执法部门认定假冒专利行为成立并作出处罚决定的，应当自决定作出之日起20个工作日内，通过政府网站等信息传播手段，及时公开执法信息。

四、涉嫌犯罪，移交公安部门

根据《刑法》第二百一十六条的规定，假冒他人专利，情节严重的，构成犯罪。行为人的违法行为涉嫌构成犯罪的，应当及时移送公安机关。

(一) 涉嫌假冒他人专利罪的

1. 假冒他人专利罪的行为表现

《最高人民法院、最高人民检察院关于办理侵犯知识产权刑事案件具体应用法律若干问题的解释》(法释〔2004〕19号) 第十条规定："实施下列行为之一的，属于刑法第二百一十六条规定的'假冒他人专利'的行为：(一) 未经许可，在其制造或者销售的产品、产品的包装上标注他人专利号的；(二) 未经许可，在广告或者其他宣传材料中使用他人的专利号，使人将所涉及的技术误认为是他人专利技术的；(三) 未经许可，在合同中使用他人的专利号，使人将合同涉及的技术误认为是他人专利技术的；(四) 伪造或者变造他人的专利证书、专利文件或者专利申请文件的。"

2. 情节严重的表现

《最高人民法院、最高人民检察院关于办理侵犯知识产权刑事案件具体应用法律若干问题的解释》(法释〔2004〕19号) 第四条："假冒他人专利，具有下列情形之一的，属于刑法第二百一十六条规定的'情节严重'，应当以假冒专利罪判处三年以下有期徒刑或拘役，并处或者单处罚金：(一) 非法经营数额在二十万元以上或者违法所得数额在十万元以上的；(二) 给专利权人造成直接经济损失五十万元以上的；(三) 假冒两项以上他人专利，非法经营数额在十万元以上或者违法所得数额在五万元以上的；(四) 其他情节严重的情形。"

多次实施假冒他人专利行为，未经行政处理或者刑事处罚的，非法经营数额、违法所得数额累计计算。

（二）涉嫌构成伪造、变造国家机关证件、印章罪的

伪造或者变造专利证书，涉嫌构成《刑法》第二百八十条规定的伪造、变造、买卖国家机关公文、证件、印章罪的，由专利执法部门移送公安机关追究刑事责任。

（三）移交的程序

执法人员认为行为人已涉嫌构成犯罪的，应当依据《行政执法机关移送涉嫌犯罪案件的规定》（中华人民共和国国务院第 730 号令）向办案机构负责人提出移交公安机关处理的意见，经办案部门负责人、法制审核机构审核后，报专利执法部门领导审批通过后方能移送。

对公安机关决定不予立案的案件，专利执法部门应当依法及时作出行政处罚。

《案件移送单》样式如下：

案件移送单

案号：________

<table>
<tr><td>案由</td><td colspan="2">涉嫌假冒他人专利罪</td></tr>
<tr><td>当事人</td><td colspan="2"></td></tr>
<tr><td>移送事项</td><td colspan="2"></td></tr>
<tr><td>移送清单</td><td colspan="2"></td></tr>
<tr><td colspan="2">移送单位：

________知识产权局（盖章）
________年___月___日</td><td>接受单位：

________（盖章）
________年___月___日</td></tr>
</table>

第五节　处罚决定的执行

一、责令改正措施的执行

（一）监督立即停止违法行为

（1）在涉案产品或产品的包装上标注他人的专利号、虚假的专利号或专利权已终

止的专利号，应监督行为人立即消除未售出产品、包装上的专利标记和专利号。

（2）在涉案产品说明书、广告或者其他宣传材料中将非专利技术称为专利技术的或者使用他人专利号、虚假专利号的，应监督行为人立即停止发布广告及散发宣传材料。

（3）在合同中使用他人的专利号的，或者在合同中将非专利技术称为专利技术的，应监督行为人立即改正合同有关内容，并通知合同相对方。

（4）伪造或者变造他人的专利证书、专利文件或者专利申请文件的，或者伪造或者变造专利证书、专利文件或者专利申请文件的，应监督行为人立即停止上述行为。

（5）假冒专利行为人的产品参加展览的，监督其立即采取从展会上撤出涉案展品、销毁或者封存相应的宣传材料、更换或者遮盖相应展板等改正措施。

（6）对在电子商务平台上销售假冒专利产品的，监督电子商务平台提供者立即对相关网页采取删除、屏蔽或者断开链接等改正措施。

（7）其他必要的改正措施。

（二）监督销毁涉案物品

对下列涉案物品进行销毁：①与假冒的专利标记和专利号难以分离的涉案产品或包装。②有假冒专利宣传内容的涉案产品说明书和广告宣传材料。③为假冒专利而伪造或者变造的专利证书、专利文件或者专利授权书。④用于伪造、变造专利证书、专利文件的模板和原始材料。

对于应予销毁的违法物品，不得低价出售或者作其他处理。

二、罚款和没收违法所得的执行

（一）罚款的缴纳

有假冒专利行为的行为人应当自收到处罚决定书之日起15日内，持专利执法部门开具的《罚款缴款通知书》到指定的银行缴纳处罚决定书载明的罚款。银行在收受罚款时，应当向被处罚人开具财政部门统一制发的罚款收据。

（二）罚款的延期或者分期缴纳

当事人确有经济困难，需要延期或者分期缴纳罚款的，经当事人申请和专利执法部门批准，可以暂缓或者分期缴纳。

申请理由成立的，应当作出允许延期或者分期缴纳罚款的决定。申请理由不成立的，予以驳回。对借故不履行或拖延履行的，专利执法部门应当对其加处罚款或向法院申请强制执行。行政机关作出决定之后，应当制作决定书，送达被处罚人。

（三）特殊情形下罚款的当场收缴

1. 当场收缴的适用情形

对于专利执法部门现场作出行政处罚的案件，有下列情形之一的，执法人员可以当场收缴罚款：①依法给予 20 元以下罚款的。②不当场收缴，事后难以执行的。主要针对流动性较大的人员，如户口不在本行政区域内的人员、流动商贩，或者当事人被处罚的时候身边没有任何有效证件，无法证明自己身份的。③在边远、水上、交通不便地区，当事人向指定的银行缴纳罚款确有困难的。经当事人提出，行政机关及其执法人员可以当场收缴罚款。

2. 出具收据、上缴罚款

执法人员当场收缴罚款的，必须向当事人出具财政部门统一制发的罚款收据；不出具罚款收据的，当事人有权拒绝缴纳罚款。

执法人员当场收缴的罚款，应当自收缴罚款之日起 2 日内，交至专利执法部门；在水上当场收缴的罚款，应当自抵岸之日起 2 日内交至专利执法部门，专利执法部门应当在 2 日内将罚款缴付到指定的银行。

三、特殊的执行情形

（一）强制执行

1. 强制执行前的催告

专利执法部门决定申请法院强制执行前，应当事先催告当事人履行义务。催告应当以书面形式作出，并载明下列事项：履行义务的期限；履行义务的方式；涉及金钱给付的，应当有明确的金额和给付方式；当事人依法享有的陈述权和申辩权。

2. 听取当事人的陈述和申辩

《中华人民共和国行政强制法》（以下简称《行政强制法》）第三十六条规定："当事人收到催告书后有权进行陈述和申辩。行政机关应当充分听取当事人的意见，对当事人提出的事实、理由和证据，应当进行记录、复核。当事人提出的事实、理由或者证据成立的，行政机关应当采纳。"

3. 申请人民法院执行

经催告，当事人无正当理由逾期仍不履行行政决定的，也不在法定期限内申请行政复议或者提起行政诉讼的，专利执法部门可以根据《行政强制法》第五十三条的规定，自期限届满之日起 3 个月内向其所在地有管辖权的人民法院申请强制执行。

执法人员决定申请强制执行的，该案件主办人员应填写《行政处罚强制执行申请书》，报办案部门负责人审批。

《行政处罚强制执行申请书》样式如下：

行政处罚强制执行申请书

案号：________________

__________________人民法院：

关于____________________案的行政处罚决定书已于_______年____月____日送达被处罚人_______。被处罚人在收到《行政处罚决定书》后，既没有在 60 日内申请行政复议，也没有在 3 个月内向人民法院提起行政诉讼，又不履行行政处罚决定。根据《中华人民共和国行政处罚法》第五十一条的规定，特申请强制执行。

被处罚单位名称：____________________________________

详细地址：____________________________________

法定人代表：____________________________________

电话：____________________________________

邮编：____________________________________

被处罚人姓名：____________________________________

性别：____________________________________

年龄：____________________________________

工作单位或家庭住址：____________________________________

联系电话：____________________________________

邮编：____________________________________

申请执行项目：____________________________________

附件：《行政处罚决定书》

_______知识产权局（盖章）

_______年____月____日

4. 强制执行费用

专利执法部门申请人民法院强制执行的，不需要缴纳强制执行申请费。该费用由被执行人承担。

（二）执行的停止

当事人不服处罚决定，在法定期间内提起行政复议或者行政诉讼的，在此期间，不停止行政处罚决定的执行。但有下列情形之一的，应停止执行：①法律规定停止执行的；②人民法院裁定停止执行的；③行政复议机关认为需要停止执行的；④专利执法部门认为需要停止执行的。

第四章 专利标识标注不规范行为案件的办理

在查处假冒专利行为的执法实践中，经常会遇到某些产品或包装、产品宣传册等载体上标注了专利标识，虽然标注主体适格，专利权也合法有效，依照《专利法实施细则》第八十四条的规定不构成假冒专利的行为，但没有按照《专利标识标注办法》的规定予以标注，扰乱了专利标识标注管理秩序，需要予以纠正。

第一节　专利标识标注不规范行为的概述

一、相关概念

（一）标注专利标识权

标注专利标识权，是指在授予专利权之后的专利权有效期内，权利人在其专利产品、依照专利方法直接获得的产品、该产品的包装或者该产品的说明书等材料上标注专利标识的权利。该专利的被许可人也享有在专利产品上标注该专利标识的权利。

（二）专利申请号

专利申请号是指专利申请人提交专利申请后，由国家知识产权局按一定编码规则给出的编号。专利申请号通常用 12 位阿拉伯数字表示，第 1~4 位数字表示受理专利申请的年号，第 5 位数字表示专利申请的种类（1 和 8 为发明，2 和 9 为实用新型，3 为外观设计），第 6~12 位数字为申请流水号，在流水号后面通过“.”随跟校位。例如，201810326789. 8。

（三）发明专利申请公布号

专利公开号，是指发明专利申请尚未获得专利授权之前，国家知识产权局依法公开发明专利申请时的编号，其标识组成方式为“国别号+种类号+流水号+标识代码”。例如 CN 108637013 A，其中，CN 为国别，1 表示发明，08637013 表示流水号，A 为标识代码，整体表示中国的第 8637013 号发明专利。

（四）专利授权公告号

授权公告号，是指专利申请在获得授权后，国家知识产权局对授权专利进行公告时的编号。对于发明专利、实用新型专利、外观设计专利，公告号最后一位字母分别为 B、U、S。

（五）专利号

专利号，是授予专利权时国家知识产权局给出的编号，记载在专利证书上。专利号的编码通常是在申请号前面加 ZL，例如 ZL 201110012018. ×，如图 4-1 所示。

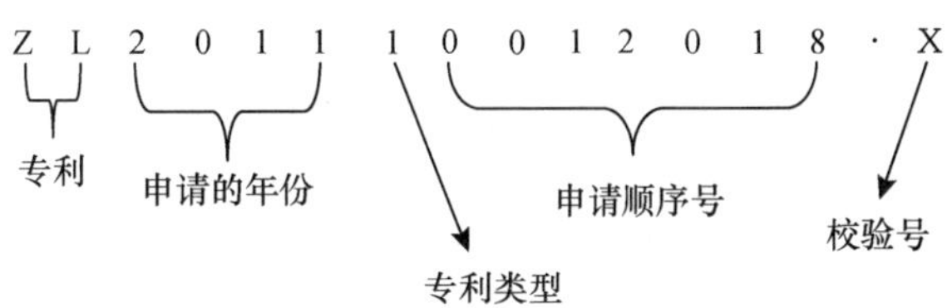

图 4-1　专利号构成

二、相关法律依据

《专利法》第十六条第二款规定：“专利权人有权在其专利产品或者该产品的包装上标明专利标识。”

《专利法实施细则》第八十三条第一款规定：“专利权人依照专利法第十七条的规定，在其专利产品或者该产品的包装上标明专利标识的，应当按照国务院专利行政部门规定的方式予以标明。”

作为国务院专利行政部门，国家知识产权局在 2012 年发布的《专利标识标注办法》第二条规定：“标注专利标识的，应当按照本办法予以标注。”该办法第八条第一款规定：“专利标识的标注不符合本办法第五条、第六条或者第七条规定的，由管理专利工作的部门责令改正。”

三、规范标注专利标识的要求

关于专利标识的标注要求，《专利标识标注办法》第五条规定："标注专利标识的，应当标明下述内容：（一）采用中文标明专利权的类别，例如中国发明专利、中国实用新型专利、中国外观设计专利；（二）国家知识产权局授予专利权的专利号。除上述内容之外，可以附加其他文字、图形标记，但附加的文字、图形标记及其标注方式不得误导公众。"

《专利标识标注办法》第六条规定："在依照专利方法直接获得的产品、该产品的包装或者该产品的说明书等材料上标注专利标识的，应当采用中文标明该产品系依照专利方法所获得的产品。"

《专利标识标注办法》第七条规定："专利权被授予前在产品、该产品的包装或者该产品的说明书等材料上进行标注的，应当采用中文标明中国专利申请的类别、专利申请号，并标明'专利申请，尚未授权'字样。"

四、专利标识标注不规范行为的法律责任

《专利标识标注办法》第八条规定："专利标识的标注不符合本办法第五条、第六条或者第七条规定的，由管理专利工作的部门责令改正。专利标识标注不当，构成假冒专利行为的，由管理专利工作的部门依照专利法第六十三条的规定进行处罚。"

第二节　专利标识标注不规范行为的认定

一、合规专利标识标注行为的构成要件

合规的专利标识标注行为，应当是有权标注者将该专利标识标注在对应的专利产品上，应具备下列构成要件：行为主体为有权主体；标注行为形式合规；行为载体应当是产品、依照专利方法直接获得的产品、产品包装、产品说明书等材料；标注符合时间性要件。

（一）行为主体有权利

合规的专利标识标注行为主体应当是专利权人或者经专利权人同意享有专利标识

标注权的被许可人。

（二）标注行为规范

合规的专利标识标注行为应当包括：标注内容和形式符合《专利标识标注办法》的要求；所标专利号是真实且完整的，专利类型是真实的且与专利号对应；标注样式是符合规则的，如我国授权的发明专利应标注为“中国发明专利”而不是“发明专利”或“中国发明”或“专利产品”；被标注的产品与所标注的专利具有关联性。

文字标注不规范

某药店销售的某药品包装上标注有“中国专利号：ZL 20141×××××××. ×”，生产者为甲医药股份有限公司。经查证，甲医药股份有限公司为涉案专利的专利权人，专利标识系该公司在专利权有效期内标注，药品与该专利技术内容相一致。

分析

在本案中，甲医药股份有限公司标注专利标识的行为，发生在专利权被授予后的有效期内，产品与专利技术内容相一致，不构成假冒和侵权行为。但上述标注内容没有标注专利权的类别，不符合《专利标识标注办法》第五条的规定。甲医药股份有限公司的这一标注行为构成专利标识标注不规范行为，管理专利工作的部门应当责令其改正。正确的标注应当是“中国发明专利，专利号 ZL 20141×××××××. ×”。

专利号标注不规范

2018 年 6 月 1 日，某商场销售的儿童玩具包装盒上标注有“中国外观设计专利　申请号：CN 20143×××××××. ×”，生产者为甲公司。经查证，该申请号对应的申请已于 2015 年 10 月获得授权，甲公司为涉案专利的专利权人，专利标识系该公司在 2017 年 12 月生产的包装盒，包装盒的外观与该专利设计内容相一致。

分析

在本案中，该公司标注专利标识的行为，发生在专利权被授予后的有效期内，包装盒的外观与专利设计相一致，不构成假冒和侵权行为。但上述标注内容将申请号标注为专利号，不符合《专利标识标注办法》第五条的规定。甲公司的这一标注行为构成专利标识标注不规范行为，应当责令其改正。正确的标注是“中国外观设计专利，专利号 ZL 20143×××××××. ×”。

案例

文字说明及专利号均不规范

2016 年 7 月，甲商场销售的由乙公司生产的吹风机上标注有“专利产品　仿冒必究　专利号 20112×××××××. ×”。经执法人员查证，该专利的专利权处于有效期内，专利技术内容与产品相一致。

分析

乙公司为专利权人，其在专利权被授予后的有效期内标注专利标识，产品与专利技术内容相一致。但是，上述标注内容没有标注专利权类别和正确的专利号，不符合《专利标识标注办法》第五条的规定。乙公司的行为构成专利标识标注不规范行为。规范的标注是“中国实用新型专利，仿冒必究，专利号 ZL 20112×××××××. ×”。

案例

申请中的专利未表明尚未授权

某路业公司新上市了一款垃圾清扫车，说明书和广告册上标注有“中国发明专利申请，专利申请号：CN 20141×××××××. ×”。经查证，在产品生产日期之前该专利申请尚未被授权，车辆所用方案与该专利技术内容一致。

分析

在本案中，该路业公司标注专利标识的行为，发生在专利权被授予前，产品与要求保护的专利技术内容相一致，不构成假冒和侵权行为。但上述标注内容没有标注“专利申请，尚未授权”字样，不符合《专利标识标注办法》第七条的规定，属于专利标识标注不规范行为，应当责令其改正。正确的标注是“中国发明专利申请，专利申请号 CN 20141×××××××. ×，专利申请，尚未授权”。

产品核心部件的专利标识可以标注在产品上

某品牌空调外机上标注有“中国实用新型专利，专利号 ZL 20162×××××××.×”。经查证，该空调是甲公司生产的，甲公司拥有 ZL 20162×××××××.×号专利权，并在专利权有效期内在其空调外机上标注了上述专利标识。同时查证，ZL 20162×××××××.×号专利涉及的是压缩机，该压缩机属于空调外机的核心部件。

分析

该案中，甲公司拥有压缩机的实用新型专利权。虽然根据《专利法》第十六条第二款的规定，专利权人原则上只能在其专利产品或者该产品包装上标注专利标识，而不能在包含该产品的另一产品上标注专利标识，但由于压缩机是空调外机的核心部件，二者在工作时紧密关联，尤其是所述压缩机置于空调外机的内部，不标注在外又无法使公众知晓，因此，综合立法目的及行为的无害性，不宜认定甲公司行为为标注不规范行为。

（三）标注行为发生在有效期内

《专利标识标注办法》第四条规定：“在授予专利权之后的专利权有效期内，专利权人或者经专利权人同意享有专利标识标注权的被许可人可以在其专利产品、依照专利方法直接获得的产品、该产品的包装或者该产品的说明书等材料上标注专利标识。”根据该条规定可知，合规的专利标注行为一定发生在专利有效期内，这意味着专利权终止之后的标注一律不合规。但由于这种情况同时构成假冒专利行为，标注不规范行为应被假冒行为吸收，按假冒专利认定处理。

案例

终止后的标注，无论是否合规均应认定为假冒

甲公司的“纸巾随盒抽”产品外包装上标注有“ZL 20133×××××××.×”专利标识，乙商场销售了上述产品。执法人员调查中发现，该专利已因未缴纳年费而终止。随后执法人员又调取登记簿副本，显示该专利法律状态为有效（下一年度年费及滞纳金已缴纳）。

分析

在本案中，执法人员收集的证据表明涉案专利因未缴纳年费而终止，生产企业在专利权终止后继续在产品上标注专利标识以及乙商场销售相关产品的行为，均属于《专利法实施细则》第八十四条规定的情形，无论专利标识的标注形式是否符合要求，乙商场的行为都构成假冒专利行为。但随后专利登记簿副本显示涉案专利已恢复到有效状态。在此情况下，甲公司的假冒专利行为不再成立。但涉案产品上仅标注了专利号，未标注专利权类别，不符合《专利标识标注办法》第五条的规定，构成专利标注不规范行为，应当责令其改正。正确的标注为“中国外观设计专利，专利号 ZL 20133××××××××. ×”。

（四）所标产品与专利标识对应

根据《专利标识标注办法》第四条的规定可知，合规的专利标注行为一定是在对应的专利产品、产品包装等相关载体上标注，否则属于不合规。这种情况与保护期外的标注性质相同，由于同时构成假冒专利行为，标注不规范行为应被假冒行为吸收，按假冒专利认定处理。

案例

标注规范，但产品并非专利产品，属假冒专利行为

某公司制造出售的冰箱产品上标注有“中国发明专利，专利号 ZL 20121×××××××. ×”“独家专利技术生产”等专利标识。经查证，涉案专利的专利权人为该公司，标注亦在专利权有效期内，但涉案专利涉及的是电视机。

分析

标注的专利号所涉及的专利技术内容与产品不一致时，无论标注形式是否规范，标注行为都构成假冒专利行为，而非专利标识标注不规范行为。

二、专利标识标注不规范行为的认定

对专利标识标注不规范行为进行监督管理，重点核查是否符合《专利标识标注办法》第五条至第七条的相关规定。

（一）专利权类别标注不规范

《专利标识标注办法》第五条第一款规定，标注专利标识的，应当标明下述内容：采用中文标明专利权的类别，例如中国发明专利、中国实用新型专利。

未标注专利类别

某公司获得一项产品发明专利权，其在对应产品包装上标注了“中国专利，专利号 ZL 20121×××××××. ×”。

分析

该案中，专利权存在并处于有效期内，专利权人有权在其产品上标注相关专利标识，以表明其拥有发明专利权，但其未按照《专利标识标注办法》第五条的规定正确标明专利权类别，构成专利标识标注不规范行为。正确的标注是“中国发明专利，专利号 ZL 20121×××××××. ×”。

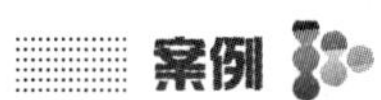

未用中文标注专利类别

甲公司获得一项医疗器械的产品发明专利权，其在产品上标注了“Chinese invention patent 专利号 ZL 20121×××××××. ×”。经查证，专利权存在归，甲公司所有，并处于有效期内。

分析

该案中，专利权人虽标注了专利类型，但未用中文标注，违反了《专利标识标注办法》第五条的规定，构成专利标识标注不规范行为。正确的标注应当是“中国发明专利，专利号 ZL 20121×××××××. ×”。

案例

多国专利或者专利申请的标注不规范

甲公司在我国拥有一项发明专利权，其同时也递交国际专利申请并在多个国家获得专利权。该企业在其产品上标注“国际专利，中国发明专利，专利号 ZL 20141××××

×××.×”的字样。

分析

专利权具有地域性，权利人拥有国外专利或者专利申请、PCT专利申请的，应当参照《专利标识标注办法》第五条至第七条的要求，标注所对应的专利权类别、国家及该国专利号。如“德国发明专利，专利号GE×××××××”。不存在所谓“国际专利”“全球专利”等术语。

该案中，甲公司拥有与产品相对应的中国发明专利权，其有权在相关产品上标注“中国发明专利”及相应的专利号。同时，其也拥有多国的专利权，在产品上标注“国际专利”并没有夸大宣传、误导公众，只是术语使用不规范。这种标注属于标注不规范行为，可以责令其改正。正确的标注方法是分别标注各国专利权类别和专利号。例如，标记“德国发明专利，专利号×××××；美国发明专利，专利号×××××”等，连同“中国发明专利，专利号ZL 20141×××××××.×”一起，在产品或者产品包装上进行标注。

但是，如果该企业只在中国获得专利权，或者只是通过国际组织递交了申请，尚未被其他国家授予专利权的产品上标注“国际专利”“全球专利”等字样，使公众误认为涉案技术或设计已获得其他国家的授权，则应当认定为假冒专利行为。

（二）专利号标注不规范

标注专利标识的，除了应当采用中文标注专利权类别外，还应当标明专利号。只标注专利权类别而未标注专利号、标注专利号时未在数字前加注“ZL”、标注专利授权公告号、专利申请号而非专利号等，均属于专利标识标注不规范的情形，但《专利法》《专利法实施细则》等法律、法规另有规定的除外。

未标注专利号

甲娱乐设备公司生产销售的专利产品跳舞毯上标注有“中国实用新型专利产品 仿冒必究”。由于该标注不能反映涉案产品是否拥有合法有效的专利权，执法人员遂要求甲娱乐设备公司提供相关证据，甲娱乐设备公司随后提供了专利证书。经查证，该专利权真实有效，标注者也是专利权人甲娱乐设备公司，该标注行为属于专利标识标注不规范行为，执法人员对其下达责令改正通知书。

分析

跳舞毯的生产企业甲娱乐设备公司拥有真实有效的专利权，该产品也采用了专利技术方案，因此在该产品上标注专利权类别的行为不构成假冒专利行为。但甲娱乐设备公司未标注专利号，不符合《专利标识标注办法》第五条第一款第（二）项的规定，属于标注不规范的行为，执法部门应责令其改正。

注意：当发现产品没有标注专利号时，执法人员不能简单地将其认定为专利标注行为不规范，应当先核实涉案产品的专利情况。经核实，若标注主体、标注载体、所标注的专利权及相应技术方案都符合合法标注要件，才应认定为专利标识标注行为不规范。当存在标注主体不适格、专利号所对应的技术方案与产品无关联性等情形时，应当以假冒专利行为进行查处。

案例

仅标注专利申请号

某药店销售的膏药产品上标注有“中国实用新型专利　专利申请号 CN 20132×××××××. ×”。

分析

该案中，CN 20132×××××××. ×并非专利号，而是专利申请号。经查证，申请编号为 20132×××××××. ×的专利已获授权，并与涉案产品完全一致，相关标注行为不构成假冒专利行为。但此种标注不符合《专利标识标注办法》第五条第一款第（二）项的规定，属于专利标识标注不规范的行为，应当责令其改正。

案例

专利号标注不完整

某药店销售的肤轻松乳膏外包装盒上标注有“本包装盒已获外观设计专利　仿冒必究　专利号 20183×××××××. ×”。经查证，该专利真实且权利处于存续状态，专利权人与药品企业一致。

分析

此案专利号前缺少“ZL”标记。根据相关编号规则，授权后专利号的数字位与申请号相同，但是规范的专利号应在数字位前加注“ZL”标记，以便与专利申请号相区分。

该案中专利号正规的标注应当是“中国外观设计专利，专利号 ZL 20183×××××××.×”，产品制造商可将标识修改为“本包装盒已获中国外观设计专利，仿冒必究，专利号 ZL 20183×××××××.×”。

案例

专利号标成授权公告号

某药店销售的某治疗痔疮的药品上标注有“中国发明专利　专利号 CN 101××××××B”。

分析

该案中，CN 101××××××B 并非专利号，而是专利授权公告号。经查证，该公告号对应的专利与涉案产品完全一致，相关标注行为不构成假冒专利行为。但这种标注不符合《专利标识标注办法》第五条第一款第（二）项的规定，属于专利标识标注不规范的行为，应当责令其改正。

案例

专利号错标成他人专利，应认定为假冒专利

某保健企业在其生产销售的磁疗枕上标注了“中国实用新型专利，专利号 ZL 20072××5××××.×”。经查证，所标注的专利权人并非该保健企业。后当事企业提供了专利证书，经查证，与该产品对应的专利号应为 ZL 20072××6××××.×，执法时专利权处于有效状态。

分析

该案中，专利权人拥有真实有效的专利权，且其专利权技术方案与产品一致，其标注错一个数位显属笔误，此处主观过错只是是否追究其法律责任的影响因素，而非违法行为的构成要件，因此其行为构成假冒专利行为。但是，因其没有主观故意，故可以责令改正，对其减轻或不予处罚。

实践中也存在标注专利号时两相邻数字颠倒或某一数位错误，导致与他人的专利号恰巧重合的情形。如果当事人能够提供其拥有合法专利权的证明，且所涉专利权与

涉案产品技术内容或外观设计相一致，此时可以认定为无故意的笔误，对其减轻或不予处罚，责令其改正。

(三) 附加文字、图形标记方法类专利权标注不规范

根据《专利标识标注办法》第五条第二款的规定：除了采用中文标注专利权类别和标注专利号外，标注时还可以附加其他文字、图形标记，但附加的文字、图形标记及其标注方式不得误导公众。

文字标注误导公众

某次长途列车上，乘务员在向乘客推销防打扰头套，其包装盒上标注有“专利质量　助您一路酣睡　外观设计　专利号：ZL 20133×××××××. ×”。经查证，该专利号真实存在，专利权处于有效存续状态。

分析

除了按规定标注专利权类别和专利号外，该产品上还标注有“专利质量　助您一路酣睡”的附加文字。虽然涉案专利是包装盒的外观设计，并非头套上的专利，但对社会公众而言，看到“专利质量　助您一路酣睡”的附加文字表述后，容易误认为产品本身含有专利技术。因此，这一标注违反了《专利标识标注办法》第五条第二款有关“除上述内容之外，可以附加其他文字、图形标记，但附加的文字、图形标记及其标注方式不得误导公众”的规定，构成专利标识标注不规范行为，应当责令其改正。

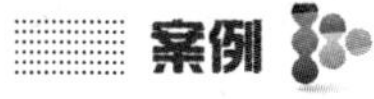

产品为方法专利但未注明

某药店销售的“醒脑丸”产品外包装上标注有“中国发明专利　专利号 ZL 021×××××. ×”。经查证，021×××××. ×号专利技术是一种化合物的合成方法专利，权利人为该药品上标注的生产厂家，该药品是依照该专利方法直接获得的产品。

分析

该药店销售的“醒脑丸”产品实际是按照 ZL 021×××××. ×号专利所述方法直接获

得的产品，但该产品仅标注了专利权类别和专利号，没有标注“该产品系依照专利方法所获得的产品”，不符合《专利标识标注办法》第六条“在依照专利方法直接获得的产品、该产品的包装或者该产品的说明书等材料上标注专利标识的，应当采用中文标明该产品系依照专利方法所获得的产品”的规定。因此，构成专利标识标注不规范行为，应当责令其改正。

案例

专利申请标注“侵权必究”

某药店销售的“懒人闹钟”产品上标注有“专利申请　尚未授权　仿冒必究　中国外观设计专利　申请号 CN 20193×××××××. ×”。经查证，该外观设计申请确实存在，并由该款懒人闹钟生产企业提出，目前正在进行复审程序。

分析

涉案专利申请尚未授权，最终能否获得授权也不确定，在此情形下标记“仿冒必究”没有权利依据，容易让公众误认为是已授权专利。该行为也属于标注不规范的行为，应当责令其改正。

（四）专利申请标记标注不规范

专利权被授予前，专利申请人有权在其相应的产品、产品的包装或者产品的说明书等材料上如实标注专利申请信息，但在标注时应当采用中文标明中国专利申请的类别、专利申请号，并标明“专利申请，尚未授权”字样。

专利申请号、专利申请的类别和“专利申请，尚未授权”的标记字样须同时标注。在专利申请被驳回或者被视为撤回后仍标注专利申请标记，或者专利授权后已终止或者被宣告无效后依然标注专利申请标记的，属于专利申请标记不规范的行为。

案例

未标明“尚未授权”

2018 年，某市管理专利的执法人员在例行检查时，发现某医疗器械专卖店销售的护理床垫外包装上标注有“已申请国家专利　侵权必究　专利申请号：CN 20182××××

×××.×”。经查证，该专利申请为真，但在产品生产日期之前该专利申请尚未授权。

分析

专利权被授予前标注专利申请标记的，应当按照《专利标识标注办法》第七条的规定，用中文标明中国专利申请的类别、专利申请号、“专利申请，尚未授权”字样，三者缺一不可。该案中，涉案产品没有标注专利申请的类别，也没有标注“专利申请，尚未授权”字样，属于专利申请标记标注不规范行为，应当责令其改正。正确标注应为“中国实用新型专利申请，专利申请号 CN 20182×××××××.×，专利申请，尚未授权”。

案例

专利申请已被驳回仍标注

某企业生产销售的扇子上标注有“降温神器　已申专利　申请号：20162×××××.×”。经查证，距该扇子生产日期一年之前涉案专利申请的法律状态为“申请被驳回”，且期满后申请人没有提出复审请求。

分析

根据《专利标识标注办法》第七条的规定，允许专利申请人在专利权被授予前标注专利申请标记。在这里，考虑的是专利申请存在被授权的可能性。因此，《专利标识标注办法》第七条隐含的含义是标注者在标注专利申请标记时，该专利申请也还没有发生被驳回、撤回或被视为撤回的情况。

该案中，生产企业在标注上述专利申请标记时，涉案专利申请已被驳回。该企业在专利申请已被驳回且未提起复审的情况下，明知已不可能获得授权，仍然标注专利申请标记，不符合《专利标识标注办法》第七条的规定，构成专利申请标记标注不规范，应当责令其改正。

本案生产企业如果标注的是“降温神器　专利产品　专利号 2016ZL2×××××.×”，则属于假冒专利的行为。

案例

专利申请已撤回仍标注

2018 年 12 月，某商场销售的闹钟机器人包装上标注有“叫醒神器　发明专利申请号：CN 20171×××××××.×”。经查证，该批闹钟机器人生产日期为2018年11月，而2017年6月涉案专利申请已被申请人主动撤回。

分析

该案中，闹钟机器人的生产企业在标注上述专利申请标记时，其早已撤回专利申请。生产企业明知已不可能获得授权，仍然标注专利申请标记，不符合《专利标识标注办法》第七条的规定，构成专利申请标记标注不规范行为，应当责令其改正。

第三节　专利标识标注不规范行为的处理

一、办案程序

专利执法部门按照《专利标识标注办法》第三条、第八条的规定，对标注专利标识的行为进行监督管理。查处专利标注不规范行为的程序，可以参考本书第三章的相关内容。

二、处理专利标识标注不规范行为时应注意的问题

（一）专利标识标注不规范行为不适用行政处罚

根据《专利法实施细则》第八十三条、《专利标识标注办法》第八条的规定，对专利标识标注不规范行为只规定了责令改正，没有规定没收违法所得或者处以罚款的法律责任，因此，本书前文有关没收违法所得、罚款方面的相关内容，在此不适用。

（二）专利标识标注不规范行为不适用行政强制措施

查处专利标识标注不规范行为时，专利执法部门没有采取查封、扣押等行政强制措施的权力，因此，此处不适用本书前文的行政强制措施。

（三）处理专利标识标注不规范行为的文书为责令改正通知书

由于对专利标识标注不规范行为，只有责令改正的规定，没有行政处罚方面的规定，因此，责令改正通知书是查处专利标识标注不规范行为的最终文书。不能认为专利标识标注不规范行为属于情节轻微的违规行为，而使用不予行政处罚决定书。当事人针对该责令改正决定可以申请行政复议或提起行政诉讼。

三、处理专利标识标注不规范行为的文书

（一）责令改正通知书的内容

责令改正通知书应当包括下列内容：①当事人的姓名或者名称、地址；②违反法律、法规或者规章的事实和证据；③责令改正的依据；④改正方式和期限；⑤不服责令改正决定，申请行政复议或者提起行政诉讼的途径和期限；⑥作出责令改正决定的行政机关名称和作出决定的日期；⑦加盖专利执法部门的公章。

《专利标识标注不规范责令改正通知书》样式如下：

专利标识标注不规范责令改正通知书

案号：＿＿＿＿＿＿＿＿

当事人		法定代表人（负责人）	
住所			
邮政编码		电话	
涉嫌专利标识不规范类型	□1. 没有采用中文标明专利权的类别。 □2. 没有标明或者没有正确标明国家知识产权局授予专利权的专利号。 □3. 附加的文字、图形标记及其标注方式误导公众。 □4. 在按照专利方法直接获得的产品、该产品的包装或者该产品的说明书等材料上标注专利标识，没有采用中文标明该产品系依照专利方法所获得的产品。 □5. 专利权被授予前在产品、该产品的包装或者该产品的说明书等材料上进行标注的，没有采用中文标明中国专利申请的类别、专利申请号，没有标明“专利申请，尚未授权”字样。 □6. 专利申请未具备授权前景或者专利权被授予后依然标注专利申请标记。 □7. 其他。		

＿＿＿＿＿＿＿＿：

本局于＿＿＿年＿＿月＿＿日在＿＿＿＿＿＿＿＿＿发现你（单位）＿＿＿＿＿＿＿＿＿＿。经核查，你（单位）的该行为，违反了《专利标识标注办法》第＿＿＿＿条的规定，现责令你（单位）＿＿＿＿＿＿＿＿＿。

如你（单位）不服，可以自接到本通知之日起60日内向＿＿＿＿＿＿＿＿＿提起行政复议申请，或者在6个月内向＿＿＿＿＿＿＿＿＿人民法院提起行政诉讼。

＿＿＿＿（专利执法部门）（盖章）

＿＿＿＿年＿＿月＿＿日

案件承办人：

联系电话：

本局地址：

邮政编码：

说明：本通知书一式两份，一份送达当事人，一份由专利执法部门存档。

（二）责令改正通知书的送达

专利执法部门认定专利标识标注不规范行为成立的，虽然只能责令其改正，不予以行政处罚，但仍需要履行告知程序。告知可以采用书面形式，也可以采用口头形式。口头告知的，应当将当事人违法事实，责令其改正的理由、依据，当事人依法享有的权利、救济途径，以及当事人陈述、申辩，放弃陈述、申辩的有关情况记入现场笔录，由当事人签字。

《专利标识标注不规范责令改正通知书》应当在宣告后当场交付当事人；当事人不在场的，专利执法部门应当在 7 个工作日内送达当事人。责令改正通知书送达即生效，专利执法部门不得随意变更。

（三）具体的改正措施

专利执法部门认定专利标识标注不规范行为成立的，可以根据案件的具体情况，责令行为人采取下列改正措施：

（1）在产品或者其包装上标注不规范的专利标识或专利申请标记的，立即停止错误的标注行为，清除或者修正尚未售出的产品或者其包装上的专利标识或者专利申请标记。

（2）销售、许诺销售前述产品的，立即消除或者修正尚未售出的产品或者其包装上的专利标识或者专利申请标记；产品上的专利标识或者专利申请标记难以消除或者修正的，停止销售、许诺销售行为。

（3）在产品说明书等材料中标注不规范的专利标识或者专利申请标注的，立即停止错误的标注行为，消除或者修正尚未发出的材料上的专利标识或者专利申请标记；难以消除或修正的，销毁尚未发出的材料。

（4）责令标注不规范的参展方采取从展会上撤出专利展品、消除或者修正相应的宣传材料、更换或者遮盖相应的展板等措施。

（5）其他必要的改正措施。专利执法部门认定电子商务平台上的专利标识标注不规范行为成立的，应当通知电子商务平台提供者及时通知相关商户，对标注不规范的网页及时进行更正；拒不更正的，采取删除、屏蔽或者断开链接等措施。

第五章
专利纠纷的调解

在实践中，大部分申请调解的案件，都是双方当事人已经协商一致，寻求管理专利工作的部门拟定完善的协议条款内容，消除协议履行中的隐患。

通过以下几种途径，可以使得协议更正规、有效，符合法律规定，具有法律效力。

第一，向法院起诉，以调解结案，由法院出具调解书。这无疑会挤占本就有限的司法资源。

第二，根据之前双方约定的仲裁条款，提请仲裁机构解决，由仲裁机构出具调解书。

以上两种方式出具的调解书具有直接强制执行力，但要支付一定的费用，且受制于法定的程序安排，拿到调解书需要一定的时间。

第三，到公证机构对协议进行公证。

第四，请律师起草协议。通过这两种途径都可以迅速拿到协议书，但也需要支付一定的费用。

第五，请求管理专利工作的部门调解，这种途径不仅是免费的，而且很快就可以拿到调解协议书，且执法人员专业程度很高。当事人还可以到人民法院进行司法确认，使调解协议书具有强制执行力。因此，在争议不大的情况下，请求管理专利工作的部门进行调解是最优选择。

第一节 专利纠纷调解的概述

一、专利纠纷调解受理依据

《专利法实施细则》第八十五条规定：“除专利法第六十条规定的外，管理专利工作的部门应当事人请求，可以对下列专利纠纷进行调解：（一）专利申请权和专利权归属纠纷；（二）发明人、设计人资格纠纷；（三）职务发明创造的发明人、设计人的奖励和报酬纠纷；（四）在发明专利申请公布后专利权授予前使用发明而未支付适当费用的纠纷；（五）其他专利纠纷。对于前款第（四）项所列的纠纷，当事人请求管理专利工作的部门调解的，应当在专利权被授予之后提出。”

《专利行政执法办法》第二十二条规定，请求管理专利工作的部门调解专利纠纷的，应当提交请求书。

二、管辖权确定依据

《专利法实施细则》第七十九条规定：“专利法和本细则所称管理专利工作的部门，是指由省、自治区、直辖市人民政府以及专利管理工作量大又有实际处理能力的设区的市人民政府设立的管理专利工作的部门。”

《专利法实施细则》第八十条规定：“国务院专利行政部门应当对管理专利工作的部门处理专利侵权纠纷、查处假冒专利行为、调解专利纠纷进行业务指导。”

《专利法实施细则》第八十一条规定：“当事人请求处理专利侵权纠纷或者调解专利纠纷的，由被请求人所在地或者侵权行为地的管理专利工作的部门管辖。两个以上管理专利工作的部门都有管辖权的专利纠纷，当事人可以向其中一个管理专利工作的部门提出请求；当事人向两个以上有管辖权的管理专利工作的部门提出请求的，由最先受理的管理专利工作的部门管辖。管理专利工作的部门对管辖权发生争议的，由其共同的上级人民政府管理专利工作的部门指定管辖；无共同上级人民政府管理专利工作的部门的，由国务院专利行政部门指定管辖。”

《专利法》第五十二条规定：“当事人就实施开放许可发生纠纷的，由当事人协商解决；不愿协商或者协商不成的，可以请求国务院专利行政部门进行调解，也可以向人民法院起诉。”

第二节　专利纠纷调解的类型

一、专利申请权和专利权归属纠纷

（一）相关概念的解释

专利申请权，是指就一项发明创造谁享有向国务院专利行政部门提出专利申请的权利。

专利申请权归属纠纷，是指一项发明创造产生之后，在准备提交专利申请之前或提起专利申请之后授予专利权之前，相关主体就该项发明创造的专利申请权的归属产生的纠纷。若专利权已被授予，则此时专利申请权归属纠纷转化成专利权归属纠纷。一般情况下，专利申请权人就是专利授权时的专利权人，当专利申请权发生转让时，专利申请权人和专利权人就会出现不一致的情形。

（二）专利申请权和专利权归属纠纷的类型

专利申请权和专利权归属纠纷主要包括三种情形。

1. 职务发明创造的专利申请权和专利权归属纠纷

（1）职务发明创造的权利归属规则

职务发明创造归单位；非职务发明创造归发明人或设计人；利用单位的物质技术条件完成的发明创造，由单位和发明人约定决定。

（2）职务发明创造权利归属规则的法律依据

《专利法》第六条第一款规定：“执行本单位的任务或者主要是利用本单位的物质技术条件所完成的发明创造为职务发明创造。职务发明创造申请专利的权利属于该单位，申请被批准后，该单位为专利权人。该单位可以依法处置其职务发明创造申请专利的权利和专利权，促进相关发明创造的实施和运用。”

非职务发明创造，申请专利的权利属于发明人或者设计人；申请被批准后，该发明人或者设计人为专利权人。

案例

员工在职期间的发明成果，专利申请权归其所在单位

陆某在洗尘公司从事研发工作，该公司以生产销售吸尘器为主营业务，在职期间，陆某完成一项与智能吸尘器有关的研发成果，随后陆某委托专利代理机构以自己为发明人和申请人提交了专利申请。洗尘公司得知该消息后，要求陆某把申请权转给公司。陆某认为自己是为完成工作任务才有了该研发成果，意味着单位有权自由使用该技术，但无权独占该技术，只有发明人才是专利申请权人。

分析

本案中陆某为洗尘公司的员工，且本职工作为研发相关吸尘器产品，根据《专利法》第六条的规定，陆某研发的智能吸尘器属于职务发明创造，职务发明创造申请专利的权利属于该单位，申请被批准后，该单位为专利权人。因此陆某的抗辩没有法律依据，不能成立。

（3）属于职务发明创造的情形

《专利法实施细则》第十二条规定："专利法第六条所称执行本单位的任务所完成的职务发明创造，是指：（一）在本职工作中作出的发明创造；（二）履行本单位交付的本职工作之外的任务所作出的发明创造；（三）退休、调离原单位后或者劳动、人事关系终止后1年内作出的，与其在原单位承担的本职工作或者原单位分配的任务有关的发明创造。"

案例

员工离职一年内完成的何种发明创造属于职务发明创造？

2007年，王某进A厂担任设计员，同年离职。2008年，王某再度入该厂所属的分厂担任副厂长，2010年调任研制所所长，直至2014年6月25日应本人的要求离职。王某离职后于2015年4月1日以自己的名义提出了连续混合机的专利申请。A厂看到后认为该发明属于职务发明，该厂以制造销售混合机为业，王某所完成的发明属其在职时的职务范围，A厂自2011年开始进行连续混合机的研制，2014年完成样机，前后共耗资100万元。王某则认为本发明是在自己离职以后完成的，而且本件发明的思想启示来自石臼的工作原理，并非来自其在研制所的工作。

分析

本案属于职务发明专利纠纷。自2010年任职于A厂研制所至2014年6月离职，其间王某一直负责连续混合机的研制工作，离职后的次年4月，王某提出连续混合机的专利申请。该申请与其任职期间负责的研发项目是相同的，申请时间距离离职不满一年，可以推知完成时间不超过离职后一年。至于是否源自原工作期间的科研积累，不是需要考虑的因素，因法律没有规定该要件，事实上也无法查证。因此涉案专利属于职务发明。

（4）“本单位”和“物质技术条件”的含义

《专利法实施细则》第十二条第二款规定：“专利法第六条所称本单位，包括临时工作单位；专利法第六条所称本单位的物质技术条件，是指本单位的资金、设备、零部件、原材料或者不对外公开的技术资料等。”

即使使用了单位的物质条件，如实验室、仪器、设备等，但向单位交付了使用费的，也不属于利用了单位的物质条件。

若是利用单位图书馆或资料室对外公开的情报、资料而完成的发明创造不属于职务发明。

不对外公开的技术资料应当是采取了保密措施的技术资料，包括技术档案、设计图纸、新技术信息等。

对上述物质技术条件的利用，应当是完成发明创造所不可缺少的，也即该利用对发明创造有决定性的影响。若是少量的利用或者对发明创造的完成没有实质帮助的利用，不应认定利用了单位的物质技术条件。

案例

研发过程中利用了单位的物质技术条件，不一定是职务发明

欧阳某任职于一家制冷研究所，从事制冷研发工作。欧阳某很善于发现生活中的各种问题，并经常动手解决，因此有很多小发明、小制作，其中一项实用新型专利是“办公室多功能收纳盒”。在该方案的研究设计过程中，欧阳某自己手工绘图，自购工具箱、螺丝、胶水等工具，利用家里各种废弃的包装盒和包装箱进行实验。遇到实验

难点就用单位配置的办公室电子计算机上网查找解决方案。经过反复调整方案，最终取得满意效果，形成最后的方案。

研究所发现后，主张该发明属于职务发明，应归单位所有。

分析

在本案中，欧阳某虽是研究所的研发职员，但涉案专利的研发内容与其本职工作没有任何联系。

欧阳某在设计办公室多功能收纳盒的过程中使用了办公室电子计算机。根据《专利法实施细则》第十二条第二款的规定，《专利法》第六条所称本单位的物质技术条件，是指本单位的资金、设备、零部件、原材料或者不对外公开的技术资料等。

在本案中，欧阳某自己出资购买工具箱、螺丝、胶水等工具，只是利用办公室电子计算机进行了一些搜索行为，不涉及单位保密的技术资料，也未使用单位的资金、设备、原材料等，因此涉案专利不属于职务发明。

2. 委托发明创造的专利申请权和专利权归属纠纷

（1）委托发明创造的权利归属规则

委托完成的发明创造，专利申请权和专利权归属由委托合同的双方当事人约定，可以约定归委托人所有，也可以约定归受托人所有；没有约定或约定不明确的，归受托人所有。

（2）委托发明创造权利归属规则的法律依据

《专利法》第八条规定："两个以上单位或者个人合作完成的发明创造、一个单位或者个人接受其他单位或者个人委托所完成的发明创造，除另有协议的以外，申请专利的权利属于完成或者共同完成的单位或者个人；申请被批准后，申请的单位或者个人为专利权人。"

《民法典》第八百五十九条规定："委托开发完成的发明创造，除法律另有规定或者当事人另有约定外，申请专利的权利属于研究开发人。研究开发人取得专利权的，委托人可以依法实施该专利。研究开发人转让专利申请权的，委托人享有以同等条件优先受让的权利。"

委托发明合同约定成果的专利申请权归委托人所有合法

2016年5月，甲研究所接受乙公司的委托，就一项防水技术进行研发，合同约定了研发费用，技术方案的预期效果，检验标准，成果交付时间，随后的技术指导，以及成果专利申请权归乙公司等相关事项。2016年7月15日，甲研究所按照合同约定顺利完成技术研发工作，并通过检验，交付给了乙公司。2016年8月，乙公司发现甲研究所已于2016年8月1日将该技术提交专利申请，于是提出异议，甲研究所认为自己是研发单位当然有权申请专利，乙公司支付的委托费换来的只是免费实施权，没有其他权利，成果的专利申请权归乙公司的约定无效。

分析

本案中，双方签订委托开发协议时，已约定成果的专利申请权归属委托人，按照《专利法》第八条和《民法典》第八百五十九条之规定，该约定是合法有效的，因此甲研究所无权提出专利申请，该成果的专利申请权应当归乙公司。

案例

委托发明合同没有约定成果的专利申请权归谁所有，则归受托人所有

2016年7月，甲锁业公司委托乙研究所开发一种智能防盗技术，委托合同中明确约定了研发的报酬，标的技术所能实现的防盗效果，乙研究所需在3个月内完成甲锁业公司的委托。合同里没有约定成果归属。后乙研究所如约交付了研发成果，甲锁业公司验收后表示非常满意。随后，甲锁业公司将该技术应用在自己的产品上。乙研究所也将该技术提交专利申请，甲锁业公司发现后与乙研究所取得联系，提出乙研究所的智力投入已经从委托费用里得到了应有的回报，因此乙研究所对该成果不再享有任何权利，该成果的专利申请权应归甲锁业公司所有。

分析

本案属于委托发明专利纠纷，由于当事人没有约定成果专利申请权的归属，根据《专利法》第八条的规定，该权利应当归完成成果的单位或个人即受托人享有。本案中受托人是乙研究所，因此乙研究所有权提出专利申请，甲锁业公司的主张没有法律根据。

案例

委托发明中，研究开发人获得专利后不能禁止委托人使用

前述乙研究所在与甲锁业公司委托发明成果的申请权纠纷中取得了胜利，于是乙研究所继续专利申请程序，并最终获得了授权。乙研究所拿到授权之后，向甲锁业公司发出警告函，主张自己对该技术已取得独占权，甲公司无权继续使用，否则将构成侵权。

分析

本案属于委托开发合同纠纷。合同中没有约定研发成果的归属，因此该技术的专利申请权归乙研究所所有。但是，根据《民法典》第八百五十九条的规定，乙研究所获得专利之后无权禁止甲锁业公司继续使用，因此甲锁业公司有权继续免费使用。

3. 合作发明创造的专利申请权和专利权归属纠纷

（1）合作发明创造的权利归属规则

合作完成的发明创造，专利申请权和专利权归属由合作合同的双方当事人约定，可以约定归任何一方所有，没有约定或约定不明的，归双方当事人共有。

（2）合作发明创造权利归属规则的法律依据

《专利法》第八条规定："两个以上单位或者个人合作完成的发明创造、一个单位或者个人接受其他单位或者个人委托所完成的发明创造，除另有协议的以外，申请专利的权利属于完成或者共同完成的单位或者个人；申请被批准后，申请的单位或者个人为专利权人。"

《专利法》第十四条规定："专利申请权或者专利权的共有人对权利的行使有约定的，从其约定。没有约定的，共有人可以单独实施或者以普通许可方式许可他人实施该专利；许可他人实施该专利的，收取的使用费应当在共有人之间分配。除前款规定的情形外，行使共有的专利申请权或者专利权应当取得全体共有人的同意。"

《民法典》第八百六十条规定："合作开发完成的发明创造，申请专利的权利属于合作开发的当事人共有；当事人一方转让其共有的专利申请权的，其他各方享有以同等条件优先受让的权利。但是，当事人另有约定的除外。合作开发的当事人一方声明放弃其共有的专利申请权的，除当事人另有约定外，可以由另一方单独申请或者由其他各方共同申请。申请人取得专利权的，放弃专利申请权的一方可以免费实施该专利。

合作开发的当事人一方不同意申请专利的，另一方或者其他各方不得申请专利。”

案例

在无事先约定的情况下，合作发明成果的专利申请权应由双方共同享有

甲、乙两家公司都是制造厨房家电的企业。2017 年 8 月，两家公司达成合作意向，约定共同研发一款“多功能免洗智能制浆机”，双方就经费投入、研发人员的派遣、项目管理等事项进行约定，对成果归属未作约定。2018 年 3 月技术研发完成后，甲公司以自己为申请人提交了专利申请，在申请文件公布后乙公司获知该消息，遂要求甲公司撤回申请。甲公司主张，研发过程中甲公司投入的资金、研发人员最多，且提供了实验室办公场所等，对该成果理当拥有专利申请权，乙公司无权共有该专利申请权。双方由此产生纠纷并共同提请当地知识产权局调解。

分析

本案属于合作发明专利纠纷，双方在合作开发协议里没有约定成果的专利申请权和专利权的归属，根据《专利法》第八条和《民法典》第八百六十条的规定，该合作成果应当是甲、乙两公司共有。因此，本案中甲的主张不能成立。经调解，双方达成协议，约定乙公司放弃专利申请权，甲公司可以继续申请，但需给予乙公司一定的补偿；如专利申请成功，乙公司有权自授权日起无偿使用该专利五年。

案例

协议约定合作发明成果的专利申请权归属有效

2006 年，专业生产清扫工具的甲公司与乙研究所达成合作开发协议，合作开发一款“扫地机器人”。协议约定，甲公司提供研究经费和实验场所，乙研究所派出研发人员，研发成果的专利申请权和申请成功后的专利权归甲公司所有。2007 年研发成果完成，乙研究所将该成果提交专利申请，甲公司得知后提出异议。乙研究所答复称，协议条款约定无效，只有作出技术贡献的单位才能拥有专利申请权。甲公司将该纠纷提请知识产权局调解，乙研究所接到知识产权局的通知后，表示同意调解。

分析

本案属于合作发明专利纠纷。执法人员在核查双方提交的证据、了解案情之后，告知双方当事人，协议明确约定合作发明成果的专利申请权归甲公司所有，是我国

《专利法》和《民法典》所允许的，属于有效条款，双方应予遵守。双方对此均表示认同，最终双方达成协议，约定乙研究所将专利申请权转给甲公司，办理专利申请权转让手续产生的相关费用由甲公司承担。

案例

在无事先约定的情况下，如何行使合作发明中共有的专利权

甲、乙两家公司均从事健身器材的研发、生产和销售。2016 年 7 月两家公司达成合作协议，约定共同研发一款“卷腹神器”，双方就经费投入、研发人员的派遣、设备达到的参数等事项进行约定，对成果归属未作约定。2017 年 3 月，技术研发完成后，双方作为共同申请人提交了专利申请，并顺利获批。此时，由于甲公司资金链出现了问题，业务停滞；而乙公司则将“卷腹神器”顺利投入市场，获利颇丰。甲公司认为专利也有自己的一份，乙公司应该将收益的一部分支付给甲公司，乙公司拒绝。为了缓解资金困难，甲公司单方面将该专利许可给丙健身器材公司使用，并独自收取使用费，乙公司的销量因此受到极大影响。乙公司认为甲公司的行为不当，甲公司无权独自决定，而且许可费得平分。

分析

本案属于合作发明专利纠纷，双方在合作开发协议里没有约定成果的专利申请权和专利权的归属，根据《专利法》第八条和《人民法典》第八百六十条的规定，该权利应当是甲、乙两公司共有。本案中双方对此无异议，共同取得了专利权，但在专利权的行使过程中发生争议。双方的主张及理由似乎都有道理。

《专利法》第十四条第一款规定：“专利申请权或者专利权的共有人对权利的行使有约定的，从其约定。没有约定的，共有人可以单独实施或者以普通许可方式许可他人实施该专利；许可他人实施该专利的，收取的使用费应当在共有人之间分配。”可知，由于甲、乙公司没有约定专利共有权利的行使规则，因此甲公司可以对外独自许可，但许可费不能独享。乙公司可以独自实施专利，且不需要跟甲公司分享收益。

4. 非职务发明创造的专利申请权和专利权归属纠纷

既不是委托发明创造，也不是合作和职务发明创造，此时的发明创造属于自由发明创造，专利申请权和专利权归发明人所有。

员工离职一年内完成的发明不一定是职务发明

陈某于1997年至2002年12月在A公司负责销售业务，该公司生产的机器设备有立式印刷机、吹膜机等。2003年1月22日，陈某以本人为发明人和专利权人，申请“一种自动印刷机的印刷和印刷输送装置”的实用新型专利。2003年3月，陈某成立B公司并任法定代表人，主要从事包装机械、印刷机械和塑料工业专用设备的制造和销售。2004年2月18日，陈某被授予实用新型专利权。

2004年7月，A公司得知这一情况，向陈某发函称该发明创造属于职务发明创造，要求其限期把专利权转给该公司。陈某拒绝转让，从而引发纠纷。

A公司向当地知识产权局提交调解申请书。在本案中，陈某自述在校所学专业与本发明相关，研发成果源于与客户沟通过程中受到的启发，结合在校所学专业技能，研发出最终的技术方案。A公司提供的证据仅能证明陈某曾在该公司从事过产品销售工作，而没有证据表明曾安排陈某从事技术开发工作。

分析

在本案中，陈某曾是A公司员工，其在离职后不足两个月的时间提出了一项专利申请，可以判断该成果可能是在职期间就完成了，也可能是在离职后一年内完成的。研发产品为印刷和印刷输送装置，和A公司主营产品相同。以上要件符合职务发明所要求的员工身份要求、时间要求、与单位业务有关的要求。那么，该发明是否与陈某任职时的本职工作有关呢？

陈某在职时从事销售工作。研发不是陈某的本职工作，不具备本职工作的要件要求，不符合《专利法实施细则》第十二条的相关规定，因此该发明不属于职务发明。

二、发明人、设计人资格纠纷

（一）发明人、设计人的概念

发明人或者设计人，是指对发明创造的实质性特点作出创造性贡献的人。

案例

法人组织不能成为发明人

某化妆品公司在申请专利时，专利请求书中发明人、设计人一栏填写的是某化妆品公司，审查人员认为不合格，要求重新填写。

分析

根据相关规定，发明人、设计人一栏可以不填，填的话不可以填写为某单位或某课题组的名称。发明人和作者类似，只能是自然人，填写时只能填写自然人的姓名，且必须是真名。《著作权法》中允许作者用假名、笔名、艺名署名，也有单位被视为作者的例外情形。但在《专利法》中，没有单位被视为发明人或设计人的规定。

（二）发明人、设计人的权利

《专利法》第十六条规定：“发明人或者设计人有权在专利文件中写明自己是发明人或者设计人。专利权人有权在其专利产品或者该产品的包装上标明专利标识。”

案例

职务发明的发明人享有署名权

甲家电公司内部设有专门的制冷研发部门，研发员工涂某完成了一项技术成果。公司认为该技术成果属于职务发明，就将其提交了专利申请，申请文件中发明人一栏为空白。涂某向公司提出异议，公司答复称专利申请权归公司，公司有权决定发明人一栏如何填写。

分析

本案中公司的答复不符合法律规定，《专利法》第十六条明确规定，发明人或设计人有署名权，是否署名应由他们自己决定。专利权申请人有权决定是否将该技术提交专利申请，但无权决定发明人是否署名。若发明人决定不署名，申请人应当予以尊重。另外，根据《专利审查指南》的相关规定，发明人在专利文件中署名自己是发明人或者设计人后，可以请求专利局不公布其姓名。在提出专利申请时请求不公布发明人姓名的，应当在请求书“发明人”一栏所填写的相应发明人后面注明“（不公布姓名）”。

（三）发明人、设计人资格的判断依据

根据《专利法实施细则》第十三条的规定，对发明创造的实质性特点作出创造性贡献的人才是发明人或者设计人。

在完成发明创造过程中，那些只负责组织、协调工作的人，为物质技术条件的利用提供方便的人或者从事其他辅助工作的人，不是发明人或者设计人。

投资者不是发明人

小李、小王系某高校生命科学院在校大学生，两人成功申报了一个“大创”项目，该项目拟通过生化手段解决水污染问题。甲公司老板刘先生很看好该项目，遂同意投资该项目。在项目运作过程中，小李和小王完成了一些小发明，他们准备将其申请专利，刘先生认为若没有他的投资支持，项目不可能顺利进行，也不可能产生这些小发明，自己的名字应被列入“发明人”一栏。

分析

根据《专利法实施细则》第十三条的规定，对发明创造的实质性特点作出创造性贡献的人才是发明人或者设计人。发明人必须是参与到发明创造行为中的人，仅仅投资而没有参与研发不能成为发明人。技术成果的专利申请权可以约定归属、可以转让，而发明人或设计人的署名不能适用谁投资谁署名原则。

组织者不是发明人

前述小李、小王申请立项的项目属于国家级项目，学院很重视，为保障他们顺利完成该项目，特指派学院的副书记王某进行监督指导。王某并不懂专业，但在实地调研的安排、场地使用的协调以及资金引进方面贡献颇大。后期项目运作顺利，产生了几项研发成果，小李、小王准备将其申请专利时，王某认为自己事实上为该项目的参与人，“发明人”一栏应有自己的名字。

分析

本案中王某只负责项目运作过程中的组织、协调工作，并未实质性参与研发活动，

根据《专利法实施细则》第十三条的规定，在完成发明创造过程中，只负责组织、协调工作的人，为物质技术条件的利用提供方便的人或者从事其他辅助工作的人，不是发明人或者设计人。

维修者不是发明人

克师傅系某公司专业维修人员，公司研发部门有许多仪器设备，遇有故障，总是喊克师傅过去修理。一次仪器产生故障，使得实验迟迟无法进行，研发团队比较焦急，后在克师傅不分昼夜的努力下终于找到故障原因，并顺利解决，最终使该项研究项目如期顺利完成。公司对克师傅给予了表彰。在公司提交专利申请时，克师傅认为本科研成果的顺利完成与自己的贡献密不可分，没有他的付出，项目不可能顺利进行，“发明人”一栏应该有自己的名字。

分析

根据《专利法实施细则》第十三条的规定，发明人必须是参与到科研活动过程中的人，但不是所有参与其中的人都是发明人，只有对发明创造的实质性特点作出创造性贡献的人才是发明人。克师傅只为科研实验的仪器提供维修服务，而没有参与研发，因此不是发明人。

三、职务发明创造的发明人、设计人的奖励、报酬纠纷

（一）法律依据

《专利法》第十五条规定：“被授予专利权的单位应当对职务发明创造的发明人或者设计人给予奖励；发明创造专利实施后，根据其推广应用的范围和取得的经济效益，对发明人或者设计人给予合理的报酬。国家鼓励被授予专利权的单位实行产权激励，采取股权、期权、分红等方式，使发明人或者设计人合理分享创新收益。”

案例

发明人获得奖励、报酬的权利是两个权利

2015 年令狐先生博士毕业后一直在一家 IT 公司的研发部门工作，其间完成多项科

研成果并被单位成功申请专利，公司产品的销售业绩也因此节节攀升。2017 年 6 月，公司通过内部文件向全体员工宣布了对令狐先生升职加薪的决定，文件称：“令狐先生入职本公司以来，努力工作、锐意进取，完成多项发明创造，为公司的技术研发作出了卓越贡献，经公司研究，决定将令狐先生调任为研发部经理、薪资待遇提升一级以示奖励。”2018 年 3 月，令狐先生与一位律师朋友聊天，得知他有权从公司利润中获得提成，于是令狐先生向公司提出这一主张。公司答复称，升职加薪就是对令狐先生的奖励，奖励即报酬，报酬即奖励，是一回事，因此对令狐先生的主张予以拒绝。

分析

本案属于职务发明创造的奖励、报酬纠纷。根据我国《专利法》第十五条的规定，被授予专利权的单位应当对职务发明创造的发明人或者设计人给予奖励；发明创造专利实施后，根据其推广应用的范围和取得的经济效益，对发明人或者设计人给予合理的报酬。可知，职务发明创造的发明人获得奖励、报酬的权利是两个独立的权利，都是《专利法》规定的对发明人的激励机制，不能互相替代。本案中，公司文件明确表述升职加薪以示奖励，并未包含报酬成分，因此，令狐先生依然可以主张享有因研发贡献而获得报酬的权利。

（二）获得奖励、报酬权的法律性质

职务发明创造的发明人或者设计人享有获得奖励、报酬的权利是一项法定的权利，而不是约定权利。单位不能以内部没有奖励、报酬制度而拒绝给予发明人或者设计人奖励、报酬。

同时，获得奖励、报酬的权利是两个独立的权利，单位也不能主张二者一并包含在奖励里了。奖励是一次性的，而报酬在专利有效期内每年都有。除非单位和发明人或者设计人一致同意或约定不要奖励或报酬。这是当事人对自己法定权利的自由处分，并不违反法律的禁止性规定。

案例

单位如果没有奖励、报酬制度，发明人是否无权主张其权利？

2012 年钱某博士毕业后，一直在一家 IT 公司的研发部门工作，其间完成的多项科研成果被单位成功申请为专利，工作多年钱某既未升职也未加薪。2018 年 3 月，钱某

打算离职另谋高就，为了避免法律风险，钱某找到律师，进行了详细的咨询之后，钱某发现自己作为多项科研专利的发明人从未从公司获得奖励和报酬，遂向公司主张享受奖金、报酬的权利。公司答复称，公司内部没有额外的奖励报酬制度，也没有先例，因此对钱某的主张予以拒绝。

分析

本案属于职务发明创造的奖励、报酬纠纷。根据我国《专利法》第十五条的规定，奖励、报酬的权利是职务发明中发明人、设计人享有的法定权利，而非约定权利。本案中钱某在职期间完成的多项发明创造成果由单位成功申请为专利，已具备享受获得奖励、报酬的权利。单位不得以内部没有规定为由予以拒绝。

（三）奖励、报酬数额的确定标准

1. 双方自行约定或单位规章制度规定

《专利法实施细则》第七十六条规定："被授予专利权的单位可以与发明人、设计人约定或者在其依法制定的规章制度中规定专利法第十六条规定的奖励、报酬的方式和数额。企业、事业单位给予发明人或者设计人的奖励、报酬，按照国家有关财务、会计制度的规定进行处理。"

2. 法定标准

如果被授予专利权的单位与发明人、设计人未约定也未在其依法制定的规章制度中规定职务发明奖励、报酬的方式和数额，那么可以按照我国《专利法实施细则》第七十七条、第七十八条相关规定执行。

（1）奖励的法定支付规定

根据《专利法实施细则》第七十七条的规定，被授予专利权的单位未与发明人、设计人约定也未在其依法制定的规章制度中规定奖励方式和数额的，应当自专利权公告之日起 3 个月内发给发明人或者设计人奖金。一项发明专利的奖金最低不少于 3 000 元，一项实用新型专利或者外观设计专利的奖金最低不少于 1 000 元。由于发明人或者设计人的建议被其所属单位采纳而完成的发明创造，被授予专利权的单位应当从优发给奖金。

职务发明人的奖金数额怎么确定?

2010年王某博士毕业，其研究方向为人工智能，供职于一家高科技公司，两年期间完成多项科研成果，其中有几项被单位成功申请专利。2012年年底，该公司按照内部制定的职务发明奖励制度将此项奖金计算进王某的年终奖。但王某发现一项发明专利的奖励标准是1 000元，实用新型专利的奖励标准是500元，与法定标准不同，认为公司应当就高不就低补足差额。公司则认为，王某入职时对公司的相关制度已经充分了解并同意接受，该奖励标准合法有效，因此拒绝增加奖励数额。

分析

本案属于职务发明人的奖励纠纷。该公司对职务发明人的奖励标准有专门的规定。《专利法实施细则》第七十六条第一款规定:“被授予专利权的单位可以与发明人、设计人约定或者在其依法制定的规章制度中规定专利法第十六条规定的奖励、报酬的方式和数额。”公司规定有奖励制度时，以公司制度为准；没有规定也没有约定时，才适用《专利法实施细则》的规定。

(2) 报酬的法定支付规定

我国《专利法实施细则》第七十八条规定:“被授予专利权的单位未与发明人、设计人约定也未在其依法制定的规章制度中规定专利法第十六条规定的报酬的方式和数额的，在专利权有效期限内，实施发明创造专利后，每年应当从实施该项发明或者实用新型专利的营业利润中提取不低于2%或者从实施该项外观设计专利的营业利润中提取不低于0.2%，作为报酬给予发明人或者设计人，或者参照上述比例，给予发明人或者设计人一次性报酬；被授予专利权的单位许可其他单位或者个人实施其专利的，应当从收取的使用费中提取不低于10%，作为报酬给予发明人或者设计人。”

如何确定职务发明人的报酬数额

在公司拒绝提高奖励金额后，王某想到公司的奖励标准虽然与法定标准差得甚远，但绝对数字并不大，也就作罢，自己的研发成果于2013年年初被应用在新产品上，预期会给公司的营业收入带来巨大的增长，报酬这块才是个大蛋糕，于是坐等年底的分红。但2013年年底，公司给出的答复让王某很失望，公司称内部没有规定报酬的制度，因此其无权主张。经律师指点，王某向当地知识产权局提交纠纷调解请求书。

分析

本案属于职务发明人的报酬纠纷。本案中公司内部仅制定了职务发明人的奖励制度，但未涉及职务发明人的报酬事项。根据我国《专利法实施细则》第七十八条的相关规定，公司应当从当年实施王某研发的专利方案产生的营业利润中提取不低于2%作为报酬给予王某。

案例

公司产品未实施专利方案，是否需要支付报酬给职务发明人

王某将前述职务发明报酬纠纷提请当地知识产权局调解后，经过执法人员一番普法释法之后，公司认识到自己的错误，经调解，双方各让一步，公司代表以诚恳的态度和王某达成协议：按照《专利法实施细则》规定的最低标准提取相应报酬给予王某，具体数额会在一个月内计算出来，并于2014年3月31日前支付给王某。同时公司希望王某不要受此事的影响，再接再厉，再创辉煌。

协议签署之后，王某怀揣美好期待。然而付款的最后期限到来之前，收到公司发来的又一拒付通知，公司称其新产品实施的技术方案与王某的专利方案不完全相同，没有落入专利权的保护范围，相当于公司没有实施该项发明专利，因此无须支付报酬。王某又向当地知识产权局提出调解请求。

分析

接到王某的调解请求后，执法人员将公司新产品与王某的发明专利方案进行了比对，发现新产品确实少了一个技术特征。执法人员认为，虽然按照专利侵权认定规则，公司不属于实施了专利，但《专利法》中规定职务发明人奖励报酬制度的目的在于激发研发人员的积极性，而公司也的确从王某的研发成果中获得了竞争优势，对王某的贡献也予以认可。鉴于此，执法人员希望公司能够从大局出发，关注长远利益。经过一轮耐心调解，最终双方达成协议，按公司新产品营业利润的1%提取给王某。

公司的专利许可费收入需给发明人提成

为满足消费者的消费心理，公司每年都推出一款新品。2014 年的新品比 2013 年的产品多了一项功能，也即是 2014 年的新品是完全按照王某的发明方案实施的。2014 年 6 月，公司与其关联公司签订该专利的实施许可合同，约定了相当可观的许可费，许可费每三个月一付，王某打听到公司已经收到首笔许可费收入时，就向公司提出许可费部分的提成要求，公司答复称，报酬仅限于公司自身实施该专利技术产生的营业利润提成，发明人无权要求许可费收入提成。王某只好又向当地知识产权局提出调解请求。

分析

接到该纠纷调解请求后，执法人员向双方当事人了解案情后，首先又进行了一番普法宣传，使公司了解到专利许可费收入也是要给发明人提成的，且比例还比较高，不低于 10%。公司在收到许可费时就应该将提成支付给发明人。经调解，双方达成一致意见，公司同意提取许可费收入的 8%作为王某的职务发明报酬，并尽快支付给了王某。

案例

公司如果免收专利许可费，还需向职务发明人支付报酬

2014 年 9 月 20 日左右，王某估计第二笔许可费该到账了，就向公司询问此事。公司答复称，该许可合同经双方协商已更改为免费许可，故王某这块的报酬收入也没了。王某觉得你们公司愿意送人情，我可不愿意，该给我的提成不能少。于是他又向当地知识产权局提出纠纷调解请求。

分析

接到该纠纷调解请求，执法人员了解相关情况后询问公司为什么要更改为免费许可，公司说为了扶助关联公司的发展。毫无疑问，公司的决策损害了职务发明人的利益，并且不符合《专利法》鼓励发明创造的立法目的，表面上看暂时是无偿许可，长远来看，当其关联公司被扶助起来后有了丰厚的盈利，受益的还是该公司，王某却未从中受益。因此，执法人员建议公司参照上次的数额将发明人报酬支付给王某，双方一致同意该建议。

案例

公司无偿转让职务发明专利后，还需向发明人支付报酬

2015 年公司又实施了王某的一项职务发明技术方案。王某心想，本年度新品卖得很火，今年 2%的提成跑不了吧，至少也有 1%的提成可以保证。然而公司却想，每年给王某按营业利润的 2%提取报酬太多了，如果把专利名义上转让出去，找一家公司代持，支付给王某的报酬最多从转让费里一次性提出一部分，以后每年公司就省去了这块的报酬支出。于是，公司以零元的转让费将专利转让出去了。

果然，王某的年终酬金明细中显示：职务发明报酬栏为“无”。王某百思不得其解，找到公司负责人理论。公司回复称，该专利已于 2014 年年底新品上市前被无偿转让给了子公司，公司从子公司处获得授权实施了该专利方案。因该专利权的转让费为零，所以也就不产生报酬了。王某又向当地知识产权局提出调解请求。

分析

执法人员听取案情之后，经查发现专利权确实已转移到子公司名下，转让协议里约定的转让费也确实是零元。在询问该公司向子公司支付多少许可费时，公司回复许可费也为零元。执法人员认为既然公司还要使用该专利但又无偿转让出去不合常理，鉴于执法人员仅有调解义务，对于公司的无偿转让行为是否有其他非法目的不便深究。由于公司无偿的转让行为损害了发明人的利益，出于公平考虑，建议公司本年度按照同类专利转让费标准的 20%支付报酬。公司担心完全拒绝会导致王某赌气离职，最终同意按 15%的比例支付。

案例

公司放弃专利后，还需向发明人支付报酬

2016 年，子公司因前期经营不善，被提起诉讼，面临各路债权人的查封保全。该公司担心寄存在子公司名下的专利不保，想再转回来，但为时已晚，该专利最终被转到了竞拍人名下，公司不得不忍痛停止使用。好在王某的另一项职务发明创造在 2015 年年底也获得了专利授权，及时保证了公司新品的供应。王某心想，公司这次总该消停了吧，我就坐等 2016 年年底的巨额分红。然而，王某的年终酬金项目明细里职务发明报酬栏虽不再为“无”，但是却与预期相差巨大。公司答复称，在年初销售旺季后该专利权就被公司放弃了，放弃后生产的产品营业利润就与王某无关了，因此报酬较

少。当地知识产权局又收到了王某的调解申请。

分析

法律规定，对公司在“专利权有效期限内”实施专利方案产生的营业利润，职务发明人有获得报酬的权利，若专利权终止则该权利终止，法律并未规定例外情况。虽然知识产权局执法人员对王某每年的遭遇深表同情，对公司的行为颇有微词，但又不能逾越法律的规定。只能晓之以理动之以情，公司想要长久发展离不开王某这样的人才，鉴于公司放弃专利的行为导致王某此后多年的报酬均告落空，公司应对王某略有补偿。经过多次调解，最终双方达成一致，公司同意按2015年度实施该技术方案的营业利润提取1%作为报酬支付给王某，但此后年度不再支付。

案例

职务发明人离职后，获得奖励、报酬的权利不一定消失

2017年春，王某打算离开这家令他伤透了心的公司。在多次拒绝了公司的挽留之后，公司见其去意已决，遂告知王某，如若离职，还没有发放的职务发明奖励和报酬将不再发放，其在公司享有的职务发明人获得奖励、报酬的权利将因离职而丧失，并要求王某承担离职给公司造成的损失。面对公司的刁难，王某决定暂时先不离开。

分析

《专利法》规定的职务发明人获得奖励和报酬的权利，是因为发明人完成研发成果为单位作出了贡献，并非因发明人受雇于某公司而产生。因此，离职不影响已经产生的获得奖励、报酬的权利。

2013年1月5日，国家知识产权局、教育部、科学技术部等联合印发的《关于进一步加强职务发明人合法权益保护　促进知识产权运用实施的若干意见》第十一条规定，保障特定情形下职务发明人获得奖励和报酬的权利。职务发明人与原单位解除或者终止劳动关系或者人事关系后，除与原单位另有约定外，其从原单位获得奖励和报酬的权利不变。公司与王某之间事先并没有关于离职就要放弃奖励和报酬的约定，因此公司无权拒发王某的奖励和报酬。

案例

职务发明人去世，家属可以继承获得奖励、报酬的权利

2017年11月，王某身心俱疲，加上日夜劳累，突发心脏疾病猝死在工作岗位上。公司为王某举办了隆重的追悼会，高度评价了王某对公司的贡献，并协助家属顺利地拿到了各项工伤补助金。当家属提及王某未兑付的奖金及报酬事宜时，公司认为，该项权利具有极强的人身性，只限于发明人本人享有，不能继承。

分析

职务发明人获得奖励和报酬的权利是为激发职务发明人的积极性而设置的物质性奖励，是可以继承的。在相关专利有效期内，只要为单位带来收益，继承人都有权要求公司支付报酬。应付还未付的奖金属于逝者的遗产，公司必须支付。《关于进一步加强职务发明人合法权益保护 促进知识产权运用实施的若干意见》第十一条规定，职务发明人逝世的，其获得奖金和报酬的权利由继承人继承。

四、在发明专利申请公布日至授权公告日期间实施发明而未支付适当费用的纠纷

（一）法律依据

《专利法》第十三条规定："发明专利申请公布后，申请人可以要求实施其发明的单位或者个人支付适当的费用。"

《最高人民法院关于审理侵犯专利权纠纷案件应用法律若干问题的解释（二）》（法释〔2016〕1号）第十八条第一款规定："权利人依据专利法第十三条诉请在发明专利申请公布日至授权公告日期间实施该发明的单位或者个人支付适当费用的，人民法院可以参照有关专利许可使用费合理确定。"

（二）适当费用的计算期间

在发明专利申请公布日至授权公告日期间实施发明，实施者需要支付适当的费用。如果实施者在授权后依然有实施行为，则其此后的实施行为转化为侵权行为，人民法院对发明专利授权后的实施发明行为应该按照侵权行为处理。

技术方案的实施者需要为申请日至公布日期间的使用行为付费

在某酒店公司工作的王厨师热衷于钻研食品的制作，2016 年 1 月 4 日王厨师提交了一项“某食品制备方法”的发明专利申请，2017 年 3 月 10 日申请文件被公开，2019 年 1 月 10 日公告被授权。该方法研制成功后，王厨师就告知了好友李某，李某在家按王厨师的方法试制并取得成功，之后在其经营的餐馆中售卖该食品。王厨师在专利被授予后，立刻要求李某就 2016 年 1 月 4 日至 2019 年 1 月 10 日这段时间的实施行为付费。

分析

根据《专利法》第十三条和《最高人民法院关于审理侵犯专利权纠纷案件应用法律若干问题的解释（二）》（法释〔2016〕1 号）第十八条第一款的规定，实施人的付费期间为专利申请公布日至授权公告日期间。对公布日之前的实施行为，发明专利权人无权主张。作出这一规定是因为一般情况下专利在公布之前不可能为他人所知。

因此，李某只需就 2017 年 3 月 10 日至 2019 年 1 月 10 日期间的实施行为付费。

（三）适当费用的申请人只能是发明专利权人

根据《专利法》第十三条和《最高人民法院关于审理侵犯专利权纠纷案件应用法律若干问题的解释（二）》（法释〔2016〕1 号）第十八条第一款的规定，发明专利申请公布日至授权公告日期间专利权人不享有独占权，实施人在此期间的实施行为不属于侵权，但基于公平原则，法律作出规定，专利权被授予后，专利权人可以要求在此期间实施该发明创造的人支付适当的费用。

因实用新型和外观设计专利权在授权前没有公开程序，而是直接在授权时公告，因此不存在这种期间。

案例

适当使用费不能适用侵权赔偿金的计算标准

王厨师一直留意对李某的实施行为收集证据，李某这段时间的销售数量证据他都收集下来了，在专利被授予后，王厨师立刻要求李某就 2017 年 3 月 10 日至 2019 年 1

月 10 日这段时间的实施行为付费，付费金额为这段时间的销售利润。

分析

李某这段时间的实施行为不属于侵权，但考虑到实施人毕竟实施了专利权人的技术方案，立法基于公平原则而授予专利权人费用请求权。因此适当使用费不能适用侵权赔偿金的计算标准，只能参照专利许可使用费的标准进行计算。

（四）适当费用付费者的实施目的

适当费用付费者的实施必须是以生产经营活动为目的。注意，生产经营活动并不等同于营利。对单位而言，即使是非营利单位也具备生产经营目的，依然需要付费。对个人而言，如果只是为满足生活消费而实施，则无须付费。

案例

实施人以生活消费为目的的实施行为无须付费

王厨师的另一好友马某在该申请文件公布之后获知该方法，在家试制并取得成功。之后，多次在家宴请朋友时实施该方法专利，获得朋友的一致好评。王厨师在专利被授予后，立刻要求马某就 2017 年 3 月 10 日至 2019 年 1 月 10 日这段时间的实施行为付费。

分析

《最高人民法院关于审理侵犯专利权纠纷案件应用法律若干问题的解释（二）》（法释〔2016〕1 号）第十八条第三款规定，需要付费的行为限定在以生产经营为目的。而本案中马某的行为并无此目的，因此无须付费。

（五）实施的行为表现

实施行为表现为制造、销售、许诺销售、进口、使用。

案例

什么样的实施行为需要付费？

王厨师身边结交了很多热衷于美食制作的朋友，除了前述两位朋友外，王厨师还有一位经营网店的朋友尹某，尹某在该申请文件公布之后获知该方法，在家试制并取得成功。之后，多次在家宴请朋友时实施该方法专利，获得朋友的一致好评。后尹某在网上销售利用该方法专利制作的食品，销量甚为可观。王厨师在专利被授予后，立刻向尹某提出付费要求。尹某觉得自己确实用王厨师的技术获得不少收益，很爽快地支付了费用。

分析

根据《专利法》第十三条和《最高人民法院关于审理侵犯专利权纠纷案件应用法律若干问题的解释（二）》（法释〔2016〕1号）第十八条的规定可知，需要付费的情况仅限于以生产经营为目的的实施。尹某的实施行为中有制造、使用、销售三种行为，一种是利用专利方法制造食品的制造行为，一种是在家宴请朋友时使用专利食品的使用行为，一种是在网上销售专利食品的销售行为。对制造行为，无法单独评价，只有看制造之后的产品作何处理才有意义。制作之后的宴请朋友因是生活性质的使用而无须付费，制作之后的网上销售行为具有营利目的而应该付费。

（六）应付费者

被请求付费的单位或个人，应当是在上述期间为生产经营目的实施该专利的人，包括实施该发明专利的生产制造者、销售者、许诺销售者、使用者、进口该产品者。

《最高人民法院关于审理侵犯专利权纠纷案件应用法律若干问题的解释（二）》（法释〔2016〕1号）第十八条第三款规定："发明专利公告授权后，未经专利权人许可，为生产经营目的使用、许诺销售、销售在本条第一款所称期间内已由他人制造、销售、进口的产品，且该他人已支付或者书面承诺支付专利法第十三条规定的适当费用的，对于权利人关于上述使用、许诺销售、销售行为侵犯专利权的主张，人民法院不予支持。"

案例

所有以经营为目的的实施者都需付费吗？

王厨师在尹某的网店评论区发现，下单的客户中有不少是小商贩，他们的留言显示其购入食品后又零售给了消费者，消费者对该食品好评如潮。于是，王厨师要求尹某把下单购买者的信息全部提供给他，他也要对这些人收取费用。尹某很配合地向其供了买家信息。

分析

尹某的客户买入食品之后可能是自己食用了，也可能是继续转手销售了。这些下单购买该食品的人是否需付费呢？由于尹某已经按照王厨师的请求支付了使用费，说明该期间生产销售的产品是合法的，根据权利用尽原则及《最高人民法院关于审理侵犯专利权纠纷案件应用法律若干问题的解释（二）》（法释〔2016〕1号）第十八条第三款的规定，对该批食品的后续流通和使用行为，王厨师是无权要求尹某的买家付费的。

（七）实施的认定标准

《最高人民法院关于审理侵犯专利权纠纷案件应用法律若干问题的解释（二）》（法释〔2016〕1号）第十八条第二款规定："发明专利申请公布时申请人请求保护的范围与发明专利公告授权时的专利权保护范围不一致，被诉技术方案均落入上述两种范围的，人民法院应当认定被告在前款所称期间内实施了该发明；被诉技术方案仅落入其中一种范围的，人民法院应当认定被告在前款所称期间内未实施该发明。"

1. 请求保护的范围与授权保护的范围一致的

付费的前提是被请求人实施的技术方案落入了申请人请求保护的范围，如下所示则需要付费。

请求保护技术方案的技术特征是A、B、C，公告授权保护技术方案的技术特征是A、B、C，被请求人实施技术方案的技术特征是A、B、C或A、B、C、D等，只要含有技术特征A、B、C即属落入专利权保护的范围。

2. 请求保护的范围与授权保护的范围不一致的

因为在授权审查过程中，申请人可能会对技术方案进行修改，导致授权保护的技术方案与当初申请书记载的原始技术方案不同。

例如，请求保护的技术方案的技术特征是A、B、C，公告授权保护技术方案的技术特征是A、B、D。

案例

被请求人实施的技术方案仅落入申请保护的范围而
未落入授权保护的范围，需要付费吗？

王厨师的食品制备方法专利申请文件显示采用A、B、C三种食材，通过甲、乙、丙、丁四项处理程序；授权公告的文件显示采用 A、B、C、D 四种食材，通过甲、乙、丙、丁四项处理程序。王厨师的朋友高某在按照专利文件公布的方法试制成功之后，将依照该种技术方案制作的食品进行销售。王厨师在专利被授予后，立刻向高某提出付费要求。高某认为自己使用的方案和王厨师被授权保护的技术方案不同，王厨师无权要求付费，于是拒绝付费。

分析

本案中王厨师的申请保护的技术方案和公告授权保护的技术方案不同。王厨师申请保护的技术方案为 A、B、C，甲、乙、丙、丁；公告授权保护的技术方案为 A、B、C、D，甲、乙、丙、丁。高某销售的食品制作方案为 A、B、C，甲、乙、丙、丁。对比发现，高某的方案落入了申请保护的范围，没有落入授权保护的范围。

根据《最高人民法院关于审理侵犯专利权纠纷案件应用法律若干问题的解释（二）》（法释〔2016〕1 号）第十八条第二款的规定，当发明专利申请方案和授权方案不同时，被诉技术方案仅落入其中一种范围的，视为行为人没有实施该发明。对比发现高某的技术方案仅落入了王厨师的发明专利申请保护的范围，没有落入王厨师的发明专利授权保护的范围。因此高某不用支付使用费。

（1）被请求人实施的技术方案仅落入其中一种范围的，不需要付费

被诉技术方案仅落入其中一种范围的，人民法院应当认定被告在发明专利申请公布日至授权公告日期间内未实施该发明。例如，请求保护技术方案的技术特征是 A、B、C，公告授权保护技术方案的技术特征是 A、B、D，如果被请求人实施技术方案的技术特征是 A、B、C 或 A、B、C、E 或 A、B、D 或 A、B、D、E 等，只落入其中一种范围的，不需要付费。

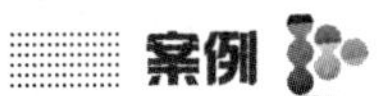

被请求人实施的技术方案仅落入授权保护的范围，未落入申请保护的范围，需要付费吗？

王厨师的食品制备方法专利申请文件显示采用 A、B、C 三种食材，通过甲、乙、丙、丁四项处理程序；授权公告的文件显示采用 A、B、C、D 四种食材，通

过甲、乙、丙三项处理程序。王厨师的朋友顾某在按照专利文件公布的方法试制成功之后，又进行了一些创新尝试。食材增加了D、E，减少了丁处理程序后，所制作出来的食品味道更好。顾某将按照自己创新改良技术方案制作的食品进行销售。王厨师在专利被授予后，立刻向顾某提出付费要求。顾某认为自己使用的技术方案与王厨师的技术方案不同，且比王厨师的专利授权方案更优，产出的食品味道更美，因此拒绝付费。

分析

本案中王厨师的申请保护的范围和公告授权保护的范围不同，顾某实施的方案未同时落入王厨师申请保护的范围和公告授权保护的范围。

王厨师申请保护的技术方案为A、B、C，甲、乙、丙、丁；公告授权保护的技术方案为A、B、C、D，甲、乙、丙。顾某销售的食品改良方案为A、B、C、D、E，甲、乙、丙。对比发现，顾某的方案落入了王厨师的发明专利授权保护的范围，没有落入发明专利的申请保护的范围。

根据《最高人民法院关于审理侵犯专利权纠纷案件应用法律若干问题的解释（二）》（法释〔2016〕1号）第十八条第二款的规定，当发明专利申请保护的范围和公告授权保护的范围不同时，被诉技术方案仅落入其中一种范围的，视为行为人在发明专利申请公布日至授权公告日期间内没有实施该发明。顾某的方案仅落入授权保护的范围，没有落入申请保护的范围，因此不用支付使用费。

（2）被请求人实施的技术方案在同时落入两种范围时才需要付费

发明专利申请公布时申请人请求保护的范围与发明专利公告授权时的专利权保护范围不一致，被诉技术方案均落入上述两种范围的，人民法院应当认定被告在发明专利申请公布日至授权公告日期间内实施了该发明。

例如，请求保护技术方案的技术特征是A、B、C，公告授权保护技术方案的技术特征是A、B、D，被请求人实施技术方案的技术特征是A、B、C、D或A、B、C、D、E等。只有同时包含两个方案中的所有技术特征才属落入涉案专利保护范围，需要付费。

实施的技术方案比公告授权保护的技术方案和申请保护的技术方案还要先进，需要付费吗？

王厨师的食品制备方法专利申请文件显示采用A、B、C三种食材，通过甲、乙、丙、丁四项处理程序。授权公告的文件显示采用A、B、C、D四种食材，通过甲、乙、丙、丁四项处理程序。王厨师的朋友汪某在按照专利文件公布的方法试制成功之后，进行了一些创新尝试。第一种尝试：处理程序减少了甲，其他不变；第二种尝试：食材增加了D、E，其他不变。汪某将按照自己的第二种创新改良方案制作的食品进行销售。王厨师在专利被授予后，立刻向汪某提出付费要求。汪某认为自己使用的方案和王厨师的方案不同，且自己的方案更优，因此拒绝付费。

分析

本案中王厨师的申请保护的技术方案和公告授权保护的技术方案不同，汪某实施的方案与王厨师的申请保护的技术方案和公告授权保护的技术方案均不同。王厨师申请保护的技术方案为A、B、C，甲、乙、丙、丁；公告授权保护的技术方案为A、B、C、D，甲、乙、丙、丁。汪某销售的食品制作方案为A、B、C、D、E，甲、乙、丙、丁。对比发现，汪某的方案落入了王厨师的发明专利申请保护的范围和发明专利授权保护的范围。

根据《最高人民法院关于审理侵犯专利权纠纷案件应用法律若干问题的解释（二）》（法释〔2016〕1号）第十八条第二款的规定，发明专利申请公布时申请人请求保护的范围与发明专利公告授权时的专利权保护范围不一致，被诉技术方案均落入上述两种范围的，人民法院应当认定被告在前款所称期间内实施了该发明。汪某的方案同时落入了王厨师的发明专利申请保护的范围和发明专利授权保护的范围，因此汪某属于在公布期间内实施了该技术方案，应当向王厨师支付使用费。

（八）不需付费的情形

对涉案专利技术有先用权的主体，在专利被授权后仍可以在原有范围内持续使用，不需获得许可，无须支付费用。但是对于超出申请日前生产规模的部分，按照我国《专利法》先用权制度的立法精神，使用者即先用权人应该也需要支付费用。

案例

先用权人实施需要支付使用费吗？

甲公司刚拿到一项“面部雾化器”发明专利，就发现市场上有一家同行乙公司生产的面部雾化器产品与自己的发明专利相同，查看生产日期发现，该日期处在专利文件公布后、授权前的时间段里，于是就向对方发送了函件。对方回复称，自己在甲公司提交专利申请前就已经生产出该产品，享有先用权。

分析

拥有先用权的主体在发明专利被授权之后尚且可以继续无偿使用，更何况在还没有独占权的期间。因此乙公司无须支付发明专利公布后至授权前这段时间的使用费。

第三节　专利纠纷案件的立案

一、请求调解专利纠纷的条件

请求调解专利纠纷，必须符合下列条件。

1. 请求人的主体适格

请求人是与案件有直接利害关系的单位或者个人。

2. 有明确的被请求人及具体的请求事项

被请求人的姓名或名称、联系方式清楚、明确，确保管理专利工作的部门能够通知到被请求人，请求事项明确、具体。

3. 当事人没有就该专利纠纷向人民法院起诉，也没有提起仲裁

对于已经由人民法院立案受理或仲裁机构立案受理的纠纷，管理专利工作的部门不接受调解请求。

4. 属于管理专利工作的部门的受案范围和管辖范围

（1）事项管辖：审查请求事项是否属于法定可调解范围。

（2）地域管辖：审查被请求人所在地是否属于受理机关管辖范围。

5. 相关材料齐备

相关材料包括请求人的身份证复印件，以及有关案件事实的证明材料。

二、请求调解专利纠纷的材料

（一）调解请求书

《专利行政执法办法》第二十二条规定："请求管理专利工作的部门调解专利纠纷的，应当提交请求书。请求书应当记载以下内容：（一）请求人的姓名或者名称、地址，法定代表人或者主要负责人的姓名、职务，委托代理人的，代理人的姓名和代理机构的名称、地址；（二）被请求人的姓名或者名称、地址；（三）请求调解的具体事项和理由。单独请求调解侵犯专利权赔偿数额的，应当提交有关管理专利工作的部门作出的认定侵权行为成立的处理决定书副本。"

《专利纠纷调解请求书》样式如下：

专利纠纷调解请求书

<table>
<tr><td colspan="2">专利号/专利申请号</td><td colspan="3"></td></tr>
<tr><td colspan="2">发明创造名称</td><td colspan="3"></td></tr>
<tr><td colspan="2">专利权人/专利申请人</td><td colspan="3"></td></tr>
<tr><td rowspan="6">请求人</td><td>姓名或名称</td><td></td><td>法定代表人
（负责人）</td><td></td></tr>
<tr><td>住所</td><td colspan="3"></td></tr>
<tr><td>邮政编码</td><td></td><td>电话</td><td></td></tr>
<tr><td>代理人姓名</td><td></td><td>机构名称</td><td></td></tr>
<tr><td>住所</td><td colspan="3"></td></tr>
<tr><td>邮政编码</td><td></td><td>电话</td><td></td></tr>
<tr><td rowspan="3">被请求人</td><td>姓名或名称</td><td></td><td>法定代表人
（负责人）</td><td></td></tr>
<tr><td>住所</td><td colspan="3"></td></tr>
<tr><td>邮政编码</td><td></td><td>电话</td><td></td></tr>
<tr><td colspan="5">请求调解的事项：
□专利申请权和专利权归属纠纷。
□发明人、设计人资格纠纷。
□发明人、设计人的奖励和报酬纠纷。
□申请公布后专利权授予前使用发明而未支付适当费用的纠纷。
□其他。</td></tr>
<tr><td colspan="5">事由和理由：</td></tr>
<tr><td colspan="5">调解请求人签章：________
________年____月____日</td></tr>
</table>

（二）当事人身份材料

请求人身份证复印件，若请求人是单位则提交营业执照复印件，法定代表人身份证复印件、任职证明。

受托律师需要提供律师执业证复印件，律师所在律师事务所出具的公函。

如果受托人是法定代表人以外的其他员工，需要请求人出具授权书、身份证复印件。

请求人可以委托 1~2 名代理人，委托他人作为代理人时，必须提交授权委托书，载明委托事项和权限，由委托人签名或者盖章。如果代理人的权限包括代为承认请求、放弃请求、变更请求、进行和解、签署有关法律文件等，则必须有委托人的特别授权。

《专利纠纷案件授权委托书》样式如下：

专利纠纷案件授权委托书

委托人（单位或个人）：____________________

法定代表人（负责人）：____________ 工作单位：____________________ 职务：__________

受托人姓名：____________________工作单位：____________________职务：__________

现委托上列受托人在____________________一案中，作为我方委托代理人。

代理人____________________的代理权限为：

☐代为递交、接受法律文书　　☐代为答辩、意见陈述

☐参加口头审理　　☐参加调解

☐代为提出、变更、放弃处理请求　　☐其他

委托人（签章）：________

法定代表人（负责人）（签章）：________

________年____月____日

（三）有关案件事实的证据材料

能够支撑请求人主张的有关材料包括书证、物证、数据电文、证人证言等。

如果请求人是在中华人民共和国领域内没有经常住所或者营业场所的外国公司或外国人，其提交的请求人身份证明文件、授权委托书等证据材料是在中华人民共和国领域外形成的，那么该证据材料应当由所在国公证机关予以公证，并由中华人民共和国驻该国使领馆予以认证。

接收复印件时需要与原件核对。除授权书、任职证明、律师事务所公函外，其他

材料尤其是证据材料只收复印件，以免弄丢原件给当事人带来麻烦。在召集当事人进行举证质证时，需告知当事人携带原件参加。

《专利纠纷案件当事人提交材料清单》样式如下：

专利纠纷案件当事人提交材料清单

专利号/专利申请号：________________　　案号：________________

□请求方　□被请求方

序号	文件/证据名称	证据所要说明的事实	页数	备注
1				
2				
3				
4				
5				
6				
7				
8				
9				
10				

递交人（签章）：______________

接收人（签章）：_______

接收日期：_______年___月___日

说明：本文件/证据清单一式两份，一份递交知识产权局，一份由递交人留存。

三、《专利纠纷调解立案通知书》的送达

管理专利工作的部门收到请求人提交的请求书后，应当指定执法人员，并在收到请求书之日起 7 日内制作《专利纠纷调解立案通知书》，连同请求书副本、送达回证等文书寄交、直接送交或者以其他方式送达给被请求人，要求其接到通知之日起 15 日内提交意见陈述书。

《专利纠纷调解立案通知书》样式如下：

专利纠纷调解立案通知书

案号：________________

专利号/专利申请号	
发明创造名称	
专利权人/专利申请人	
请求人	
被请求人	
案由	

__________________：

对请求人________年____月____日提交的专利纠纷调解请求，根据《专利行政执法办法》第二十二条的规定，本局予以立案。

因专利申请权或者专利权的归属纠纷请求调解的，可以持本通知书请求国家知识产权局中止该专利申请或专利权有关程序。

特此通知。

承办人：_________

_______知识产权局（盖章）

________年____月____日

说明：本通知书一式两份，一份送达当事人，一份由知识产权局存档。

《意见陈述书》样式如下：

意见陈述书

案号：________________

专利号/专利申请号	
专利名称/专利申请名称	
专利权人/专利申请人	
意见陈述人	

意见陈述：__________________

意见陈述人（签章）：_______

________年____月____日

四、立案

（一）不予立案

若被请求人接到《意见陈述书》，明确表示已经起诉或已经按仲裁协议提起仲裁，不同意调解，或期满不提交《意见陈述书》的，则不予立案，执法人员应制作《专利纠纷调解请求不予立案通知书》并将其送达给请求人，通知书里载明不予立案的理由。

《专利纠纷调解请求不予立案通知书》样式如下：

专利纠纷调解请求不予立案通知书

案号：________________

专利号/专利申请号	
发明创造名称	
专利权人/专利申请人	
请求人	
被请求人	
案由	

________________：

对请求人________年____月____日提交的专利纠纷处理请求，根据《专利行政执法办法》第二十四条的规定，本局不予立案，具体理由如下：

□被请求人逾期未提交意见陈述书。

□被请求人表示不接受调解。

特此通知。

________知识产权局（盖章）

________年____月____日

说明：本通知书一式两份，一份送达当事人，一份由知识产权局存档。

（二）可以立案

被请求人如期提交《意见陈述书》并同意进行调解的，执法人员在接到《意见陈述书》之日起 5 个工作日内立案，并确定调解的时间、地点，召集双方会面，并将《专利纠纷调解通知书》送达双方当事人。

《专利纠纷调解通知书》样式如下：

专利纠纷调解通知书

案号：________________

申请号/专利号	
发明创造名称	
申请人/专利权人	
请求人	
被请求人	
案由	

____________________：

本局决定于________年____月____日____时在____________对本专利纠纷进行调解，要求双方当事人届时参加。

双方当事人应当在收到本通知之日起 3 日内将参加调解回执送交本局。当事人因正当理由不能参加的，应提前 3 日向本局提出，申请改期。

参加调解的人员，应当携带以下材料：

1. 当事人的主体资格证明（个人应当提交居民身份证或者其他有效身份证件，单位应当提交有效的营业执照或者其他主体资格证明文件副本及法定代表人或者主要负责人的身份证明）。

2. 委托代理人（1~2 人）出席的，应当提交授权委托书及委托代理人的身份证明（身份证正反面复印件）。

3. 有关证据材料。

________知识产权局（盖章）

________年____月____日

联系人：____________________ 联系电话：____________________

本局地址：________________ 邮政编码：____________________

说明：本通知书一式两份，一份送达当事人，一份由知识产权局存档。

《专利纠纷调解回执》样式如下：

专利纠纷调解回执

案号：________________

____________________知识产权局：

☐我方参加________年____月____日____时举行的专利纠纷调解。

☐我方不参加________年____月____日____时举行的专利纠纷调解。

理由：____

☐我方是本案的请求人，参加专利纠纷调解的人员如下：

☐我方是本案的被请求人，参加专利纠纷调解的人员如下：

姓名	单位	职务	移动电话	固定电话

（签章）：__________

______年___月___日

五、撤销案件

《专利纠纷调解通知书》送达双方之后，若有任何一方在《专利纠纷调解通知书》规定的时间没有到场参加调解，也没有委托代理人到场参加调解，管理专利工作的部门以撤销案件的方式结案，并通知双方当事人。

第四节　专利纠纷案件的调解

多数情况下，申请调解案件的双方当事人私下已协商一致，为了确保协议更正规、更有法律约束力，请求管理专利工作的部门进行调解。因此，申请调解的大部分案件基本无争议或者争议不大，调解采取一般程序进行即可。

一、介绍主持调解人员

调解正式开始前，告知当事人主持调解的工作人员姓名。

二、核实双方当事人的身份并告知相关风险

为防止当事人恶意串通，损害国家或第三人利益，要核实前来参加调解的人是否是真正的当事人，或经其委托授权的代理人。告知当事人不可隐瞒事实，并让其在书面保证书上签字。

三、当事人进行案件陈述

听取一方当事人对案件事实的陈述，另一方当事人表示认可，并有基本证据可以支撑的，执法人员可以对案件事实进行认定。若发现存在伪造事实、损害第三人利益或国家利益的情况应及时撤案。遇有可疑情况应谨慎查明事实。

四、进行调解

在查明事实的基础上，当事人自行对调解协议进行协商，协议的内容不能违反国家的法律法规、规章和政策，不能损害公共利益和他人合法权益。达成的调解意见应被记载在笔录上。

五、制作笔录、当事人签字

笔录内容包括：①纠纷类型；②当事人的姓名或者名称、地址，法定代表人或者主要负责人、委托代理人的姓名、职务；③主持调解的工作人员姓名；④组织调解的时间、地点；⑤案件的主要事实及证据材料名称；⑥双方协商的主要内容。调解笔录应当由双方当事人确定无误后签字。

《专利纠纷案件调解笔录》样式如下：

××知识产权局

专利纠纷案件调解笔录

案号：××知法调字〔20××〕×号

案由：A公司与B公司间的实用新型专利侵权纠纷

请求人：A公司

请求人代理人：C某

被请求人：B公司

被请求人代理人：D某

调解时间：20××年×月×日×时×分至×时×分

调解地点：××知识产权局审理庭

主持人：执法人员甲

调解员：执法人员甲　执法人员乙　执法人员丙

书记员：执法人员丁

审理记录：（以下记录中调解员简称“调”，请求人简称“请”，被请求人简称“被”。）

调：（固定格式与实际情况记录相结合文本）今天本局就请求人A公司与被请求人B公司间纠纷一案进行调解，首先核对参加调解的人员身份。先由请求人报告身份、有无代理人、代理权限等。

请：（实际情况记录文本）委托代理人C某，身份证号：××××××××××××××××××，在A公司任技术经理，现住××省××市××，代理权限：详见委托书。

调：（固定格式文本）由被请求人报告身份、有无代理人、代理权限等。

被：（实际情况记录文本）委托代理人D某，身份证号：××××××××××××××××××，在B公司任技术经理，现住××省××市××，代理权限：详见委托书。

调：（固定格式文本）请求人对被请求人参加调解的人员有无异议？

请：（实际情况记录文本）没有异议。

调：（固定格式文本）被请求人对请求人参加调解的人员有无异议？

被：（实际情况记录文本）没有异议。

调：（固定格式文本）你们双方当事人都到场，根据《专利行政执法办法》之相关规定，调解前宣读以下内容：

（1）自主决定是否接受或终止调解；（2）表达真实意愿，提出合理要求；（3）如实陈述纠纷事实，不得提供虚假情况和虚假证明材料；（4）自觉履行协议；（5）调解协议不得有以下内容：A. 侵害国家、社会、案外人利益；B. 违背当事人真实意思；C. 违反法律、行政法规禁止性规定。双方当事人是否清楚？

请：（实际情况记录文本）清楚。

被：（实际情况记录文本）清楚。

调：（固定格式文本）由于双方当事人都同意进行调解，本庭由审理员执法人员甲主持调解，参加人员还有执法人员乙、执法人员丙，由书记员执法人员丁担任记录，双方当事人对以上审理员和书记员是否要求回避？

请：（实际情况记录文本）不申请。

被：（实际情况记录文本）不申请。

调：（固定格式文本）请求人陈述一下请求处理的事实和理由。

请：（实际情况记录文本）内容略。

调：（固定格式文本）被请求人，请求人说的是事实吗？有无异议？

被：（实际情况记录文本）内容略。

调：（固定格式文本）现在进行调解，首先请求人发表调解意见。

调：（实际情况记录文本）内容略。

调：（固定格式文本）被请求人对请求人的意见有无异议？

被：（实际情况记录文本）内容略。

（审理员分别作双方当事人思想工作，具体内容略）

调：（固定格式与实际情况记录相结合文本）经双方当事人自愿协商达成如下协议：

（一）内容略。

（二）内容略。

（三）内容略。

（四）内容略。

调：（固定格式文本）以上协议是不是你们双方当事人的真实意思？

请：（实际情况记录文本）是。

被：（实际情况记录文本）是。

调：（固定格式文本）请双方当事人核对调解笔录内容，如果无误请签字确认。

（双方当事人看后无异议，请抄写：上述内容已阅，与我所述内容一致。）

（抄写处）上述内容已阅，与我所述内容一致。

请求人（签字）：A公司　20××年×月×日

请求人代理人（签字）：C某　20××年×月×日

被请求人（签字）：B公司　20××年×月×日

被请求人代理人（签字）：D某　20××年×月×日

合议组成员（签字）：甲　20××年×月×日

乙　20××年×月×日

丙　20××年×月×日

书记员（签字）：丁　20××年×月×日

第五节　专利纠纷案件的结案

一、调解成功制作调解书

当事人经调解达成一致意见的，管理专利工作的部门应当制作《专利纠纷调解协议书》，由双方当事人签名或者盖章，当事人各持一份，并留一份在管理专利工作的部门备案。

调解书应当载明下列事项：①当事人的姓名或者名称、地址，法定代表人或者主要负责人、委托代理人的姓名、职务；②案件的主要事实；③纠纷的调解结果。调解书应当由双方当事人签名或盖章，并由管理专利工作的部门加盖公章。

《专利纠纷调解协议书》样式如下：

专利纠纷调解协议书

案号：________________

请求人：_________
法定代表人（负责人）：_________
住所：___________________________
委托代理机构及代理人：_________
被请求人：_________
法定代表人（负责人）：_________
住所：___________________________
委托代理机构及代理人：_________
案由："________________"（专利号：________________）专利纠纷；
请求人__________________就其"__________________"专利（专利号：________________）与被请求人__________________的专利__________________纠纷，向本局提出调解请求。本局于_______年____月____日立案，在本局主持下，请求人与被请求人达成调解协议如下：
1. ____
2. ____
……
本调解协议书自双方签章之日起生效，共一式_______份，双方各执一份，本局留存一份。
请求人（签章）：_______　　　　被请求人（签章）：_______
_______年____月____日　　　　_______年____月____日
_______知识产权局（盖章）
_______年____月____日
承办人：_________

《专利纠纷和解协议书》样式如下：

专利纠纷和解协议书

案号：________________

甲方：___________
法定代表人（负责人）：___________
住所：_____________________________
委托代理机构及代理人：___________
乙方：___________
法定代表人（负责人）：___________
住所：_____________________________
委托代理机构及代理人：___________
甲方__________就其"__________________"专利（专利号：________________）与乙方__________的专利__________纠纷，经协商一致，双方自愿达成如下和解协议：
1. ____
2. ____
本和解协议书自双方签章之日起生效，共一式______份，双方各执一份，本局留存一份。
甲方（签章）：_______　　　　乙方（签章）：_______
_______年____月____日　　　　_______年____月____日
_______知识产权局（盖章）
_______年____月____日

二、调解不成撤销案件

对于当事人无法达成调解协议或久调不决的案件，管理专利工作的部门应及时作出撤案决定，告知当事人可以通过诉讼解决。

《专利纠纷调解案件终止调解通知书》样式如下：

专利纠纷调解案件终止调解通知书

案号：________________

专利号/专利申请号	
发明创造名称	
专利权人/专利申请人	
请求人	
被请求人	
案由	

本局受理的专利纠纷调解请求，由于下述原因，现决定终止调解案件：

□请求人撤回调解请求。

□经调解，当事人之间未达成一致。

□被请求人不同意继续调解。

特此通知。

________知识产权局（盖章）

________年____月____日

说明：本通知书一式三份，两份送达双方当事人，一份由知识产权局存档。

三、送达文书

调解书或撤案决定书当场制作完成的，可当场送达当事人；不能当场制作完成的，可随后制作并及时送达当事人。送达调解书应让当事人签署送达回证。

四、案卷归档

案件结束后，执法人员应及时将案卷材料按照案件流程整理归档。

附录：执法文书范本下载

执法人员可通过扫描下列二维码下载相关执法文书范本。